中国易学文化传承解读丛书

四柱述要

谢 沪 著

中国商业出版社

图书在版编目(CIP)数据

四柱述要 / 谢沪著. —北京：中国商业出版社，
2011. 11
ISBN 978-7-5044-7473-5

Ⅰ. ①四… Ⅱ. ①谢… Ⅲ. ①命书—研究—中国
Ⅳ. ①B992.3

中国版本图书馆 CIP数据核字（2011）第 218827 号

责任编辑　陈朝阳

中国商业出版社出版发行

010-63180647　www.c-cbook.com

（100053 北京广安门内报国寺 1 号）

新华书店总店北京发行所经销

北京龙跃印务有限公司印刷

*

710×1000 毫米　1/16 开　17.5 印张　250 千字

2011 年 12 月第 1 版　2011 年 12 月第 1 次印刷

定价：38.00 元

* * * *

（如有印装质量问题可更换）

《中国易学文化传承解读丛书》
出版前言

中国传统文化以诗、书、易、礼、春秋为源头经典。《三字经》上曾讲"诗、书、易，礼、春秋，号六经，当讲求"，又说"有连山，有归藏，有周易，三易详"。在这六种（其中礼，有周礼、礼记二种）经典中，又以易经为最重要的经典。儒家将其列为群经之首，道家将其列为三玄之冠。因此，武汉大学哲学学院博士生导师唐明邦教授将易经称之为"中华文化的源头活水"。

易经文化的传承，一向分为两大部分，一部分是义理的传承，主要从哲学、政治学、社会学、伦理学等人文科学的方面进行阐释、发挥；另一部分就是数术的传承，主要从未来学、预测学、咨询文化的角度进行阐释、发挥，乃至创新、改造。

本套丛书，虽然也有部分文章着重从义理方面进行阐发解读，但大部分著作主要是从数术角度进行传承，进行解读。这十几部书涉及到数术中的绝大部分种类，既有古代称之为"三式"的太乙、奇门、六壬，又有八卦、六爻、梅花易数以及四柱命理等，都是作者近几年最新的研究和实践成果。

数术文化，源远流长。中华传统文化从本质上讲是一种没有宗教的文化（所谓本土宗教道教，也是在佛教等外来宗教传播的形势下，才以道家老子为鼻祖而新创的一种宗教），而易经数术文化在中国历史上在一定意义上发挥着"准宗教"的作用，起着抚慰广大人民心灵的作用，换言之，发挥着社会心理学的作用。这就是它"野火烧不尽，春风吹又生"，能够顽强生存下来，得到持久传承的原因。即使到现代科学如此昌明的今天，有人称之为电子时代，信息化社会，它却不仅未能消亡，反而仍然在生生不息地传承着。

当今社会上人们虽对数术文化有着不同见解和看法，但大多数人对其并不十分了解。

为了使广大读者能够深层次地了解传统文化中的数术文化，以便独立地确定自己的意见和见解，我们出版了这套"中国易学文化传承解读丛书"。参与解读的作者都有个人研究的心得和实验的成果，正确与否，只是一家之言，一得之见。广大读者可以从中辨别真伪，或赞同，或批判，或质疑，或否定。

本丛书的很多内容讲的是预测及占筮技术。对此，我们比较赞同著名作家柯云路先生的观点，他在给本丛书之一的《梅花新易》一书的序中写道："占筮技术在当今的实际应用则是该谨慎的。一个，是因为这种占筮技术本身的作用还是有其限度的，现代人该更多依靠科学决策。另一个，这一行良莠不齐，很容易给各种江湖骗子可乘之机。所以，对于一般大众来讲，我的告诫常常是：命一般不算，起码要少算。算错了，被误导，就真不如不算，那很有损害。而要真正使自己活得好，倒是该从大处掌握《易经》中的道理，那就是乾卦讲的'天行健，君子以自强不息'，还有坤卦讲的'地势坤，君子以厚德载物'。大的道理是十分简易的，再加上做事中正，为人诚信，与时偕行，知道进退，《易经》的大道理就都有了"。

目　录

引　言

作为我国传统文化的精髓、冠称"群经之首"的《周易》历经几千年而不衰，特别是改革开放以后，为越来越多的各阶层人士所接受、所喜爱，人们不再谈《易》色变，书店里有关《周易》的书也有很多，但是，很多人对《周易》的了解仍是知之甚少，仍有很多的误解。

我认为，要真正的认识、了解《周易》，首先要将特指的《周易》这本书和泛指的"周易"行业区分开来，因为很多人包括一些专家、学者、记者都将二者混为一谈，以至大家对《周易》及预测学的误会更深。由于历史的原因，在几十年前整个社会环境对易经的态度还是比较封闭的，人们将《周易》等同于"算命"，将"算命"等同于"封建迷信"，当然现在仍有一些人是这么认为的。

《周易》原本指的是一本书，这书很多人也都看过，但看不懂的自然是绝大多数。在很多场合里，有些人口中所讲的《周易》，实则指的是周易行业，并非《周易》这一本书。其实现在我们经常说的"周易"，应是预测学、玄学的总称，如四柱、八卦、风水、姓名学、奇门遁甲、紫微斗数、铁板神数、梅花易数、大小六壬、手相、面相、摸骨、测字，等等，也就是说，现在从事各种预测的人都自称或被称为研究"周易"的，当然并不是说就是只研究《周易》这一本书。

一、《周易》与预测

《周易》这本书，是一本哲学书，也有人说是占卜的书。《周易》原文就是对八卦之64卦及384爻卦辞和爻辞的解释，只是这些爻辞、卦辞之哲

1

学思想内涵深邃无比。历代大师先贤对于哲学方面的探讨已是汗牛充栋，这是公认的事实，但是对于占卜方面，有些研究哲学的学者是不承认的，但周易确实有占卜的功能，在古代大量的历史典籍中，都明确的记载了很多运用《周易》占卜应验的真实案例，因篇幅原因在此只摘录有代表的几例。

孔子原来是个易经预测大师。

从史书记载来看，周文王、周武王及周公等很多君王、诸侯都是占卜高手，而我国儒、释、道之儒家代表孔子也是一代易学大家，《史记·孔子世家》就记载："孔子晚而喜易，序彖、系、象、说卦、文言。读易，韦编三绝。"《史记·仲尼弟子列传》中记载的一个故事，则证明了孔子卦技高超，实是一个义理与象数兼通的易学大师。故事说："商瞿年长无子，其母为取室。孔子使之齐，瞿母请之。孔子曰：'无忧，瞿年四十后当有五丈夫子。'已而果然。"《史记正义》对这个预测案例有更详细的注释，孔子的弟子子贡请教孔子是如何预测此事的，孔子说："卦遇《大畜》，《艮》之二世。九二甲寅木为世，六五景子水为应。世生外象生象来爻生内象，艮别子，应有五子，一子短命。"看来孔子研易，不但将理论用之预测实践，还毫无保留的将卦技传授给弟子。

晋文公占易得信心乃成霸业。

《国语·晋语》载：重耳原是晋国的公子，被赶出晋国长达十九年，秦穆公决心帮助重耳回国夺取政权。为预测吉凶成败，董因给重耳占了一卦，得《泰》卦，董因根据卦象说："是谓天地配。"重耳自此信心十足，后果得政权，称晋公，即后来载入史册的春秋五霸之一的晋文公。

虞翻准确预测关羽之死。

三国时期的预测术在重大的政治、军事活动中随处可见，家喻户晓的诸葛亮便是预测大师，神算无漏。这里要说的是同时期另一位易学家虞翻令人信服的众多预测案例中的一例，即预测关羽之死，此事见于《吴书·虞翻传》。时虞翻在孙权军中为谋士，闻关羽既败，孙权命他筮之，得《节》之《临》卦，虞翻断曰："不出二日，必当断头。"因当年关羽神勇冠天下，虽败走但未必死，故人多不信其断。不出两日，吴将果斩关羽，众将叹服，孙权赞虞翻曰："卿不及伏羲，可与东方朔为比矣。"

早在八十年代末、九十年代初，当时人们对《周易》还是用有色眼光对待时，我的师父邵伟华却在周易应用研究领域取得了巨大成就，连续出版了《周易预测学讲义》、《周易预测例题解》和《四柱预测学》等三部学术专著，由此拉开了中国大陆"周易热"的序幕。从此之后，各种易经、预测方面的著作经常出现在书店的书架上，周易预测行业也迎来了前所未有的繁荣发展时期。

我们知道，现在的学院、培训机构各种 MBA 课程里都会有与《周易》有关的内容，这说明了大家对《周易》的关注已经提升到了另一个高度。大家从感兴趣到了解，从了解到掌握，从掌握到运用，这是一个从无心到有心的过程。然而，大家又是否知道，同为"周易"，其实其中还是有很多差别的呢？这些差别中最大的就是所谓"象数派"和"易理派"的研究方向的本质不同。"易理派"（或称"学院派"）大多有着大学哲学系教授或社科院研究员等身份，他们或研究易经的哲学性，或研究易经的文学性，或考订文字，等等，但一般反对或排斥《周易》之"占易"功能，少有象数与易理兼得者。而邵伟华老师为了与那些研究《周易》哲学理论为主的"易理派"相区别，也为了不让人误解，便将重在预测应用研究的人称为"周易应用派"，以前也有人将这类人称为"象术派"。说到这里，大家也许会明白很多了吧！我们是不可能从《周易》这本书中学到什么算命、风水等技术（可学到八卦预测术），要学其他的预测术，只能从"周易"行业内的预测家那里去学，而在 MBA 课程上宣讲《周易》的易学家大多是不会预测的，因为他们基本属于"易理派"，以从事理论研究为主。

二、"四柱"与预测

我本人作为邵伟华老师的弟子，跟随了师父十多年，当然是属于"周易应用派"，主要从事中国传统预测术的研究、应用。在中国的传统预测术中，有一门与老百姓最为密切的学科就是"四柱预测"，它最为普及，从古到今都是大家预测决策的重要依据之一，正因如此，"四柱预测"术才是我们预测工作者必不可少的基本功之一。

"四柱预测"，它的基本理论就是阴阳五行学说。阴阳学说与八卦占卜法是有共生关系的，而"五行"最早见于《尚书·洪范》篇。周武王克殷后两年敬向殷遗臣箕子问"天道"，箕子以禹"九畴"教武王，而九畴的头一条就是五行，即一曰水，二曰火，三曰木，四曰金，五曰土。由《尚书》的记载可知五行学说的源头也很久远，可追溯到夏禹，但由阴阳五行学说演化到命理预测术，却难以确定是何年代。

不过，命理预测术的哲学理念早已有之，这就是古人的天命观。天命观早在殷商时就已形成，甲骨卜辞中已见"受命于天"之类的契辞。最早将"天命"用来指个人命运的著名历史人物可能是孔子了。孔子学识渊博，品德修行也好，不过当他风尘仆仆奔走列国，游说其政治主张时却到处碰壁，到了五十岁时才知命运的厉害，自云"五十而知天命"，认为"不知命，无以为君子"！

从各种史籍文献来看，至唐德宗贞元年间，命理预测术在李虚中手中才较为系统完善。大儒韩愈在李虚中墓志铭中说李虚中精通阴阳五行学说，又精天文历算，其命理预测术体系占算之精，一时无两。由于韩愈也如此推崇，故后人将李虚中尊为中国命理预测术的开山祖师。不过那时的命理预测术还不能叫"八字算命"，因为它只有年、月、日三柱的"六字"预测，将"六字"完善成"八字"预测术的则是宋代的徐子平。如此"六字"到"八字"，则由二万一千九百多种命式一下提升到了五十二万五千六百种，可谓命理预测术的划时代的变革！为了纪念徐子平为命理学作出的巨大贡献，后世也将四柱预测术称为"子平术"。虽过去近千年，我们当今所用四柱预测术大的体系、基本理论仍是徐子平之法，准确率仍然较高，应验之余也常常感叹先贤们的聪明才智乃吾辈远不及也！

由于八卦易经很多时候预测的都是公众事件，且多测近期和单件之事，验证比较快，故而案例流传较多。反过来，四柱预测因为是个人之命运，有隐私性，且所测终生之事，验证时间较长，有的只能等该人"盖棺定论"，所以典籍中记载的影响较大的案例比较少，此只摘录几例，供读者了解。

康熙算命指定乾隆继大位。

康熙晚年，经常到四阿哥的赐园中去散心游玩，据《清圣祖实录》统计，皇帝晚年共幸临胤禛的圆明园十一次，除了胤祉外，其他皇子从来没有享受到过这样的恩荣。

某日康熙见到雍亲王的两个儿子，即自己的孙子，弟弟弘昼没有给皇帝留下什么印象，但哥哥弘历却让康熙过目难忘，凭着丰富的阅人经验，老皇帝确信这个孩子与众不同，龙心喜悦。

过了几天，老皇帝派太监来到圆明园，命雍亲王写下弘历的"八字"，呈皇帝亲阅。又过了几天，康熙再次驾临圆明园，吃了一顿饭后，宣布了一个不同寻常的决定：要将弘历带回宫中养育。（《清圣祖实录》、《乐善堂全集定本》）

清代档案中有这样一个细节。康熙六十年六月，四川总督年羹尧入京办事，皇帝命他找京城的"名算"罗瞎子推算某事。年听说这个罗瞎子为人四处招摇，且有病在身，就没去找他算。皇帝在他汇报此事的折子上批道："此人原有不老诚，但占得还算他好。"（《掌故丛编·年羹尧折》可见皇帝也经常找这个瞎子算命。

1929年故宫博物院文献馆首批公布的内阁大库档案中，有乾隆生辰八字及康熙六十一年时人批语。内容如下：

乾隆四柱：

辛卯（康熙五十年）

丁酉（八月）

庚午（十三日）

丙子（子时）

批语：庚金生于仲秋，阳刃之格，金遇旺乡，重重带劫，用火为奇最美，时干透煞，乃为火焰秋金，铸作剑锋之器。格局清奇，生成富贵福禄天然。地支子、午、卯、酉，身居沐浴，最喜逢冲，又美伤官，驾煞反成大格。

书云：子午酉卯成大格，文武经邦，为人聪秀，作事能为。连运行乙未、甲午、癸巳，身旺泄制为奇，俱以为美。

此命贵富天然，这是不用说。占得性情异常，聪明秀气出众，为人仁孝，学必文武精微。幼岁总见浮灾，并不妨碍。运交十六岁为之得运，该当身健，诸事遂心，志向更佳。命中看得妻星最贤最能，子息极多，寿元高厚。柱中四正成格祯祥，别的不用问。

大家一看这个批语就是算命先生写的，正是这与众不同的四柱让康熙做出了将弘历养育宫中的决定。

康熙六十一年八月，祖父带着孙子，开始行围打猎。在永安莽喀围场，康熙用火枪击中一熊，大熊倒地良久，毫无动静，康熙以为熊已经毫无威胁，遂命弘历上前补射一箭，以让这个孩子博得"初围获熊"的美名。弘历催马欲进，不料那倒地的大熊忽然翻身直立，直奔弘历的坐骑扑来。众人一刹那间都惊呆了，只有康熙反应及时，举枪杀死大熊。

这件事给康熙留下了极深的印象，他对随驾的和妃说："弘历这孩子的命真是贵重！如果他早一点催马过去，熊起马惊，不知道会出多大的事啊！这孩子将来福气比我还大啊！"（《啸亭杂录》）

这次行围之后，皇帝特意去了四阿哥的热河狮子园，指名要看看乾隆的生母。不知何故的钮祜鲁氏跪在皇帝面前，心中充满疑惑。老皇帝命她抬起头来，细细观看，足足看了半分钟之久，边看边说："果是有福之人，有福之人！"（《清高宗实录》）

《清高宗实录》卷一说：乾隆继承皇位是"圣祖深爱神知，默定于前；世宗垂裕谷诒，周注于后"。乾隆也说，康熙当时之所以叫出他的生母来相面，也是因为起了托付之意："即今仰窥皇祖恩意，似已知予异日可以付托，因欲豫观圣母福相也。"（《乾隆御制诗初集》）

康熙皇帝病重之际，召来阁老马齐说："我的第四子最贤，我死后立为嗣皇。胤禛第二子弘历有英雄气象，必封为太子。"（《朝鲜李朝实录》）

由此真实故事可以看到，聪明睿智的康熙皇帝在选择接班人的大事情上都亲自考察了乾隆的四柱和其母亲面相。

袁世凯算命称帝的故事。

袁世凯从小就十分相信玄学预测，做事经常看相问卦，测算风水。1909年春，袁世凯在谪居的时候，曾找许长义为他算命。许瞎子掐算后对袁说，他会在辛亥年八月转运，并官位更高。辛亥年八月（1911年10月）武昌起义爆发，袁世凯不久出山，并出任内阁总理。辛亥革命成功使他由清政府的总理大臣跃居民国大总统，他当上总统后就更加痴迷于玄学的指点，仅在1913-1914年间，他就曾找过贾兴连、张振龙、郭三威、张晓初等人为他算命，求证自己有无"龙兴之运"。

张振龙又名张铁嘴，他看了袁世凯的四柱后说："此人大贵，有'九五尊位'，不登位将有负上苍。"袁得知后十分喜悦，先是命人奖赏他500大洋，后又命人将他密杀，以防泄露天机。

袁世凯自从得知有"九五尊相"后，就不断寻求天理的支持。他在请郭三威（郭阴阳）为他察看祖坟时，就曾问："龙兴之运，年数如何？"郭掐算了一番回答："若称帝，当应八二之数。"袁世凯再问："这是八百二十年？还是八十二年？甚至是八年零两个月？"郭阴阳回答："帝位长久，事后自知，天机不可泄也！"

袁世凯寻思，自己的朝代绵延八百二十年不大可能，但寿短八年零两个月也绝无可能，而八十二年则完全有可能，这也恩泽三代人了，所以值得一搏。不想袁世凯一称帝就遭到了全国人民的唾弃，只做了八十三天的洪宪皇帝便一病呜呼。

由于种种原因，我国大陆在解放以后便对包括四柱预测术在内的诸多预测之术冠以"封建迷信"而束之高阁，虽然改革开放以后环境渐渐宽松，但是预测学的学术氛围仍然不佳。但自从我师父邵伟华的命理巨著《四柱预测学》一九九三年公开出版后，千年流传下来的四柱预测术才真正走入当代人们的视野，学术气氛空前高涨。

以前，我们都是听说"瞎子"如何掐指神算，或是听说"瞎子"算命都是骗人的，只是其谋生的手段，自从《四柱预测学》出版后，人们才较全面的了解到中国正统的命理学，才知四柱预测也不是那么神秘的，才知道明眼人也是可以学习命理的。如今，转眼近二十年过去了，看过邵伟华老师《四柱预测学》的易学爱好者起码有上千万人（当然99%的人买的可能是盗版），其中的少数人也自学成才，成为了专职或兼职的预测师。在这二十年里，虽然书店里关于易经的书出版了很多，但是绝大部分都是对《周易》卦象进行各种注解的易理书籍，或是一些毫无学术价值的所谓"姓名学"的书，当然也有一些风水、八卦应用、奇门方面的书，而真正的命理学应用方面的书，是少之又少。

我以为，当今周易应用行业里，传统、正宗的命学理论还是邵氏体系。我在跟随师父邵伟华的十多年里，运用传统正宗的命学理论，为全国各地及国外的客户做过上万例预测，印证下来准确率还是比较高的。我们手上的各种实例不计其数，取得了许多第一手资料，这些各省各市、各个年龄段、各种生活阶层的实例具有广泛的代表性和差异化，这些资料不是一般的预测师能够得到的。因此，有些所谓的专家提出的各种新奇的理论能有多少实例来支持，确实是个疑问，他们到底真正做过多少预测，更是个问号。作为易学爱好者，很多人都想得到各种绝招、秘诀，都对所谓新的理论很感兴趣，可是他们忘了，我们要学习的是传统文化，没有古就没有今，不学习继承老祖宗的法宝，就谈不上创新！

我经常告诉学员，我没有什么创新理论，我所学习、应用的都是老祖宗的东西，我们能把老祖宗的东西学到十分之一就不错了。而现在很多人学艺不精，或是悟性不够，却总是怀疑老祖宗的理论不行，于是一味追捧所谓的新派理论，结果到最后只能是捡了芝麻丢了西瓜。还有的人，甲法没有学好，预测准确率不高，便以为是此术不行，去学乙法，乙法又没有学好，便再去学丙术，结果到最后好像是什么预测法都会，其实什么预测法都不精，到最后仍是做不了预测。

本书也就是在以上多种背景下写作的。本书坚持弘扬正统的命理学理论，以理论为基础，结合本人多年预测的实例进行讲解，有理论、有实例，全书内容由浅入深，既有传统基础知识，也有专业命理学说，更有本人多年第一线预测的经验体会。本书还有一个特点就是，根据我多年教授学员的经验及预测体会，将其他资料中的一些不常用、不实用、不准确的内容进行了甄别删减，去繁就简，尽量让大家少花多余的精力。再一个特点就是，对于某些流派宣扬的不妥观点，或民间长期误解的一些说法，本书旗帜鲜明的进行了纠正或表明了作者的立场，而不是含糊其辞，敷衍了事。

虽然本书没有特别高深的命理技巧，但是也是由入门到较专业内容之间的命理专业著作，希望广大读者通过阅读此书能够比较轻松的进入命理学的大门。如果大家看过此书，能有一些收获，本人将非常荣幸。

在此成书之际，我要特别感谢我的师父——邵伟华老师，我能有今天的一点小小成就都是他老人家十多年精心教诲的结果。在今后的易学工作中，我将严格遵循师父邵伟华对我"德正技进"的殷切期望，不断加强道德修养，努力提升预测技术，为易学事业做出新的贡献！

由于命理学内容涵盖广泛，且本人学识有限，许多课题也还在研究之中，书中疏漏、错误之处难免，还请专家、学者、读者批评指正。

谢 沪

2011 年定稿于北京

第一章　阴阳五行与天干地支

第一节　五行与命运

人的命运，是自古以来人们都很关心的一个切身问题，上至帝王将相，下至平民百姓，都想了解自己的命运。而对于如何了解命运，通过什么手段来了解命运，在中国，从古至今最普遍的就是"四柱预测"了。特别是改革开放以后，越来越多的人都相信命运了，当然，由于预测师的水平不一、流派不同、道德水平参差不齐等多种原因，人们对于预测结果的判定也是高低不一，有的人说很准，认为是科学的，有的人说不准，认为是骗人的。于是乎，人们对于四柱预测有没有道理的争论就产生了，并且一直有着相信命理和不相信命理的人。而对于人为什么会有命运，是什么东西产生、影响命运的，却是绝大多数要预测的人都不曾了解的，也是很多人根本就没有去思考的一个问题。

其实，世界上的一切事物都是有其自身规律的，这个规律，可能是从生至死的过程；可能是从小到大的过程；可能是从一点到另一点的运动过程，等等。这些规律，可以小到一个细菌的生死瞬间，大到一颗行星的运动轨迹，而作为地球上的精灵的人类，置身于天地之间，自然也会有自身的运动规律。

我们华夏先祖，除了研究宇宙天地规律以外，更重视研究人的规律，因为他们知道，只有摸清了人的规律以后，才能根据人的运动规律的特点，找出与宇宙、自然、社会最适应的生存方式，只有这样，才能使人类在和谐的环境中生存、壮大、繁衍下去，才能使人类永远做地球的主人。

那么，人的规律到底是什么呢？我们的祖先认为这个规律就是命运！他们认为，一个人的命运就是他一生的运动规律，在这个规律中，不可否认的会有生老病死、吉凶祸福、悲欢离合等各种表现形式。接下来的问题是，这些运动规律，也就是命运，是如何形成的呢？我们的祖先又发现，原来人的各种不同的命运表现形式都是受五行的影响的！

我们的祖先认为，世间万物都是由金木水火土五种物质构成的，而一切事物的规律都是受这五种不同属性的物质不断运动变化和相互作用的结果。而他们也认为，人一旦出生，其出生的年月日时便构成了一种组合，这个组合按金木水火土等五行的相生、相克产生变化，这种变化会导致五行属性的不平衡，五行不平衡便会出现或吉或凶的现象，这种由五行变化出现的吉凶就是命运，也即人的规律。

因为每一天，每一个时辰，甚至每一秒都会有人出生，所以每个不同时间出生的人的五行构成从严格意义上讲都是不尽相同的，于是这些五行不同的个体受相同的地球气场中五行的影响也不同，这样便造成了每个不同的个体的运动规律不同，也就是命运不同，当然体现出来的吉凶现象就不同了。

下面举几个简单的例子：

我们在日常生活中会发现，一些在冬天出生的人，且又是晚上出生的人，特别是女孩子，相对来讲可能就比较怕冷一点。这是为什么呢？

其实这就是宇宙间五行与自身五行相生、相克对人产生的影响起作用了！冬天阴寒，水气较重，温度较低，属五行中水旺；晚上阴气重，晚上的时辰属水，故水旺；女性属阴，自身阴气重一点，这样水旺自然火就弱，自然也就忌水喜火了，所以忌冬天怕冷怕水。按此理，反之亦然！夏天出生的人，且又是中午出生的人，特别是男孩子，一般的就比较怕热了，反而不怕冷。

再比如，大家想过没有，为什么我们一到夏天精神就不好，就想睡午觉呢？当然一些医学专家会给出各种各样的科学解释，而对于玄学家来说，其实道理简单得很。

从自然界大环境来讲，夏天为四季中火最旺之时，而中午 11 至 13 时为午时，为一天中火最旺的时辰，13 至 15 时为未时，也是火旺，更主要的是木之墓地，是木衰弱休息的时辰。大环境小环境构成了火在此季此时最旺，火旺克水，火旺伤木。水为肾，水为人之精气之源，肾水衰则人无精神；木为头脑神经，木弱则头脑昏沉，神思恍惚。人在此时头脑精神欠佳，便自然要休息，要补充能量。这个能量就是水，水为肾、为血液，休息就是给身体补肾水，休息就是给大脑多充血。

金木水火土，就是这样存在于宇宙天地之间，随时随地的对万事万物产生着或吉或凶的影响，自然的，也随时随地的影响着我们每一个人。为了让我们人类在五行的影响中自由、自然的生活，我们的祖先才发明了推算人的命运规律的方法，这就是中国的"算命术"，即"算八字"、"推四柱"。只有我们了解每个人的五行运动规律，才能与自然界的五行运动规律结合起来，再通过一些后天的、人为的、主观的调整来达到趋吉避凶的目的，使我们生活得健康、平安、顺利、自由、幸福、成功！

而通过研究人的五行运动与自然界五行运动之间的生克作用，总结人的命运吉凶的学问，就是"命理学"，也叫"四柱预测学"，也就是本书下面要阐述的专业问题了。

第二节　阴阳学说

阴阳五行是中国古代的一种哲学概念，是古人认识自然的一种朴素的唯物观点。我们的祖先在对自然界现象的认知过程中，将宇宙间的万事万物分为阴和阳两大类，认为世上各种生物、各种事物的发展运行规律都离不开阴阳两面，认为阴阳是万物的核心。

比如主宰地球生命的两大星球——太阳和月亮，太阳就属阳，月亮就属阴。

《易》曰："易有太极，是生两仪"，所谓"两仪"就是阴阳，所以

《易》又曰："一阴一阳之谓道。"

关于阴阳对立。

阴和阳本来属于不同属性的两种物质，从根本上它们是相互克制的，是相互排斥的，是敌对的，所以有阴阳对立的关系。我们老祖宗发明的阴阳鱼中就有一半是阴的，一半是阳的；八卦也是由阴爻和阳爻这两大主要原素构成的。再比如自然界中的干旱和洪涝；人类的男人和女人；社会生活中的忠臣和奸臣、富人和穷人；包括现在讲的发展与资源，等等。这些都是生活中客观存在的，但是它们分属完全不同的属性，且是对立的矛盾。

关于阴阳互根。

阴和阳虽然是事物的对立面，但是也是同时存在的，不可能一方消灭另一方，所以必须相互依存、互相为用。世上的任何事物，不能只要阴不要阳，也不能只要阳不要阴，阴和阳缺一不可，互相为用。如自然界的晴天和雨天，白天和黑夜；社会生活中的官员和百姓。我们人类在地球上生活也是如此，也需要太阳和月亮，光是白天不行，全是黑暗，没有阳光更不行。

关于阴阳消长。

阴和阳是客观存在的，既然不可能一方消失，那就可以采取运动的方法来进行调整。它们不是静止不变的，它们随时都是运动着、变化着的，其运动变化的规律是"此消彼长"，通过此消彼长来达到互相调整分配的目的。如白天完了是黑夜，黑夜完了是白天，有的季节白天多一点，有的季节黑夜多一点。晴天过了总有雨天，雨天过了总有晴天。

因为阴和阳是人类不可缺少的两大元素，所以在任何时候我们都少不了阴阳。但是阴和阳又是相互克制、相互依存、相互转化、相互影响的，随时可能有量的变化，所以如果我们不处理好这种对立的关系，就会打破阴阳之间的相对平衡，就会给我们的生活带来不利，招致灾难。

比如，晴天和雨天是我们生活中不可缺少的气候条件，没有晴天不行，没有雨天也不行，但是晴天过多就会引起干旱，雨天过多就会引起洪涝。社会分工中必然有官员和百姓，他们也是互相依存的，如果都是官员，那就没有人来从事工农业活动，没人纳税，社会没法维系。如果都是百姓，没有人管理、治理国家，社会也没法维系。人类要发展，不发展就永远只能停留在比较原始的生活状态中，久而久之，人类就会退化，就可能灭绝。但是从另一个角度来讲，发展就要充分利用资源，而地球上的资源是有限的，过度的无序的发展可能将有限的资源消耗完，地球上的资源消耗完了，人类也可能灭绝了。

凡此种种，这些现象的客观存在就是阴阳对立，也就是哲学上的矛盾；这些现象的合理存在、有序并存就是阴阳互根，也就是哲学上的统一；这些现象的合理转化、有序变化就是阴阳消长，也就是哲学上的矛盾统一体，是由对立走向统一的运动过程。只有通过对立、并存、转化、统一、和谐，社会才会前进、发展。

第三节 五行生克

五行则是我们的祖先对世界万物更为细致的分析，古人认为，世界是由金、木、水、火、土五种基本元素组成的，并且更进一步认为，这五种元素也是互相转化、互相制约的，由此转化和制约，从而构成了天地万物的千姿百态，也使得世间万物得以生存、发展、进步。

五行转化的基本规律，就是相生和相克两种。所谓相生，是两种五行之间力量的相互转化的过程，生，即滋生、促进、生助。所谓相克，是两种五行之间力量的相互对抗、克制、制约的过程。五行的相生和相克，都会产生力量的变化，但是毫无疑问，相生是友善的，相克是敌视的。

五行相生：金生水，水生木，木生火，火生土，土生金。
五行相克：金克木，木克土，土克水，水克火，火克金。

五行相生的基本概念。隋代萧吉《五行大义·论相生》解释了五行相生关系，而对相克关系未作阐述，"木性温暖，火伏其中，钻灼而生，故木生火；火热焚木，木焚而成灰，灰即土也，故火生土；金居石依山，聚土成山，津润而生，山必长石，故土生金；销金亦为水，所以山石而从润，故金生水；水润木能出，故水生木。"

木生火，是因为木性温暖，火隐伏其中，钻木而生火，所以木生火；火生土，是因为火灼热，所以能够焚烧木，木被焚烧后就变成灰烬，灰即土，所以火生土；土生金，因为金需要隐藏在石里，依附着山，津润而生，聚土成山，有山必生石，所以土生金；金生水，因为少阴之气（金气）温润流泽，金靠水生，销锻金也可变为水，所以金生水；水生木，因为水温润而使树木生长出来，所以水生木。

这里要说明一下，其中"金生水"一说，至今有些人有异议，古语云"销金为水"，有人认为金属被熔化后不能叫"水"。其实我们不要老去追究这些原始的东西，你可以将此"水"理解为液态就行了，不要去追究这个"液态"的物质是化学的、物理的还是生物的。如果都这样去研究，那你就干脆去研究古人为什么规定"甲、乙"属木吧？对于"金生水"，还有一种解释，就是有金属矿藏的地方就有水，大家可以看我国的主要矿藏的分布，大都在大的水系附近。

五行相克的基本概念：金克木，因为五行中金是最硬的，当然克木最甚；木克土，表面上看木也弱，克不了土，但因为木也是有一定硬度的物质，而土有包容性，其中物质比较多，有土，有金，有水等，故为杂气，为杂库，只能以柔制柔，大家看到树木长大了会把钢筋混凝土的地也胀破，会把坚硬的岩石胀破，这就是木克土；土克水，古语云"兵来将挡，水来土掩"就是这个道理，水多泛滥，只能用土来制约规范最好，我们国家举巨资兴建三峡水库就是要制住长江泛滥成灾的洪水；水克火，民间有云"水火不相容"，水和火就是一对冤家，大火必用水来灭之；火克金，金是物理特性最硬的，只有用高温才能熔解它，改变它的形状。

以上是五行相生相克的基本规律，我们可以把它叫做五行的正生正克。因为由五行的正生正克又引申出了一些反生反克的现象，这里就升华到一个哲学辩证的关系了，也可以说是一种物极必反的表现。以下这些反克的理论知识初学者可以暂时不用掌握，也暂时运用不上，但当你学到中级水平的时候就要用上这些理论了。

反生为克。

金赖土生，土多金埋。

土赖火生，火多土焦。

火赖木生，木多火塞。

木赖水生，水多木漂。

水赖金生，金多水浊。

命书所指"母慈灭子"就是这种情况，母亲本来是关爱子女的，子女也需要父母呵护，但是父母的这种关爱过度了，就成了溺爱，最后反而害了子女。再比如我们饿了就需要吃食物，这时食物是贵人，可是吃多了就要撑坏肚子，这时食物就成了罪人了。同样是食物，因为我们的需要不同，因为量的不同而引发了质的变化，这就是一种反克。

"土多金埋"，金属是寄于土中，但是如果土的成分太多，则此金就不容易被人发现，或金属的杂质太多，就对金有损了。"火多土焦"，火烧完就变成土，加强了土的力量，但是火过量时，则会把土烧焦，反而损伤了土。"木多火塞"，木可以生火，但是大家知道在农村烧灶火时，如果火还不够大，但是放入太多的柴火，则反而因为缺氧而致火熄灭。"水多木漂"，水可以生木，木无水不生，但是如果水太多，过量了，则树木就会被冲走，就会烂。"金多水浊"，金可以水生，但是金太多了，水中的杂质或矿物质就增多了，这样水就没那么清澈了，就不能饮用了。

泄多为克。

金能生水，水多金沉。

水能生木，木盛水缩。

木能生火，火多木焚。

火能生土，土多火晦。

土能生金，金多土虚。

命书所指"子强母衰"就是这种情况，母亲是可以生下子女，也要关心照顾子女，但是生的子女太多，母亲的身体就垮了，子女多了需要也多了，父母就要节衣缩食了，子女长大了父母就衰老了。

"水多金沉"，水本得金生，但若水过多，则金休矣。"木盛水缩"，木本得水生，但若木过多，则水损之。"火多木焚"，火本得木生，但火太过则将木也焚毁了。"土多火晦"，土本得火生，但土太厚重，则反而晦泄旺火之力。"金多土虚"，金得土生，但金太多则土自身就虚空了。

反克。

金能克木，木旺金缺。

木能克土，土重木折。

土能克水，水多土荡。

水能克火，火旺水干。

火能克金，金多火熄。

"水能载舟，亦能覆舟"就是这种情况，统治阶级本来永远是管理、压制老百姓的，但是如果统治阶级不加强自身的建设，不为老百姓着想，一旦老百姓的力量积蓄大了，就可能反过来制服统治阶级，由被动变为主动。

一方的力量本来是弱势，但是如果经过长时间的量变，进而可以演化为质变，可能将事物的不利被动变成有利主动。

"金能克木，木旺金缺"，斧子可以用来砍伐树木，不让树木生长过多而影响我们的生活，或可用斧子、锯子等将树木砍伐下来供我们使用。但是如果树木材质过于坚硬，反而会伤到斧子，使斧子缺口。

"木能克土，土重木折"，木旺则土崩，大家看到岩石上长出一棵树来，最后可以将坚硬的岩石崩裂，这就是木能克土。木需要土来培植，但是如果土太重，土太多了，或是用石块来培植木，那就反而会伤害了树木，或盖住树木，树木就会折断或不长了。

"土能克水，水多土荡"，兵来将挡，水来土掩，说的就是水来克之。比如大江大河发洪水了，就要加固堤坝，用沙包巩固河堤，但是水势太大，就会冲垮大堤。

"水能克火，火旺水干"，发火灾了，一般都会用水来灭火。但是我们知道，烧开水的话，如果时间太长，火太大，水就烧干了。

"火能克金，金多火熄"，再坚硬的金属都有熔点，此谓火能克金。但是金太多则火不能为害，反受其累，试想，如果用蜡烛之火想去熔化黄金，最后当然是蜡烛熄灭而黄金完好。

经过了解以上的五行生克关系，大家就知道了，其实金木水火土这五种五行之间，不管哪种五行之间都有生克的关系，它们之间的联系是相当紧密的。例如水，金可生水，水可生木，水可克火，土可克水。

古人对五行所对应的心性、味觉、颜色、相貌、声形、为人品性做了一些高度的概况，现在仍可以有参考的价值。

木主仁，其性直，其情和，其味酸，其色青。木盛的人长得丰姿秀丽，骨骼修长，手足细腻，口尖发美，面色青白。为人有博爱恻隐之心，慈祥恺悌之意，清高慷慨，质朴无伪。木衰之人则个子瘦长，头发稀少，性格偏狭，嫉妒不仁。木气死绝之人则眉眼不正，项长喉结，肌肉干燥，为人鄙下吝啬。

火主礼，其性急，其情恭，其味苦，其色赤。火盛之人头小脚长，上尖下阔，浓眉小耳，精神闪烁，为人谦和恭敬，纯朴急躁。火衰之人则黄瘦尖楞，语言妄诞，诡诈妒毒，做事有始无终。

土主信，其性重，其情厚，其味甘，其色黄。土盛之人圆腰阔鼻，眉清目秀，口才声重，为人忠孝至诚，度量宽厚，言必行，行必果。土气太过则头脑僵化，愚拙不明，内向好静。不及之人面色忧滞，面扁鼻低，为人狠毒乖戾，不讲信用，不通情理。

金主义，其性刚，其情烈，其味辣，其色白。金盛之人骨肉相称，面方白净，眉高眼深，体健神清。为人刚毅果断，疏财仗义，深知廉耻。太过则有勇无谋，贪欲不仁。不及则身材瘦小，为人刻薄内毒，喜淫好杀，吝啬贪婪。

水主智，其性聪，其情善，其味咸，其色黑。水旺之人面黑有彩，语言清和，为人深思熟虑，足智多谋，学识过人。太过则好说是非，飘荡贪淫。不及则人物短小，性情无常，胆小无略，行事反覆。

第四节　干支的含义

《五行大义》中说，干支是大挠创制的。大挠"采五行之情，占斗机所建，始作甲乙以名日，谓之干，作子丑以名月，谓之枝。有事于天则用日，有事于地则用月。阴阳之别，故有枝干名也。"

十天干：甲、乙、丙、丁、戊、己、庚、辛、壬、癸。
十二地支：子、丑、寅、卯、辰、巳、午、未、申、酉、戌、亥。
关于天干本身的字义，据《群书考异》云：
甲是拆的意思，指万物剖符而出。
乙是轧的意思，指万物出生，抽轧而出。
丙是炳的意思，指万物炳然著见。
丁是强的意思，指万物丁壮。
戊是茂的意思，指万物茂盛。
己是纪的意思，指万物有形可纪识。
庚是更的意思，指万物收敛有实。
辛是新的意思，指万物初新皆收成。
壬是任的意思，指阳气任养万物之下。
癸是揆的意思，指万物可揆度。
由此可见，十天干与太阳出没有关，而太阳的循环往复周期，对万物产生着直接的影响。

十二地支本身的字义：

子是兹的意思，指万物兹萌于既动之阳气下。

丑是纽、系的意思，既萌而系长。

寅是移、引的意思，指物芽稍吐而伸之移出于地。

卯是冒的意思，指万物冒地而出。

辰是震的意思，物经震动而长。

巳是起、已的意思，指万物至此已毕尽而起。

午是仵的意思，指万物盛大枝柯密布。

未是昧的意思，指阴气已长，万物稍衰，体暖昧。

申是身的意思，指万物的身体都已成就。

酉是老的意思，指万物老极而成熟。

戌是灭的意思，指万物皆衰灭。

亥是核的意思，指万物收藏皆坚核。

大家对这些枯燥无味的干支汉字有了一个大概的字义了解后，就能较好的理解天干地支与季节变化，与旺衰状态之间的内在联系了。

第五节　干支的五行和属性

十天干和十二地支，它们都是要分阴阳的，也就是说有阳干和阴干之分。同时，它们每一个干支也有相应的五行属性，比如甲、乙为木，丙、丁就为火了。

天干阴阳及五行：

甲乙同属木，甲为阳，乙为阴。

丙丁同属火，丙为阳，丁为阴。

戊己同属土，戊为阳，己为阴。

庚辛同属金，庚为阳，辛为阴。

壬癸同属水，壬为阳，癸为阴。

地支阴阳及五行：

亥子同属水，子为阳，亥为阴。

寅卯同属木，寅为阳，卯为阴。

巳午同属火，午为阳，巳为阴。

申酉同属金，申为阳，酉为阴。

戌未同属土，戌为阳，未为阴。

辰丑同属土，辰为阳，丑为阴。

干支对应的方位：

甲乙东方木、丙丁南方火、戊己中央土、

庚辛西方金、壬癸北方水。

亥子北方水、寅卯东方木、巳午南方火、

申酉西方金、辰戌丑未四季土。

干支对应人体部位：

天干：

甲木：头、胆、毛发、指甲、上肢、神经系统等。

乙木：肝、项、四肢、毛发、指甲、神经系统等。

丙火：小肠、肩、眼目、心脏系统等。

丁火：心、眼目、心脏心血系统等。

戊土：皮肤、肌肉、鼻面、胃、肋、消化系统等。

己土：脾、腹部、皮肤、肌肉、消化系统等

庚金：大肠、经络、骨骼、牙齿、脐等。

辛金：肺、呼吸系统、股、牙齿、经络等。

壬水：口、舌、血液、膀胱、三焦、肾、泌尿系统、生殖系统等。

癸水：肾、心包络、足、泌尿系统、生殖系统等。

地支：

子水：膀胱、耳道、血液、泌尿系统、生殖系统等。

丑土：为肚、脾。

寅木：四肢、胆、脉、手足、毛发、指甲等。

卯木：肝、四肢、十指、毛发等。

辰土：皮肤、肌肉、肩、胸、胃、消化系统等。

巳火：咽喉、齿、肛门、眼目、心脏系统等。

午火：眼睛、头、心血系统等。

未土：胃、腕、皮肤、肌肉、脾及消化系统等。

申金：大肠、经络、肺、骨骼、呼吸系统等。

酉金：骨骼、小肠、精血、肺、呼吸系统等。

戌土：腿、命门、踝足、胃、皮肤、肌肉等。

亥水：头、肾囊、血液、泌尿系统等。

关于辰戌丑未四季土的说明：

因为辰戌丑未五行为土，但是它们没有独立的季节，它们是分别寄于四季的，所以在春夏秋冬四季中都藏有土的成分。这就造成了土的特殊性，大家在以后的学习中可以进一步深入研究，这里只简单介绍一下。

大家在一些书中也会看到以下关于地支的五行属性的解释：亥子丑北方水、寅卯辰东方木、巳午未南方火、申酉戌西方金。这样的归纳法，大家就发现没有土的存在了，大家就会有疑问，土跑到哪里去了，为什么土没有对应的地支呢？这就是我刚才说的，土寄在辰戌丑未中，所以这两种归纳法不矛盾，也就是说辰也有木性，未也有火性，戌也有金性，丑也有水性，同时它们都有土性。

通过以上各章节，我们就会发现，命理学的知识从"阴阳"至"五行"而至"干支"，最后演化成"四柱八字"，而阴阳、五行、干支就是命理学的最基本构成。所以我们必须将这些基本知识熟练掌握。

下面摘录《滴天髓阐微》"天干篇"任铁樵的注解原文，供大家了解十天干的特性。

甲为纯阳之木，体本坚固，参天之势，又极雄壮。生于春初，木嫩气寒，得火而发荣；生于仲春，旺极之势，宜泄其菁英。所谓强木得火，方化其顽。克之者金，然金属休囚，以衰金而克旺木，木坚金缺，势所必然，故春不容金也。生于秋，失时就衰，但枝叶虽凋落渐稀，根气却收敛下达，受克者土。秋土生金泄气，最为虚薄。以虚气之土，遇下攻之木，不能培木之根，必反遭其倾陷，故秋不容土也。柱中寅午戌全，又透丙丁，不惟泄气太过，而木且被焚，宜坐辰，辰为水库，其土湿，湿土能生木泄火，所谓火炽乘龙也。申子辰全又透壬癸，水泛木浮，宜坐寅，寅乃火土生地，木之禄旺，能纳水气，不致浮泛，所谓水宕骑虎也。如果金不锐，土不燥，火不烈，水不狂，非植立千古而得长生者哉！

乙木者，甲之质，而承甲之生气也。春如桃李，金克则凋；夏如禾稼，水滋得生；秋如桐桂，金旺火制；冬如奇葩，火湿土培。生于春宜火者，喜其发荣也；生于夏宜水者，润地之燥也；生于秋宜火者，使其克金也；生于冬宜火者，解天之冻也。割羊解牛者，生于丑未月，或乙未乙丑日，未乃木库，得以盘根，丑乃湿土，可以受气也。怀丁抱丙，跨凤乘猴者，生于申酉月，或乙酉日，得丙丁透出天干，有水不相争克，制化得宜，不畏金强。虚湿之地，骑马亦忧者，生于亥子月，四柱无丙丁，又无戌未燥土，即使年支有午，亦难发生也。天干甲透，地支寅藏，此谓茑萝系松柏，春固得助，秋亦合扶，故可春可秋，言四季皆可也。

丙乃纯阳之火，其势猛烈，欺霜侮雪，有除寒解冻之功。能煅庚金，遇强暴而施克伐也；逢辛反怯，合柔顺而寓和平也。土众成慈，不凌下也；水猖显节，不援上也。虎马犬乡者，支坐寅午戌，火势已过于猛烈，若再见甲木来生，转致焚灭也。由此论之，泄其威，须用己土；遏其焰，必要壬水；顺其性，还须辛金。己土卑湿之体，能收元阳之气；戊土高燥，见丙火而焦坼矣。壬水刚中之德，能制暴烈之火；癸水阴柔，逢丙火而涸干矣。辛金柔软之物，明作合而相亲，暗化水而相济；庚金刚健，刚又逢刚，势不两立。此虽举五行而论，然世事人情，何莫不然！

丁非灯烛之谓，较丙火则柔中耳。内性昭融者，文明之象也。抱乙而孝，明使辛金不伤乙木也；合壬而忠，暗使戊土不伤壬水也。惟其柔中，故无太过不及之弊，虽时当乘旺，而不至赫炎；即时值就衰，而不至于熄灭。干透甲乙，秋生不畏金；支藏寅卯，冬产不忌水。

戊为阳土，其气固重，居中得正。春夏气动而辟，则发生，秋冬气静而翕，则收藏，故为万物之司命也。其气高厚，生于春夏，火旺宜水润之，则万物发生，燥则物枯；生于秋冬，水多宜火暖之，则万物化成，湿则物病。艮坤者，寅申之月也。春则受克，气虚宜静；秋则多泄，体薄怕冲。或坐寅申日，亦喜静忌冲。又生四季月者，最喜庚申辛酉之金，秀气流行，定为贵格，己土亦然。如柱见木火，或行运遇之，则破矣。

己土为阴湿之地，中正蓄藏，贯八方而旺四季，有滋生不息之妙用焉。不愁木盛者，其性柔和，木藉以培养，木不克也。不畏水狂者，其体端凝，水得以纳藏，水不冲也。水少火晦者，丁火也，阴土能敛火，晦火也。金多金光者，辛金也，湿土能生金，润金也。柱中土气深固，又得丙火去其阴湿之气，更足以滋生万物，所谓宜助宜帮者也。

庚乃秋天肃杀之气，刚健为最。得水而清者，壬水也，壬水发生，引通刚杀之性，便觉淬厉晶莹。得火而锐者，丁火也，丁火阴柔，不与庚金为敌，良冶销熔，遂成剑戟，洪炉煅炼，时露锋砧。生于春夏，其气稍弱，遇丑辰之湿土则生，逢未戌之燥土则脆。甲木正敌，力能伐之；与乙相合，转觉有情。乙非尽合庚而助暴，庚亦非尽合乙而反弱也，宜详辨之。

辛金乃人间五金之质，故清润可观。畏土之迭者，戊土太重，而涸水埋金；乐水之盈者，壬水有余，而润土养金也。辛为甲之君也，丙火能焚甲木，合而化水，使丙火不焚甲木，反有相生之象；辛为丙之臣也，丙火能生戊土，合丙化水，使丙火不生戊土，反有相助之美。岂非扶社稷救生灵乎？生于夏而火多，有己土则晦火而生金；生于冬而水旺，有丁火则温水而养金。所谓热则喜母，寒则喜丁也。

15

壬为阳水。通河者，即天河也，长生在申，申在天河之口，又在坤方，壬水生此，能泄西方肃杀气，所以为刚中之德也。百川之源，周流不滞，易进而难退也。如申子辰全，又透癸水，其势泛滥，纵有戊己之土，亦不能止其流，若强制之，反冲激而成水患，必须用木泄之，顺其气势，不至于冲奔也。合丁化木，又能生火，不息之妙，化则有情也。生于四、五、六月，柱中火土并旺，别无金水相助。火旺透干则从火，土旺透干则从土，调和润泽，仍有相济之功也。

癸水非雨露之谓，乃纯阴之水。发源虽长，其性极弱，其势最静，能润土养金，发育万物，得龙而运，变化不测。所谓逢龙即化，龙即辰也，非真龙而能变化也。得辰而化者，化辰之原神发露也，凡十干逢辰位，必干透化神，此一定不易之理也。不愁火土者，至弱之性，见火土多即从化矣；不论庚辛者，弱水不能泄金气，所谓金多反浊，癸水是也。合戊见火者，阴极则阳生，戊土燥厚，柱中得丙火透露，引出化神，乃为真也。若秋冬金水旺地，纵使支遇辰龙，干透丙丁，亦难从化，宜细详之。

第二章　六十甲子、纳音与生肖

第一节　十二生肖与年命、时辰

十二生肖源于何时，今已难于细考。长期以来，不少人将《论衡》视为最早记载十二生肖的文献。《论衡·物势》载："寅，木也，其禽，虎也。戌，土也，其禽，犬也……午，马也。子，鼠也。酉，鸡也。卯，兔也……亥，豕也。未，羊也。丑，牛也……巳，蛇也。申，猴也。"以上引文，只有十一种生肖，所缺者为龙。该书《言毒篇》又说："辰为龙，巳为蛇，辰、巳之位在东南。"这样，十二生肖便齐全了，十二地支与十二生肖的配属如此完整，且与现今相同。

子鼠丑牛……戌狗亥猪。天下动物很多，古人为何选择了这十二种动物为属相？

清代刘献《广阳杂记》引李长卿《松霞馆赘言》："子何以属鼠也？曰：天开于子，不耗则其气不开。鼠，耗虫也。于是夜尚未央，正鼠得令之候，故子属鼠。地辟于丑，而牛则开地之物也，故丑属牛。人生于寅，有生则有杀。杀人者，虎也，又寅者，畏也。可畏莫若虎，故寅属虎。犯者，日出之候。日本离体，而中含太阴玉兔之精，故犯属兔。辰者，三月之卦，正群龙行雨之时，故辰属龙。巳者，四月之卦，于时草茂，而蛇得其所。又，巳时蛇不上道，故属蛇。午者，阳极而一阴甫生。马者，至健而不离地，阴类也，故午属马。羊啮未时之草而苗，故未属羊。申时，日落而猿啼，且伸臂也，譬之气数，将乱则狂作横行，故申属猴。本者，月出之时，月本坎体，而中含水量太阳金鸡之精，故本属鸡。于核中，猪则饮食之外无一所知，故

17

亥属猪。"

另一种说法，十二生肖的选用与排列，是根据动物每天的活动时间确定的。我国至迟从汉代开始，便采用十二地支记录一天的十二个时辰，每个时辰相当于两个小时，夜晚十一时到凌晨一时是子时，此时老鼠最为活跃。凌晨一时到三时，是丑时，牛正在反刍。三时到五时，是寅时，此时老虎到处游荡觅食，最为凶猛。五时到七时，为卯时，这时太阳尚未升起，月亮还挂在天上，此时玉兔捣药正忙。上午七时到九时，为辰时，这正是神龙行雨的好时光。九时到十一时，为巳时，蛇开始活跃起来。上午十一时到下午一时，阳气正盛，为午时，正是天马行空的时候。下午一时到三时，是未时，羊在这时吃草，会长得更壮。下午三时到五时，为申时，这时猴子活跃起来。五时到七时，为酉时，夜幕降临，鸡开始归窝。晚上七时到九时，为戌时，狗开始守夜。晚上九时到十一时，为亥时，此时万籁俱寂，猪正在鼾睡。

十二生肖与我国人民的生活息息相关，是我国民俗的一个重要内容，其实它与命理也有较深的关联。民间关系生肖论命之贵贱的说法，就是从以上生肖的传说引申来的。比如我们经常会听到有人讲，辰时生的属牛的命不好，太辛苦，这就是从生肖传说来的。他们的理论就是，辰时是牛开始一天工作的时候，非常劳碌，所以命不好，这些虽然没有命理上的依据，但是有时也可以参考一下。

十二生肖，从数字上刚好与命理学上的一年十二个月，一天十二个时辰，十二个地支相吻合。

十二生肖对应地支：

地支	子	丑	寅	卯	辰	巳	午	未	申	酉	戌	亥
属相	鼠	牛	虎	兔	龙	蛇	马	羊	猴	鸡	狗	猪

如果你的生肖属鼠，那么你的四柱年支就为子（当然因为立春交节的问题，有的人算错了生肖），到了下一个属鼠的年份（十二年一轮），就叫做你

的本命年。我国人民经过长期的经验总结，认为本命年或多或少对人的命运有影响（多半是不利的影响），所以对本命年是相当的重视。实际上从命理专业角度看这个观点也是对的。

十二时辰对应时间：

时辰	子时	丑时	寅时	卯时	辰时	巳时
时间	23~1	1~3	3~5	5~7	7~9	9~11
时辰	午时	未时	申时	酉时	戌时	亥时
时间	11~13	13~15	15~17	17~19	19~21	21~23

第二节　六十甲子与纳音

十天干与十二地支按顺序两两相配，从甲子到癸亥，共六十个组合，故称六十甲子。就是这六十组干支反复运用，组成了各种各样的四柱命运，也就是说我们的四柱预测就是围绕着这六十组干支来进行的。这六十组干支又以相连的两组来配一种纳音五行，至于这些纳音真正的意思，在我国命理学术上至今仍是一个难题，在当前的命理预测应用中其实是很少用到的。所以我们对于纳音的知识，初学者只要了解一下就行了。

目前，作为专业的预测运用，六十甲子纳音主要看年柱纳音的五行，在婚配、交友方面有时参考一下。其他还是以各柱干支的五行为主。

以下为摘录命理古典《三命通会》之"论纳音取象"一节内容，供大家参考其大意。

昔者，黄帝将甲子分轻重而配成六十，号曰花甲子，其花字诚为奥妙，圣人借意而喻之，不可着意执泥。夫自子至亥十二宫，各有金、木、水、火、土之属，始起于子为一阳，终于亥为六阴，其五行所属金、木、水、火、土，在天为五星，于地为五岳，于德为五常，于人为五脏，其于命也为五行。是故甲子之属乃应之于命，命则一世之事。故甲子纳音象，圣人喻之，亦如人一世之事也。何言乎？

子丑二位，阴阳始孕，人在胞胎，物藏其根，未有涯际；寅卯二位，阴阳渐开，人渐生长，物以拆甲，群萌渐剖，如人将有立身也；辰巳二位，阴阳气盛，物当华秀，如人三十、四十而有立身之地，始有进取之象；午未二位，阴阳彰露，物已成奇，人至五十、六十，富贵贫贱可知，凡百兴衰可见；申酉二位，阴阳肃杀，物已收成，人已龟缩，各得其静矣；戌亥二位，阴阳闭塞，物气归根，人当休息，各有归着。详此十有二位先后，六十甲子可以次第而晓。

甲子乙丑何以取象为海中之金？盖气在包藏，有名无形，犹人之在母腹也；壬寅癸卯绝地存金，气尚柔弱，薄若缯缟，故曰金泊金。庚辰辛巳以金居火土之地，气已发生，金尚在矿，寄形生养之乡，受西方之正色，乃曰白蜡金；甲午乙未之气已成，物质自坚实，混于沙而别于沙，居于火而炼于火，乃曰沙中金也；壬申癸酉气盛物极，当施收敛之功，颖脱锋锐之刃。盖申酉金之正位，干值壬癸，金水淬砺，故取象剑锋而金之功用极矣；至戌亥则金气藏伏，形体已残，锻炼首饰，已成其状，藏之闺阁，无所施为，而金之功用毕，故曰庚戌辛亥钗钏金。

壬子癸丑何以取象桑松木？盖气居盘屈，形状未伸，居于水地，蚕衰之月，桑柘受气，取其时之生也；庚寅辛卯则气已乘阳，得栽培之势力其为状也，奈居金下，凡金与霜素坚，木居下得其旺，岁寒后凋，取其性之坚也，故曰松柏木；戊辰己巳则气不成量，物已及时，枝叶茂盛，郁然成林，取其木之盛也，故曰大林木；壬午癸未，木至午而死，至未而墓，故杨柳盛夏叶凋，枝干微弱，取其性之柔也；故曰杨柳木；庚申辛酉，五行属金而纳音属木，以相克取之。盖木性辛者，唯石榴木；申酉气归静肃，物渐成实，木居金地，其味成辛，故曰石榴木；观它木至午而死，惟此木至午而旺，取其性之偏也；戊戌己亥，气归藏伏，阴阳闭塞，木气归根，伏乎土中，故曰平地木也。

丙子丁丑何以取象涧下水？盖气未通济，高段非水流之所，卑湿乃水就之乡，由地中行，故曰涧下水；甲寅乙卯，气出阳明，水势恃源，东流滔注，其势浸大，故曰大溪水；壬辰癸巳，势极东南，气傍离宫，火明势盛，水得归库，盈科后进，乃曰长流水也；丙午丁未，气当升降，在高明火位，有水沛然作霖，以济火中之水，惟天上乃有，故曰天河水；甲申乙酉，气息安静，子母同位，出而不穷，汲而不竭，乃曰井泉水；壬戌癸亥，天门之地，气归闭塞，水力遍而不趋，势归乎宁谧之位，来之不穷，纳之不溢，乃曰大海水也。

　　戊子己丑何以取象霹雳火？盖气在一阳，形居水位，水中之火，非神龙则无，故曰霹雳火；丙寅丁卯，气渐发辉，因薪而显，阴阳为治，天地为炉，乃曰炉中火也；甲辰乙巳，气形盛地，势定高冈，传明继晦，子母相承，乃曰覆灯火也；戊午己未，气过阳宫，重离相会，丙灵交光，发辉炎上，乃曰天上火也；丙申丁酉，气息形藏，势力韬光，龟缩兑位，力微体弱，明不及远，乃曰山下火也；甲戌乙亥谓之山头火者，山乃藏形，头乃投光，内明外暗，隐而不显，飞光投乾，归于休息之中，故曰山头火也；庚子辛丑何以取象壁上土？气居闭塞，物尚包藏，掩形遮体，内外不交，故曰壁上土；戊寅己卯，气能成物，功以育物，发乎根茎，壮乎萼蕊，乃曰城头土；丙辰丁巳，气以承阳，发生已过，成其未来，乃曰沙中土也；庚午辛未，气当成形，物以路彰，有形可质，有物可彰，乃曰路旁土也，戊申己酉，气已归息，物当收敛，龟缩退闲，美而无事，乃曰大驿土也；丙戌丁亥，气成物府，事以美圆，阴阳历遍，势得期间，乃曰屋上土也。

　　余见路旁之土，播殖百谷，午未之地，其盛长养之时乎？大驿之土通达四方，申酉之地，其得朋利亨之理乎？城头之土取堤防之功，五公恃之，立国而为民也，壁上之土明粉饰之用，臣庶资之，爱居而爱处也；沙中之土，土之最润者也，土润则生，故成其未来而有用；屋上之土，土之成功者也，成功者静，故止一定而不迁。盖居五行之中，行负载之令，主养育之权，三才五行皆不可失，处高下而得位，居四季而有功，金得之锋锐雄刚，火得之光明照耀，木得之英华越秀，水得之滥波不泛，土得之稼穑愈丰。聚之不散，必能为山，山者，高也；散之不聚，必能为地，地者，原也。用之无穷，生之罔极，土之功用大矣哉!

五行取象，皆以对待而分阴阳，即始终而变化。如甲子乙丑对甲午乙未，海中沙中，水土之辨，刚柔之别也；庚申辛巳对庚戌辛亥，白蜡钗钏，乾巽异方，形色各尽也；壬子癸酉对壬午癸未，桑柘杨柳，一曲一柔，形质多别也；庚寅辛卯对庚申辛酉，松柏石榴，一坚一辛，性味迥异也；戊辰己巳对戊戌己亥，大林平地，一盛一衰，巽乾殊方也；戊子己丑对戊午己未，霹雳天上，雷霆挥鞭，日明同照也；丙寅丁卯对丙申丁酉，炉中山下，火盛木焚，金旺火灭也；甲辰乙巳对甲戌乙亥，覆灯山头，含光畏风，投光止艮也；庚子辛丑对庚午辛未，壁上路旁，形分聚散，类别死生也；戊寅己卯对戊申己酉，城头大驿，东南西北，坤艮正位也；丙辰丁巳对丙戌丁亥，沙中屋上，干湿互用，变化始终也。圆看方看，不外旺相死休；因近取远，莫逃金木水火土。以干支而分配五行，论阴阳而大明始终。天成人力相兼，生旺死绝并类。呜呼! 六十甲子圣人不过借其象以明其理，而五行性情，材质，形色，功用无不曲尽而造化无余蕴矣。

六十甲子纳音表

干支	纳音	干支	纳音	干支	纳音	干支	纳音	干支	纳音
甲子乙丑	海中金	丙子丁丑	涧下水	戊子己丑	霹雳火	庚子辛丑	壁上土	壬子癸丑	桑松木
丙寅丁卯	炉中火	戊寅己卯	城墙土	庚寅辛卯	松柏木	壬寅癸卯	金箔金	甲寅乙卯	大溪水
戊辰己巳	大林木	庚辰辛巳	白蜡金	壬辰癸巳	长流水	甲辰乙巳	佛灯火	丙辰丁巳	沙中土
庚午辛未	路旁土	壬午癸未	杨柳木	甲午乙未	沙中金	丙午丁未	天河水	戊午己未	天上火
壬申癸酉	剑锋金	甲申乙酉	泉中水	丙申丁酉	山下火	戊申己酉	大驿土	庚申辛酉	石榴木
甲戌乙亥	山头火	丙戌丁亥	屋上土	戊戌己亥	平地木	庚戌辛亥	钗钏金	壬戌癸亥	大海水

第三章　排四柱与大运

第一节　节令的划分

　　古今的历法不外太阳历与太阴历两种，太阳历如今日世界通用的公历（前身为儒略历，十六世纪教皇格里高里十三世稍作修改形成了今天的公历），太阴历如穆斯林国家通用的穆斯林教历。这两种历法的主要区别在于：太阳历以地球绕太阳一周（相对于地球来说，则为太阳绕黄道运行一周）为一回归年，并将其平均成十二个月份，再分立大小平闰月以概其余。太阳历的优点是四季分明，准确无差；太阴历则严格以月亮朔望周期纪月，因没有顾及到地球公转周期，所以不能准确地划分四季界限。

　　中国传统的农历实际上是一种阴阳合历，一方面以月亮朔望周期纪月，一方面又巧妙地设立闰月做到与回归年同步。所以我们作为命理预测者来讲，需要人手一本《万年历》来查对节气和天干地支，而不是台历、日历。所谓二十四节气是将地球绕太阳一周即一回归年的 360 度角划作 24 分，即太阳在黄经在向东每移动 15 度角为一"气"，移动一周 360 度共 24 气，农历将这二十四节气名为立春、雨水、惊蛰、春分、清明、谷雨、立夏、小满、芒种、夏至、小暑、大暑、立秋、处暑、白露、秋分、寒露、霜降、立冬、小雪、大雪、冬至、小寒、大寒。其中立春、惊蛰、清明、立夏、芒种、小暑、立秋、白露、寒露、立冬、大雪、小寒等十二个称为"节气"，其余的称为"中气"。节气通常被看作是阴历，实际上却是严格按回归年计算的，属于阳历的范畴。四柱排列中所用的年月划分也是严格以节气为标准的，而不是通常农历或公历的年月划分，这是起四柱的基本原则，使得四柱排列不受历法变更的影响而保持其准确性，更重要的是以回归年为纪年标志，符合四季寒暑变化的节律，遵循天道轮回的因果关系，而这些都是命理学的理论基础。

所以命理学上的年月界限是以农历为主的，且是以节气为标准划分的。即每一年的开始必须严格以立春时刻为起点，而不是通常以农历正月初一或公历元旦作为一年的开始。命理上月份的起始，即月柱，不是以农历每月初一为分界线，而是以十二节气为准。

月份	正月	二月	三月	四月	五月	六月	七月	八月	九月	十月	十一月	十二月
地支	寅	卯	辰	巳	午	未	申	酉	戌	亥	子	丑
节气	立春—惊蛰	惊蛰—清明	清明—立夏	立夏—芒种	芒种—小暑	小暑—立秋	立秋—白露	白露—寒露	寒露—立冬	立冬—大雪	大雪—小寒	小寒—立春

十二节令，是年和月的分界线。月令，掌一月之生杀大权，是万物之提纲，也是衡量四柱中干支旺衰的重要标准。比如，春天是木旺之季，一到春天寅卯当权，枯木也逢春，死里可逃生，天下所有的木都可能得到关怀。

十二个月与十二时辰的地支排列顺序是相同的，所以一天的气候变化与一年的气候变化有相应的同步，早晨显得清凉，中午显得炎热，傍晚显得干爽，午夜显得寒冷，形成一个小四季的运行变化周期。

我们对一年中十二个地支月份性质的分析，更容易发现地支规律中的秘密。在阴阳运动规律上，从阴消阳长开始，到重阳极盛，然后进入阳消阴长，再到重阴极盛，它们的相互作用是一个非常有序的渐变过程，一年的季节变化，为阴气阳气相互作用后的具体形式，处于阴阳运动规律周期中的每一个月份，都有自己特定的阴气与阳气的量变状态，于是形成了各自的特点。

从立春开始，经过雨水，到惊蛰为止，是以阳木性质为主体的时段，即寅木当权；从惊蛰开始，经过春分，到清明为止，是以阴木性质为主体的时段，即卯木当权；从清明开始，经过谷雨，到立夏为止，是木气向火气转换的过渡时段，即辰土当权；以上寅卯辰三月为春季，以木当权。

从立夏开始，经过小满，到芒种为止，是以阴火性质为主体的时段，即巳火当权；从芒种开始，经过夏至，到小暑为止，是以阳火性质为主体的时段，即午火当权；从小暑开始，经过大暑，到立秋为止，是火气向金气转换的过渡时段，即未土当权；以上巳午未三月为夏季，以火当权。

从立秋开始，经过处暑，到白露为止，是以阳金性质为主体的时段，即申金当权；从白露开始，经过秋分，到寒露为止，是以阴金性质为主体的时段，即酉金当权；从寒露开始，经过霜降，到立冬为止，是金气向水气转换的过渡时段，即戌土当权；以上申酉戌三月为秋季，以金当权。

从立冬开始，经过小雪，到大雪为止，是以阴水性质为主体的时段，即亥水当权；从大雪开始，经过冬至，到小寒为止，是以阳水性质为主体的时段，即子水当权；从小寒开始，经过大寒，到立春为止，是水气向木气转换的过渡时段，即丑土当权。以上亥子丑三月为冬季，以水当权。

第二节　生旺死绝表与四季旺衰

金木水火土这五种五行，在一年四季春夏秋冬中的旺衰状况是不同的，它们的力量大小会随着季节的变化而变化。这也是我们将来分析四柱的旺衰和四柱中各五行旺衰的重要依据，所以要着重了解这一节的内容。

我们的祖先将春夏秋冬四季的旺衰和四季中金木水火土五行旺衰情况作了一个归纳，将五行旺衰分成"旺、相、休、囚、死"五种状态。其中旺、相为当节令者，为旺；休囚死为不当节令者，为衰。

见表如下：

当令者旺，我生者相，生我者休，克我者囚，我克者死				
春（寅卯）	木 旺	火 相	水 休	金 囚	土 死
夏（巳午）	火 旺	土 相	木 休	水 囚	金 死
秋（申酉）	金 旺	水 相	土 休	火 囚	木 死
冬（亥子）	水 旺	木 相	金 休	土 囚	火 死
四季 （辰戌丑未）	土 旺	金 相	火 休	木 囚	水 死

　　旺相休囚死是以季节定旺衰，以春天木旺，夏天火旺，秋天金旺，冬天水旺，四季土旺而论，可以说没有违背长生规律，没有违背相生为相，同类则旺的原则。它符合我们自然界的五行旺衰状况，所以我们在衡量四柱五行旺衰时用"旺相休囚死"来定五行旺衰就很简单了，也准确实用，特别是对于初学者更是起到了直接入门的作用。很多人看了很多书都入不了门，搞不懂四柱旺衰，更取不准用神，就是因为在以什么标准判断五行旺衰这个关键问题上纠缠不清，就是因为以"生旺死绝表"为标准来判断四柱五行的旺衰出现了一些偏差。在此我再强调，大家要用"旺相休囚死"来衡量四柱五行旺衰，而不是"生旺死绝表"。

　　当然，对于"生旺死绝表"，这里也要简单介绍一下。"生旺死绝表"将十天干的旺衰细分为十二种状态，即"长生、沐浴、冠带……"等，这十二种状态分别代表的意思如下：

　　"长生"就像人出生于世，或降生阶段，是指万物萌发之际。

　　"沐浴"为婴儿降生后洗浴以去除污垢，是指万物出生，承受大自然沐浴。

　　"冠带"为小儿可以穿衣戴帽了，是指万物渐荣。

　　"临官"像人长成强壮，可以做官，化育，领导人民，是指万物长成。

　　"帝旺"象征人壮盛到极点，可辅助帝王大有作为，是指万物成熟。

　　"衰"指盛极而衰，是指万物开始发生衰变。

"病"如人患病，是指万物困顿。

"死"如人气已尽，形体已死，是指万物死灭。

"墓"如人死后归入于墓，是指万物成功后归库。

"绝"如人形体绝灭化归为土，是指万物前气已绝，后继之气还未到来，在地中未有其象。

"胎"如人受父母之气结聚成胎，是指天地气交之际，后继之气来临，并且受胎。

"养"像人养胎于母腹之中，之后又出生，是指万物在地中成形，继而又萌发，又得经历一个生生灭灭永不停止的天道循环过程。

具体图表如下：

	五阳干					五阴干				
	甲木	丙火	戊土	庚金	壬水	乙木	丁火	己土	辛金	癸水
长生	亥	寅	寅	巳	申	午	酉	酉	子	卯
沐浴	子	卯	卯	午	酉	巳	申	申	亥	寅
冠带	丑	辰	辰	未	戌	辰	未	未	戌	丑
临官	寅	巳	巳	申	亥	卯	午	午	酉	子
旺帝	卯	午	午	酉	子	寅	巳	巳	申	亥
衰	辰	未	未	戌	丑	丑	辰	辰	未	戌
病	巳	申	申	亥	寅	子	卯	卯	午	酉
死	午	酉	酉	子	卯	亥	寅	寅	巳	申
墓	未	戌	戌	丑	辰	戌	丑	丑	辰	未
绝	申	亥	亥	寅	巳	酉	子	子	卯	午
胎	酉	子	子	卯	午	申	亥	亥	寅	巳
养	戌	丑	丑	辰	未	未	戌	戌	丑	辰

对于"生旺死绝表"的运用，本身在学术上就有不同的意见，主要是关于"五阴干的长生"问题，从古至今有三种看法：一种人认为长生表是对的，另一种是为假长生，再一种是否定两种看法，同阳干一致。

我个人认为"生旺死绝表"从某种意义上说更像是古人对大自然、对人类的各种规律和运动状态的总结。我同意古人论长生的道理，它符合阴阳消长的规律，但这个规律难道就一定要完全用在四柱预测中吗？我们可以局部运用，或灵活运用啊，老是停留在争论"真假长生"的问题上是没有用的。

我以为现在的一些"大师"发明所谓生旺死绝表的作法只能说是对此表的认识太肤浅了，下面来举简单几个"五阴干长生"的例子，说明一下"长生"的理论真谛，当然这也只是我的一点思考探讨的内容，还没有更多的成果，只希望抛砖引玉。

乙木长生在午。乙木为花草之木，普天之下之花草之木自然是在午月当红当艳，此乙木长生在午不对吗？

丁火长生在酉。丁火为烛光之火，上至皇宫大院，下至百姓布丁之家，一到酉时无不需要丁火，此时天下"灯火辉煌"，丁火强大。于是也有了民间描述酉时为"撑灯酉时"，此丁火长生在酉也在理吧！

己土长生在酉。己土为田园之土，深秋之季，乃收获之季节，田园中一派繁忙之象，先是指望着在土地上收获庄稼、作物，之后也要整理土地了，此己土长生在酉也。

辛金长生在子。辛金为珠玉之金，其珠玉者，自然是半夜子时光芒四射。大家想一想这个镜头，某家有家传之夜明珠，平时不敢示人，只有夜深人静之时才会从暗室之中取出偷偷观赏一番。此辛金长生在子。

癸水长生在卯。癸水为雨露之水，此水稍纵即逝，只是在黎明之际，卯时才是露水挂枝头啊！此癸水长生在卯。

且不管以上这些长生问题，我们就讲一个最简单的问题，作为初学者，就要从简单实用入手。"旺相休囚死"将旺衰状态分为5种，而"生旺死绝表"却分为12种，"旺相休囚死"只按五行分类分为5种，而"生旺死绝表"却按十天干分类分为10种，光此两个数字就说明"旺相休囚死"将旺衰关系归纳得更简单。当然我们也不是说简单的就最科学，只是说作为初中级学习来讲，用"旺相休囚死"快捷简单，等以后大家研究深入了，有了较强的功底再来研究"生旺死绝表"才会发现其中的奥妙。

下面将古代命理典籍《穷通宝鉴》中论四季之五行的论述摘录如下，供大家参考学习。

五行者，往来乎天地之间而不穷者也，是故谓之行。北方阴极而生寒，寒生水；南方阳极而生热，热生火；东方阳散以泄而生风，风生木；西方阴止以收而生燥，燥生金；中央阴阳交而生湿，湿生土。其相生也，所以相维，其相克也，所以相制，此之谓有伦。火为太阳，性炎上；水为太阴，性润下；木为少阳，性腾上而无所止；金为少阴，性沉下而有所止；土无常性，视四时所乘，欲使相济得所，勿令太过弗及。

夫五行之性各致其用。水者，其性智；火者，其性礼；木者，其性仁；金者，其性义；惟土主信，重厚宽博，无所不容，以之水则水附之而行，以之木则木托之而生，金不得土则无自出，火不得土则无自归，必损实以为通，致虚以为明，故五行皆赖土也。

推其形色，则水黑、火赤、木青、金白、土黄，此正色也，及其变易则不然。常以生旺从正色（当生旺则正气全，可见正色），死气从母色（水者，木之母，木死绝则黑；木者，火之母，火死绝则青；火者，土之母，土死绝则赤；土者，金之母，金死绝则黄。夫五行死绝则气归根，见母之色。凡人遇苦楚而呻吟，母者乃其义也），成形冠带从妻色（少壮之年及衰老之际，仰妻之是也），病败从鬼色（病败之地是鬼旺之乡，受克则气归鬼），旺墓从子色（旺为传，墓为敛藏，故色在于子）。

论木。木性腾上而无所止，气重则欲金任。使木有金，则有惟高惟敛之德。仍爱土重，则根蟠深固。土少则有枝茂根危之患。木赖水生，少则滋润，多则漂流。甲戌乙亥木之源、甲寅乙卯木之乡、甲辰乙巳木之生，皆活木也；甲申乙酉木受克、甲午乙未木自死、甲子乙丑金克木，皆死木也。生木遇火而秀，丙丁亦然；死木得金而造，庚辛必利。生木见金自伤，死木得火自焚。无风即止，其势乱也；遇水返化其源，其势尽也。金木相等，格为斫轮，若向秋生，反为伤斧，是秋生忌金重也。阴木重火，舌辩能言。

论火。炎炎真火，位镇南方，故火无不明之理。辉光不久，全要伏藏，故明无不灭之象。火以木为体，无木则火不长焰。火以水为用，无水则火太酷烈。故火多则不实，太烈则伤物。木能藏火，到寅卯而方生。火不利西，遇申酉而必死。生居离位，果断有为，若居坎宫，谨畏守礼。金得火和，则能熔铸，水得火和，则成既济。遇土不明，多主蹇塞，逢水旺处，决定为荣。木死火虚，难得永久，纵早功名，必不久长。春忌见木，恶其焚也。夏忌见土，恶其暗也。秋忌见金，金旺难克制。冬忌见水，水旺则灭形。故春火欲明不欲炎，炎则不实。秋火欲藏为欲明，明则燥。冬火欲生不欲杀，杀则暗。

论土。五行之土，散在四维。故金木水火依而成象，是四时皆有用。所忌者，火死酉也，水旺子也。盖土赖火印，火死则土囚；土喜水财，水旺土虚。土得金火方成大器。土高无贵，空惹灰尘。土聚则滞，土散则轻。辰戌丑未，土之正位，分阴分阳，土则不同。辰有伏水，未有匿木，滋养万物，春夏为功。戌有藏火，丑有隐金，秋火冬金，肃杀万物。故土聚辰未为贵，聚戌丑不为贵，是土爱辰未而不爱丑戌是也，明矣。若更五行有气，人命逢之田产无比，晚年富贵悠悠。若土太实无水，则不和柔，无木则不疏通，土见火则焦，女命多不生长。土旺四季，惟戌土困弱，戌多为人好斗，多瞌睡。辰未人好食。丑人清省，丑有艮土，有癸水，能润而膏，人命遇此，主能卓立。

论金。金以至阴为体，中含至阳之精，乃能坚刚，独异众物。若独阴而不坚，冰雪是也，遇阳则消矣。故金不炼不成器，聚金无火，难成脱朴之名。金重火轻，执事繁难。金轻火重，煅炼消亡。金极火盛，为格最精。金火全名铸印，犯丑字即为损模。金火多名乘轩，遇死衰反为不利。大火炼金，幸功名而退速。纯金凑水，遇富显以赢余。金能生水，水旺则金沉。土能生金，金贵则土贱。金无水干枯，水重则沉沦无用。金无土死绝，土重则埋没不显。两金两火最上，两金两木财足。一金生三水，虚弱难胜。一金得三土，顽钝自损。金成则火灭，故金未成器欲得见火，金已成器，不欲见火。金到申酉巳丑亦可谓之成也，运喜西北不利南方。

论水。天倾西北，亥为出水之方，地陷东南，辰为纳水之府。逆流到申而作声，故水不西流。水之性润下，顺则有容。顺行十二辰，顺也，主有度量，有吉神扶助，乃贵格。逆则有声。逆行十二辰，逆也，入格者主清贵有声誉，忌刑冲则横流，爱自死自绝则吉。水不绝源，仗金生而流远。水流泛滥，赖土克以堤防。水火均则合既济之美，水土混则有浊源之凶，四时皆忌。火多则水受渴，忌见土重，则水不流。忌见金死，金死则水囚。忌见木旺，木旺则水死沉芝。云：水命动摇，多主浊滥，阴人尤忌之。口诀云：阳水身弱穷，阴水身弱贵。

第三节　排四柱与大运

起年柱

将出生日期对照《万年历》，看此日期处于哪一年，即以其年之干支作为年柱，但应注意的是，年的开始必须严格以立春时刻为起点，而不是通常以农历正月初一或公历元旦作为一年的开始。

如某人 2010 年 2 月 6 日生，农历为十二月廿三日，虽然农历没有到正月初一，但是公历 2 月 4 日已经立春，也就是说过了立春命理上就是庚寅年了，月柱也不是丑月了，而是寅月了。

年柱是四柱之根，在柱中占有很重要的地位，如命书上常说某人是大溪水命，某人是霹雳火命，都是指年柱的纳音属性而言，并非年柱的干支五行，更不是日元的五行。这些纳音只是一个代称，与四柱的旺衰、五行等是没有一点直接关系的。

起月柱

月柱，即用干支表示人出生之月份所处的节令。注意月柱干支不是以农历每月初一为分界线，而是以节令为准，交节前为上个月的节令，交节后为下个月的节令，这是很多初学者甚至有些预测师有时也容易出错的地方。至于交节的依据标准，大家可见上一章节中十二节气的划分。

月柱中每月的地支是固定的，天干却是不同的，不是固定的，但也是有规律可寻的，古人就制定了《年上起月表》如下：

月　　年干	甲己	乙庚	丙辛	丁壬	戊癸
正月	丙寅	戊寅	庚寅	壬寅	甲寅
二月	丁卯	己卯	辛卯	癸卯	乙卯
三月	戊辰	庚辰	壬辰	甲辰	丙辰
四月	己巳	辛巳	癸巳	乙巳	丁巳
五月	庚午	壬午	甲午	丙午	戊午
六月	辛未	癸未	乙未	丁未	己未
七月	壬申	甲申	丙申	戊申	庚申
八月	癸酉	乙酉	丁酉	己酉	辛酉
九月	甲戌	丙戌	戊戌	庚戌	壬戌
十月	乙亥	丁亥	己亥	辛亥	癸亥
十一月	丙子	戊子	庚子	壬子	甲子
十二月	丁丑	己丑	辛丑	癸丑	乙丑

此表查法是，凡甲年己年（年柱天干为甲或己），正月为丙寅，二月为丁卯，余类推。如1998年为戊寅年，三月是丙辰月。2000年为庚辰年，八月为乙酉月。

另有以下口诀可帮助记忆，也称为"五虎遁"：

甲己之年丙作首，乙庚之年戊为头。

丙辛之岁寻庚土，丁壬壬寅顺水流。

若问戊癸何处起，甲寅之上好追求。

口诀用法：凡甲年己年，一月天干为丙，二月天干为丁，余此类推。

起日柱

从鲁隐公三年（公元前 722 年）二月己巳日至今，我国干支记日从未间断，这是人类社会迄今所知的唯一最长的记日法。日柱，即用农历的干支代表人出生的那一天。干支记日以每六十天一循环（即六十甲子干支反复循环），由于大小月及平闰年不同的缘故，日干支需查找万年历。另外，日与日的分界线是以子时来划分的，即十一点前是上一日的亥时，过了十一点就是次日的子时，而不要认为午夜十二点是一天的分界点。

大家注意，对于日柱，没有什么特别的口诀或方法，只能是查《万年历》。至于"盲派"、"瞎子"的"流年赶"，也只能是通过死记硬背的方法记住每年正月初一的日柱干支，再根据计算方法推出具体日子的干支。这一百多句口诀是"瞎子"算命的基本功，路边地摊上的"瞎子"算命先生都会，没有什么神秘和值得宣扬的，更无多大的学术价值，现在我们用电脑软件来排四柱则更快更便捷更准确了。我们明眼人，如果非要抛弃更好的、更科学的手段，去追求过时的、不实用的东西是不可取的。如果你有心情、有时间想去背这个口诀的话，那我也无话可说。

起时柱

时柱，用农历干支表示人出生的时辰，一个时辰在农历记时中跨两个小时，故一天共十二个时辰。

时辰	子时	丑时	寅时	卯时	辰时	巳时
时间	23~1	1~3	3~5	5~7	7~9	9~11
时辰	午时	未时	申时	酉时	戌时	亥时
时间	11~13	13~15	15~17	17~19	19~21	21~23

同一时辰，其时柱的地支是固定不变的，而天干却不同，可查下面日上

起时表。

日上起时表

时＼日	甲己	乙庚	丙辛	丁壬	戊癸
子	甲子	丙子	戊子	庚子	壬子
丑	乙丑	丁丑	己丑	辛丑	癸丑
寅	丙寅	戊寅	庚寅	壬寅	甲寅
卯	丁卯	己卯	辛卯	癸卯	乙卯
辰	戊辰	庚辰	壬辰	甲辰	丙辰
巳	己巳	辛巳	癸巳	乙巳	丁巳
午	庚午	壬午	甲午	丙午	戊午
未	辛未	癸未	乙未	丁未	己未
申	壬申	甲申	丙申	戊申	庚申
酉	癸酉	乙酉	丁酉	己酉	辛酉
戌	甲戌	丙戌	戊戌	庚戌	壬戌
亥	乙亥	丁亥	己亥	辛亥	癸亥

有以下口诀可帮助记忆，也称"五鼠遁"：

甲己还加甲，乙庚丙作初。

丙辛从戊起，丁壬庚子居。

戊癸何方发，壬子是真途。

通过以上的步骤，结合查对《万年历》，我们就可以排出四柱了。排出四柱后，我们还要排出大运，再结合流年才可以推断命运的吉凶了。

排大运

古人以十年分一个阶段，也就是十年交一步大运，在这十年中，大体的吉凶祸福皆由大运的干支五行为四柱的喜忌而决定。排大运的主要依据就是根据月柱干支而定，它的主要原则是"阳年生男顺推月柱干支，阴年生男逆推月柱干支；阴年生女顺推月柱干支，阳年生女逆推月柱干支"，简单来说可以记住一句话"阳男阴女顺，其他为逆"。具体解释如下：

凡年干为甲、丙、戊、庚、壬年出生的男性，大运以月柱干支顺着排。出生的女性，大运以月柱干支逆着排。凡年干为乙、丁、己、辛、癸年出生的男性，大运以月柱干支逆着排。出生的女性，大运以月柱干支顺着排。

如：阳年出生的男性，月柱为"戊午"，那么第一步大运顺排则是"己未"，第二步大运依然顺排则是"庚申"，第三步部大运是"辛酉"……等，一般我们将大运排上八步。又如阳年生的女性，月柱为"戊午"，那么第一步大运逆排则是"丁巳"，第二步是"丙辰"，第三步是"乙卯"，第四部是"甲寅"……等。

上大运的时间

知道了大运的推排运行规律后，那么最重要的还要掌握住起大运的岁数，也就是起大运的时间。下面是具体的起大运时间的计算方法。我们从这个人出生的日子算起，顺查前一个气节或倒查后一个节气，与节气之间所差的天数，再去除3，所得之数即为行运的岁数。

详细地说就是：凡阳男阴女（指年干的阴阳），即要从出生日顺数到下一个节气。凡阴男阳女，即要从出生日逆数到上一个节气，有几天则算几天，有几个时辰则算几个时辰，一般讲够三天者为一岁起大运，六天者为2岁起大运，九天者为3岁起大运，十二天者以4岁起大运，以此类推，最多三十天，为十年。细节的讲，则是一天代表四个月，二天代表八个月，三天代表十二个月为一年，一个小时代表十天，十二个小时代表120天，即四个月，这是计算大运的严格方法。在一般命书上则多用简单计算，他们把所得的天数除三为起运岁数，余一天或几个时辰者，则扔去不用，余二天以上者，则加一天进上去。

下面举一个例子，我们来排一遍四柱，查出行大运的时间。

某男出生于公历 2008 年 8 月 8 日 20 时 8 分，男命阳年（戊子年，戊为阳干）顺行，刚好 8 月 8 日中午 12 时 18 分已交过节气"立秋"，就要查出生时间至下一个节气"白露"之间有多少日子。

下一节气"白露"交节为 9 月 7 日 15 时 2 分，出生时间到此节之间有 28 天又约 19 小时。

按上面的计算方法，28 天除以 3，等于 9，余 1 天。9 为 9 岁，1 天为 4 个月，多的 19 小时为 6 个月，所有的加起来为 9 岁 10 个月。也即此男起运时间为 9 岁又 10 个月，以后每一次交运按此加十年。

四柱，是固定不变的信息，人一出生无论何时也是这八个字，也称为先天信息；大运，是十年一变换的，幼年与中年和老年的大运是不同的，是相对变化的，也称后天信息。命是不可改变的，而大运可能有变化，所以一些命中的不足可能通过有利的行运来弥补，这就是我们常说的"命好不如运好"。所以说四柱好是一方面，行运配合得好更是关键！

第四节　你是什么命

在预测中，经常会有人问我，我是什么命啊？而我们的一些客户，也经常听预测师告诉他是什么命，应该如何如何。其实，关于一个人是什么命的问题，也是大有学问的，如果没有正确的了解，也是容易误用的。

传统的四柱预测说一个人属什么命，只是针对这个人的出生年份的干支的纳音而言，这个纳音五行与此人四柱的五行旺衰、命理喜忌等等实在是一点点关系也没有，只能说是一种代称而已。

比如，某人 2010 年出生，按传统预测的说法，就是查其 2010 年年份的干支为庚寅，庚寅纳音五行为"松柏木"，就说此人为木命。其实此木与这个人的五行一点关系都没有，一是年份纳音为二年一样，即 2010、2011 年出生的人年命纳音五行都是"松柏木"；二是此纳音五行不分男女，这二年出生的人不论男女都是如此；三是这个五行只说明年柱纳音五行，而命理上说的五行是日柱干支的，所以这种按年命纳音来讲五行属性的方法是没有意义的。

我们很多人就是片面的按这个年命纳音五行来理解的，再加上其出生的月份，什么木生在夏天应补水、木生在春天应补金，等等，更有一些取名字的也是如此行事。

其实真正的讲命主属什么命，应该是说命主属什么五行，告诉他这个五行在四柱中是旺还是衰，旺了就要弱一点，弱了就要补强一点。

命主五行是要将出生的年月日时按以上的排四柱的方法，排出年月日时之四柱八个字，以日干的五行代表本人的五行，再结合四柱旺衰来定此五行的喜忌。

比如某男命出生于公历 2010 年 10 月 10 日早 10 时，排出四柱如下：

庚寅　丙戌　癸巳　丁巳

若按传统的说法，就按其"庚寅"年柱的纳音为"松柏木"说此人为木命（当然我前面说过了，按传统说法，2010、2011 年出生之男女都是松柏木命），可是我们从专业角度排出四柱才知道，此人的五行与松柏木一点关系都没有。

按一个人的具体出生年月日时，排出四柱，看到日柱之日干（即四柱之第五个字）所代表的五行即为此人之五行，此人日干为癸，为水，即此人五行属水，与木一点关系都没有。如果我们按属木来补水或补金就完全不沾边了，当然我们也不能按日柱的五行纳音来算五行属性的。

正确的方法是，排出四柱知其日干五行为癸水，再结合其他干支的五行，判断此水旺或衰，此水为衰，水弱即需金来生之，需水来助之，故此命需金、水。

这才是正确理解"我是什么命"，以及如何依本命五行属性来补救、平衡五行的基本方法。

第四章　干支的刑冲合害

第一节　天干五合

甲己合化土、乙庚合化金、丙辛合化水、丁壬合化木、戊癸合化火。

所谓天干五合，是指五组天干的互相作用而产生的变化，如丙辛合化水，指天干丙遇到天干辛，丙本是火，辛本是金，但这两者在一起相互起反应，组合在一起，却变化成了水，如化学反应一般，两者的五行力量已发生改变。初学者刚开始学习四柱时，掌握以上的基本知识就可以了。

当然在具体的实践应用中，合化是有着严格的条件的，比如并非一见丙辛就认为是化成了水，其中有一个合化成功和不成功的问题，这些就是更高一层次的学问了，大家可以在有基础后再研究运用。天干合化必须日月干、日时干、年月干的两干相邻（即临柱有效，隔柱不论），且化神（合化成功的条件）必须在四柱中较旺，即合化成何种五行，此种五行必须旺才可。

甲己合化土，生辰戌丑未月或遇岁运土旺，或有火助，可化成。

乙庚合化金，生申酉月或地支申酉戌会，巳酉丑合，或岁运金旺之地可化成。

丙辛合化水，生亥子月或地支亥子丑会，申子辰合，或岁运水旺之地可化成。

丁壬合化木，生寅卯月或地支寅卯辰会，亥卯未合，或岁运木旺之地可化成。

戊癸合化火，生巳午月或地支巳午未会，寅午戌合，或岁运火旺之地可化成。

以上天干五合，如果合化成功，则合化后的五行加力，而被合化的五行减力，而不是消亡。如果合化不成功，则还按二个五行的相生相克来论（一般情况下都是相克）。

如甲己合土，如果合化成功，则己土力量加大，甲木力量减弱，注意并不是甲木消亡！当我们分析经过多种生克关系后，甲木的力量很弱时，那么甲木所对应的六亲、十神信息就会有灾不利了。

如果甲己合土不成功，就以木土相克来论，如果四柱中木旺，则甲己合为木旺克土，土受损，如果四柱中土旺，则为土重木折，为土反克木，木受损。

我们再来进一步分析天干五合的内涵：

甲己合、乙庚合，其合化后的五行都在前提条件中存在，也就是说它们合化后的五行必然是合化前的其中之一，所以这两种合化成功的几率是比较大的，相对而言容易成化，即甲己合，土旺合土；乙庚合金，金旺合金，果与因有必然的、密切的联系。

这里要提一下的是，甲己合、乙庚合还有一种较为特殊的合化规律，即甲己合，木旺合木（妻从夫化）；乙庚合，木旺合木（夫从妻化）。

丙辛合、丁壬合，其合化后的五行在前提条件中没有，合化后的五行并不是合化前的五行之一，但是它们与合化前的五行有相生的关系，也就是有间接的关系。即丙辛合水，虽无水，但辛金可生水；丁壬合木，虽无木，但壬水可生木，果与因无必然联系，但有间接关系、有转化关系。所以它们之前的合化是有可能成功的，但比甲己合、乙庚合机会小得多。

戊癸合，其合化后的五行与前提条件之间既没有直接关系，也没有相生关系，只是相害的关系。戊癸本合火，可是戊土要泄火，癸水也要克火，此火克泄之间如何能得戊癸之力，戊癸如此之合怎么合成火呢？火力只有减弱的份，哪有加强的份啊！故最难成化。

我们了解了天干五合的以上三个层次，就可以在以后的预测实践中具体运用，对有些相合一看就知道不容易成化，再也不用去多过的分析了。

至于古书所云甲己合为"中正之合"、乙庚合为"仁义之合"、丙辛合为

"威制之合"、丁壬合为"淫欲之合"、戊癸合为"无情之合"可以完全不用理会，其名称与真正表现之间是没有直接关系的，这些相合论喜还是论忌都必须结合四柱具体的喜忌旺衰来判断，去看这些名称只会误导。

第二节　地支刑冲合害

地支有三合局、三会局、半三合局、三刑（自刑）、六冲、六害等生克制化的反应，由此可以看出，地支的情况比天干要复杂多了。

三会局。

寅卯辰三会东方木，巳午未三会南方火，

申酉戌三会西方金，亥子丑三会北方水。

一般情况下三会局见者即会成，不用讲先决条件。

而对于四柱中出现三会局中多一支的情况，当然也论会局，如寅、卯、辰、辰，或寅、卯、辰、卯，等等。

三合局。

申子辰合化水，亥卯未合化木，

寅午戌合化火，巳酉丑合化金。

一般情况下三合局也是见者即合成。但是大家发现没有，三合局的一方之气就没有三会局纯，而当这些不纯之气占于月令之时，我们对于三合局就要谨慎判断是否合成了。

如巳酉丑三合金局，若是巳占月令，则火旺，而天干或其余那个地支也是木火的话，则此三合金局有待定性。再如亥卯未三合木局，如未当令，天干火土旺，而此三合木局也不一定成功，要看具体情况而定。当然，这种分析不是一两句话就可以说得清楚的，以后大家深入进修之后可以去探讨。

六合局。

子丑合土，寅亥合木，卯戌合火，辰酉合金，巳申合水，午未合土（火）。

地支六合和天干五合一样，有合而不化和合化成功的区别，要讲合化条件，也是原局相临来论，隔柱不论。

寅亥合化木，天干有木透出而旺，不受金克，即合化为木。

巳申合化水，天干有水透出而旺，不受土克，即合化为水。

辰酉合化金，天干有金透出而旺，不受火克，即合化为金。

卯戌合化火，天干有火透出而旺，不受水克，即合化为火。

子丑合化土，天干有土透出而旺，不受木克，即合化为土。

午未合化火或土，火旺，天干有火透出合化为火；土旺，天干有土透出合化为土。

以上地支六合，如果合化成功，则合化后的五行加力，而被合化的五行减力，而不是消亡。如果合化不成功，则还按二个五行的相生相克来论（一般情况下都是相克）。

如巳申合水，如果合化成功，则水的力量加大，水的力量大了，那么水克火，水多泄金，巳火和申金的力量都会减弱，注意并不是巳火和申金的消亡！

如果巳申合水不成功，就以火金相克来论，如果四柱中火旺，则巳火为旺可克申金，申金受损，如果四柱中金旺，则为金多火熄，为金反克火，火受损。

大家注意，以上的六合理论，是很多书上都有的，但是在我的实践运用中发现，对于"天干透出化神"这一条规定，其实是不必强求的。也就是说，地支六合，只要是四柱里合化后的五行力量足够，不用天干透出化神也是可以成化的，而并不是现在有些书中所写的一定要透出化神。

以上六合的成功率方面，我们来分析一下。

寅亥合木，亥中有木，亥水也是生木的，所以寅亥合木最容易成化。

辰酉合金，辰为湿土，湿土可生金，酉中独辛金，金气纯厚，所以辰酉合金也比较容易成化。

卯戌合火，戌为火库，卯木本生火，所以卯戌合火只要柱中火多就可以利用戌这个火库了。

午未合火，因为巳午未本身就是南方火地，所以只要火气一到，自然成化；午未合土，未有土性，为燥土，午火本来生土，只要柱中土旺，则火必为土服务了。

巳申合水，若火旺则金水弱，难成化；若金过旺，则易金多水浊；若火金都不够旺，而水旺，则可合水，但火金有损也。所以巳申合一般难以成化。

子丑合土，大家知道，亥子丑本为水地，所以首先子丑容易与水结党，再则丑为湿土，水气多。此子丑合，本无点火，为土无源，又土不厚重，水气过多，故不容易成化，如果柱中水较多则当做"水多土荡"来论。所以子丑合土也相对难以成化。

六冲。

子午相冲，卯酉相冲，

寅申相冲，巳亥相冲，

辰戌相冲，丑未相冲。

冲者，冲克、冲动、冲散、冲突也，是两种五行力量的直接对抗。就好像两车相撞一样，两败俱伤，或一方强旺，则另一方损伤。相临之冲冲力大，隔位之冲冲力小（原局一般不考虑隔位相冲），冲去忌神为吉，冲去吉神为凶。

子午相冲，柱中水旺，则水克火，午火受伤；如柱中火旺，则火反克水，子水受伤，为火旺水干。

卯酉相冲，柱中木旺，则木旺金缺，酉金受伤；如柱中金旺，则金旺克木。

寅申相冲，柱中木旺，则木旺金缺，申金受伤；如柱中金旺，则金旺克木，寅木受伤。

巳亥相冲，柱中火旺，则火旺克水，火旺水干，亥水受伤；柱中水旺，则水克火，巳火受伤。

但是对于辰戌冲和丑未冲，就有点特殊了。辰戌冲、丑未冲，自身是土性相冲，土越冲越旺，它们之间不是此旺彼衰的。但是我们要注意的是，虽然辰戌冲、丑未冲是自身冲旺，但是辰、丑藏干之中的水、木却因土重木折、土重克水而受损，这些藏干的生克关系，以后可以再探讨。

对于六冲的特性，我们在预测运用中还要注意的是，子午冲、卯酉冲都是桃花，可应感情之事；寅申冲、巳亥冲都是马星，可应动变之事；辰戌冲、丑未冲都是墓库，可应四库之伤病、官非之事。

三刑。

寅刑巳，巳刑申，申刑寅。

未刑丑，丑刑戌，戌刑未。

子刑卯，卯刑子。

刑者，刑伤、刑罚也。是两种或三种五行力量之间的生克、制约的过程，有得势者，有失势者。

子刑卯，卯刑子，一般有三种情况：一种是子和卯旺相平衡，是生刑，子水生卯木，卯木受益。第二种是子水多而且旺刑卯木，水多木漂，卯木不受生，遭致刑伤。第三种是卯旺子弱，木盛水缩，水被木吸干而刑伤，如三卯刑一子。寅巳申三刑，是三个五行战克，皆有损伤。寅巳刑是木生火；巳申刑是火克金，申寅刑是金克木。但是一般情况下，寅巳申三刑全的作用力才大，二字之刑作用较小。即巳申出现一般论六合，寅申出现一般论六冲，寅巳出现可论相刑，作用较小，寅巳申三刑作用较大。

寅巳申三刑的力量生克为，寅木生巳火，巳火克申金，即火最受益，金和木衰弱。如果四柱中木旺，则金受损，如果四柱中金旺，则木受损，如果四柱中火旺，则木金都损，当然最损还是木。

丑未戌三刑，是本气土局相刑，土本身是越刑越旺的，叫做不打不相识，越打越亲热。那么这个三刑是谁受伤呢？是土中藏干的某些五行受损，即丑未戌三刑土旺，丑未戌中的水、木多受损，金少受损。因为丑未戌三刑

43

是土气一片刑旺，所以此刑比较容易打破命局中的五行平衡，遇土为喜则锦上添花，若遇土为忌则凶上加凶。

还有一种刑叫自刑，为辰午酉亥自刑。所谓自刑，为自己的原因、主观的原因造成的刑伤、刑罚，有可能是对别人的刑罚，落井下石，得到好处，有可能自取其辱，自相残杀。

自刑的表现，在日常生活中随处可见。如有的人走路不小心自己摔跤了，有的人有自残自虐的倾向，甚至自杀。有的人经常过于自责、压力过大，思想封闭，到最后的精神障碍，等等。

辰与辰自刑，辰为湿土，又为水库，若局中水旺，又带自刑，则崩开水库，泛滥成灾。若水不旺，则土自我相拥，加强土性。

午与午自刑，火旺土燥，为火土得力。

酉与酉自刑，酉金为纯金，藏干只有一个辛金，金气较重，自刑则金更旺。

亥与亥自刑，为水旺成患，如江河之水汇入大海，气势更大。

自刑的运用有两种用法：

一种是原局中，按辰见辰、午见午、酉见酉、亥见亥论自刑，此刑也必须是临支来论，隔支不论。这种自刑的五行力量有变化，要加力，为强强联手，原理等同于一加一大于二，也就是两根木棍绑到一起的硬度大于两根木棍单独的硬度。当然这些可以代入大运、流年中使用。

另一种是原局中，如果出现了辰、午、酉、亥中任意三种以上的地支，也为自刑，如柱中出现辰、午、酉，或午、亥、辰等等，这种用法不可代入大运、流年。这种自刑本身没有五行力量上的变化，各支还是按各支的五行去分析旺衰生克关系，但是可以将自刑的表现形式在预测实际中去运用。

子未相害，丑午相害，寅巳相害，卯辰相害，申亥相害，酉戌相害。

相害。害者，受害、被害也。地支相害的作用关系是对于六合再加六冲形成的，相害的作用比较小，我们在实际预测中用得也少，感觉作用不大，在此不做重点论述，所以学界也讲"生克制化、刑冲合害"，将害放在最后了。

相害是相对于六合而论的，你要合，它来破坏你的相合，知道这个原理，就很容易记住相害了。

子未相害：子与丑合，未来冲散；午与未合，子来冲散，此为子未相害。未有土旺，子有水旺，若土旺则害子中癸水，若水旺，则害未中己土。

丑午相害：丑与子合，午来冲散；未与午合，丑来冲散，此为丑午相害。若午火旺则克丑中死金。

寅巳相害：寅与亥合，巳来冲散；巳与申合，寅来冲散，此为寅巳相害。寅、巳各持占甲、丙之临官当旺之地互不相让，刑害不分，一般以相刑来论。

卯辰相害：卯与戌合，辰来冲散；辰与酉合，卯来冲散，此为卯辰相害。卯以旺木克辰中死土。

申亥相害：申与巳合，亥来冲散；亥与寅合，申来冲散，此为申亥相害。申、亥各持占庚、壬之临官当旺之地竟嫉相害，均无损伤，多为水旺得益。

酉戌相害：酉与辰合，卯来冲散；戌与卯合，酉来冲散，此为酉戌相害。戌以死火，害酉旺金。

天干地支的生克制化、刑冲合害，是对四柱原有旺衰力量的再一次分配，更是在大运、流年中预测应事的一种重要参考信息。当然相对而言，相害在预测实践中作用比较小，而刑冲对于灾难的预测却是主要的信息之一。

第三节　生克制化的其他观点

以上，我们讲了生克制化的基本规律，但有些书、有的所谓内部资料中也讲到了一些其他的规律和观点，让许多易友不知正误，在学习过程中容易糊涂，下面针对这其中的代表性的观点进行讲解，以正视听。

一、合而不化的问题

天干五合、地支六合，如果不符合合化的条件，合化不成功，则仍按原五行之间的正常生克来论，原则仍是此旺则彼衰，彼旺则此衰，一方力量大则另一方受损。

例一：己丑　丁丑　壬戌　丙午

此柱天干有丁壬合木，然柱中无木，化神无力，且水也不旺，反而是火土两旺，火土都是克泄水木的，所以此丁壬合木不成功，便当水火相克来论。

例二：己丑　丁丑　甲子　甲子

此柱地支有子丑合土，虽然看起来土也不弱，但是细究之下原来木也很旺，原局成了木土相战之势，一方难制住另一方，自然子丑合土不成功，为木土相克。

二、遥合和遥冲的问题

对于天干五合、地支六合、地支六冲，在原局中只论临柱（即年与月、月与日、日与时为相临，可论之），而隔柱一律不论（即不论所谓遥合、遥冲）。这些所谓的遥合、遥冲，虽然在理论上有作用，但在实际预测中作用不大，其对原局五行旺衰的影响微乎其微，故而可以忽略，否则会将生克关系搞得十分复杂，且容易不抓主线，只抓细节，本末倒置。

例一：庚寅　戊寅　乙未　丙子

此柱虽有乙庚相合，但乙与庚不是相临的两柱，中间隔着月柱，故而在原局中不考虑其相合的关系，更不用考虑其合化成功否。

例二：庚寅　庚辰　辛亥　丙申

此柱寅亥合木不论，此为隔柱即所谓遥合，年与时的寅申相冲也为隔柱不论，此为所谓遥冲。日时丙辛相合因为是临柱，可论合化关系。

三、争合的问题

争合，有二合一、三合一，许多书中都讲争合为合而不化，且不与他干再发生关系，这在实际预测中发现是错误的理论。真正的理论是，争合也论成化，且作用力、影响力更大。

1. 二夹一，为二打一，二克一，克力更甚，并不是某些书中所讲互不相让，合而不化。大家想一想，两人在打架，中间又出一人来帮忙，那能不打了吗，对方能没事吗，肯定是对方受伤更厉害啊。

例一：戊子　甲子　己亥　甲子

此柱两甲合一己，是为所谓争合，二夹一，若按某些书讲为合而不化。其实我们看一看，怎么能合而不化呢？一组甲己合已经成功了，己土受伤，甲己合木。再加一个甲木，应该是己土受伤更重，怎么能合而不化呢？由此种情况，足以说明合而不化理论的谬误。

例二：戊子　癸亥　甲寅　乙亥

此柱二亥合寅，二夹一，所谓争合。四柱水木两旺，按一组寅亥合木已然成功，再加上一亥，也是水生木，自然仍然合木成功，何来争合不化？

2. 二合一，一近一远，以近为合。

例一：庚寅　庚辰　乙酉　丁亥

此柱二庚合一乙，一近一远，一般以月与日相合来论，年干暂不考虑。

例二：庚寅　辛巳　乙酉　庚辰

这种乙庚合，不是争合，只讲日时柱的乙庚合，年干庚金与日干乙木为所谓遥合不论合化关系。

3. 三合一，结党一处，以三攻一，五行相克力量大，符合合化条件也成化。

例一：戊子　癸亥　癸丑　癸亥

此三癸合一戊，癸水当旺结党，三癸旺克一戊土，水多土荡，因有相合，克力倍增。但不以戊癸合火来论，因原局无火，此处以水旺反克戊土来论。

例二：甲子　己巳　甲子　甲子

此柱三甲合一己，是所谓争合，这是某大师书中举的例子，当做"二干夹争一干，合而不化"来论。大家想一想，这能当合而不化吗？此柱虽土当令，然木众多，三甲合围一己，己土岂能置身事外，自然是木旺克土，甲己合木成功。

例三：辛酉　丁酉　壬辰　己酉

此柱金旺金多，地支三酉合一辰，虽然是所谓三合一，但是符合合化的条件，自然是辰酉合金成功！若按某些人讲的合而不化，岂不是笑话？一组辰酉合金成功，多加几个酉金反而不论合化、反而不成功？

其实有些人编的一些理论，我们想一想它符不符合常理就知道它是正理还是谬论了。有人所谓内部资料上写得是言之凿凿，好像理论很系统，可是在内行人看来，都是纸上谈兵的东西，与实际预测情况差之千里，因为很多写书的所谓大师根本没有太多的预测实践，他们"写"书的目的不是总结经验，搞学术研究，而是想靠卖书来挣些钱的。

四、日元合化的问题

在四柱的合化过程中，不可避免的会遇到日元也参与合化，或日元被合化的情况，这种合化关系如何处理呢？

例如：甲寅　丁卯　壬戌　甲辰

此柱地支寅卯辰三会木局，年时双透甲木，木多木旺，此月日丁壬合木自然条件相当成功，合木成功。

但是壬是日元，如何处理这个关系呢？一种错误的观点是日元壬水因为合木成功了，日元就改为甲木了。另一种错误的观点是日元合化木成功了，壬水就不存在了。

这就是所谓"化气格"容易出现的误区，正确的观点是，丁壬合木成功，柱中木更旺，而日元壬水更弱，木盛水缩，但是日元壬水五行不变，也不消失。

五、合能解冲、冲可破合的问题

关于这个问题，我以为原命题是比较片面的，有不足之处，不能就此一概而论。我以为应该是：合局力量大则可减小冲力，冲力大则可打破合局的力量平衡，但是这两种生克关系不能独立分开，而是不能因冲废合，更不能因合废冲，合冲应同时存在并论。

例一：甲寅 丁卯 壬戌 甲辰

此柱寅卯辰三会木局，丁壬合木成功，日时也有辰戌相冲，难道就是"冲可破合"、或是"合可解冲"啦？按某些书上讲的理论显然不对，以我的观点来讲，因为会合木局力量大，自然可减小辰戌相冲之力，可以说戌土以卵击石，冲犯旺木，自然是自取其辱，自己受损。也就是这种情况下所谓"冲可破合"的理论显然不对。

例二：庚寅 戊寅 丙申 癸巳

此柱二寅冲一申，也有巳申相合，难到因为所谓巳申相合而可解二寅冲一申吗？显然也是说不过去的。

第四节 地支循藏

地支藏干是古书上记载并流传至今的，它在实际预测中是很有实用价值的。古书记载的来源，总结如下。

八卦六爻中，有天地人三才之论、阴阳之分，四柱中的天干地支也是如此。天干主外、为阳、为天；地支为内、为阴、为地，人在天地之间，故地支所藏之干为人。所以天干为天元，地支为地元，地支中之干为人元。三者的关系在四柱中即有相生，又有相克；即有相帮，又有相制，各主其事，各尽其能。地支藏干的理论体现了古人朴素的科学观，体现了"天人合一"、

"阴阳相抱"、"互有对方"的宇宙万物规律的观点。

　　十二支循藏，就是每个地支藏着一个、两个或三个天干。这些藏干里还有一个本气、中气、余气（杂气）的概念和区别。一般来讲，地支五行与藏干五行相同的为本气，地支五行与藏干五行相生的为中气，地支五行与藏干五行相克的为余气。

　　大家可以先了解一下地支循藏的内容，初学者也不必马上去背诵，因为地支循藏的运用还是比较复杂的，可以留到以后有基础了再来研究和运用。

　　子中藏天干——癸。

　　丑中藏天干——癸辛己。

　　寅中藏天干——甲丙戊。

　　卯中藏天干——乙。

　　辰中藏天干——乙戊癸。

　　巳中藏天干——庚丙戊。

　　午中藏天干——己丁。

　　未中藏天干——乙己丁。

　　申中藏天干——戊庚壬。

　　酉中藏天干——辛。

　　戌中藏天干——辛丁戊。

　　亥中藏天干——甲壬。

　　为了方便记忆，古人又编有地支循藏口诀如下：

　　　　　　子藏癸水在其中，丑中癸辛己土同。

　　　　　　寅藏甲木和丙戊，卯中乙木独相逢。

　　　　　　辰藏乙木兼戊癸，巳中庚金有丙戊。

　　　　　　午藏丁火并己土，未中乙木加己丁。

　　　　　　申藏戊土庚行壬，酉中辛金独丰隆。

　　　　　　戌藏辛金及丁戊，亥中壬水甲木存。

　　地支循藏的运用，是较高层次的学术内容，初学者先可不做深入研究，先不管地支的藏干，还是先看天干和地支。天干和地支的旺衰搞清楚了，暂时也用不上藏干，如果天干地支搞不清楚，加上藏干也就更糊涂了。

例如：壬子　壬子　壬辰　庚子

这个四柱，子水多，子中藏癸水，但是我们一看四柱，水旺水多，子水为水，藏干还是水，所以看不看藏干也差不多了。

再比如：甲寅　丙寅　甲午　甲子

这个四柱，有两个寅木，我们只要知道寅为木就行了，暂时不用去管寅中藏甲丙戊，因为甲是本气，丙戊是中气和余气，丙戊的分量是比较少的，对四柱旺衰的影响是不大的，一般情况下不会影响到大的平衡。

对于初中级水平用不用藏干的问题，我的一个比喻是，比如打靶，你是一个新手，50 米的靶你都打不中，还用去打 100 米的靶吗？八个字你都看不明白，还要加上藏干，不是更糊涂啦！再比喻，我们在 50 米的地方已经看清楚了问题，还用得着跑去 100 米的地方再看一次吗？那么更细节的东西，更内在的细微联系只能是等我们将主要问题、基本问题解决了，有时间、有功夫再去研究。

还有一条也是许多初学者容易弄糊涂的地方，就是关于藏干的排列顺序，有些书的排序不完全相同，其实这个顺序大家不用太在意。因为一直以来大家都是将藏干排列在地支下面，为了方便分析，就将藏干本气排在地支正下面，这样再横着看下面一排藏干，本气就不是排在第一位了。而我们有些人写书时，为说明藏干与地支的关系，当然将本气排列在第一位了。所以我们只要掌握上面说的本气、中气、余气（杂气）的分类方法才是最关键的。

比如：寅藏甲丙戊，写书论述时为说明甲是本气，就将甲排在第一，但是在排四柱时，可能排成丙甲戊，而这样排列则地支寅与藏干之甲（本气）刚好正对一列，上下对齐，便于分析。

对于这一章的生克制化的具体运用，必须要等到我们掌握了判断四柱旺衰及取用神以后，否则举例也是无益，所以这里没有举实例，实例运用待后再论述解析。在目前，大家先只要了解这些理论条件就可以了。

　　生克制化的实例，很多资料都是在这一章节中引用，但是我以为，生克制化与四柱旺衰、喜忌等有直接的关系，还没有学习到判断四柱旺衰和取用神的内容，提前来分析生克制化的内容是难以接受的，所以此章实例在后面章节单独再论述。

第五章　十神心性

十神者，又称"六亲"也，象征人之父母、兄妹、子女、夫妻、下属之关系，它来源于五行的生克制化之理，又有人称十神是五行生克制化的"代名词"。十神侧重于人事、事物现象的分析，五行侧重于五行力量轻重的分析，两者相辅相成。可以说五行生克是四柱结构的基础，十神生克是预测结论的关键点。

我们学习命理学，光看五行的生克是不够的，因为你分析出五行、日主的旺或衰之后，接下来就是要预测具体的事情，这些事情你怎么去分析呢？比如，你分析了一个四柱的金太弱，那这个金弱能有什么事呢？这就要看十神了，看这个四柱中金代表哪种十神，是正财还是正印，再结合喜忌，结合神煞等其他信息才能分析大致的吉凶事件啊。所以我认为，如果我们在预测中，只讲生克制化，而不考虑命理上的其他信息，只能是小学生的水平。如果只单纯的讲生克制化，预测水平是绝对不可能提高的，特别是对一些高层次内容的预测或有技巧的四柱就更没有办法了。我相信大家周围也有这样的人，跟着某些大师学习纯粹的生克制化理论来预测，刚入门好像很容易，沾沾自喜，结果学了一年、两年、三年后仍然是那个基础水平，预测准确率大约也总是勉强及格之间，再也很难有一点点的提高了。

以下这些十神心性大家要多看多记，它就像八卦的"万物类象"一样，你记得越多，将来在预测的时候就会灵活运用，可能将流年的事情反映得更清楚。并且，对于别人总结的十神心性，我们还要从十神原理上举一反三，与现在的社会、生活环境有机、灵活的结合起来，创造性的运用，达到别人到不了的境界。大家想过没有，做为预测经验总结精华的"断语"里讲的东西是什么？原来大部分都是十神的关系论述，所以十神是很重要的内容。

十神是通过与"日干"的生克关系来确定的，其原理及对应关系如下：

生"日干"者为父母，称印星，一阴一阳为正印，同阴同阳为偏印，又称"枭神"。

克"日干"者为官杀，一阴一阳为正官，同阴同阳为偏官，又称"七杀"。

"日干"克者为妻财，一阴一阳为正财（写为"才"），同阴同阳为偏财（写为"财"）。

"日干"生者为子女，称食伤，一阴一阳为伤官，同阴同阳为食神。

与"日干"比和相同者为兄弟，又称比劫。一阴一阳者为劫财，同阴同阳者，为比肩。

大家注意，在某些香港大师的书中有些十神的标注关系与我们所讲所用的不同，主要是"正财"与"偏财"，这只能说明他们根本就没有读懂中国古代文字，更没有理解透十神的含义，因为十神标注关系与十神含义是有严格对应关系的。略懂一点命理的人都知道，正财为"才"，财小，一般工薪得财；偏财为"财"，财大，经商得财，那么看看我们的标示，正财正是"人才"的才，而偏财是"钱财"的财，这正符合正偏财的基本意义，香港的大师将它反过来标示，显然不懂十神之意。

为书写方便，特将十神称谓统一做简称如下，正印为"印"，偏印为"枭"；正官为"官"，偏官为"杀"；正财为"才"，偏财为"财"；伤官为"伤"，食神为"食"；比肩为"比"，劫财为"劫"。

日干与十神对应关系表格如下，初学者刚开始可以查用下表：

其基本查用原理为，日干为甲木，见乙为比和相同者，为阴阳不同，故为劫。见丙我生者，同阳同阴为食；见丁为一阳一阴，故为伤。见戊为我克者，同阳同阴为财；见己为一阳一阴为才。见庚为克我者，同阳同阴为官；见辛一阳一阴为杀。见壬为生我者，同阳同阴为枭；见癸一阳一阴为印。

他干\日	甲	乙	丙	丁	戊	己	庚	辛	壬	癸
甲	比	劫	食	伤	财	才	杀	官	枭	印
乙	劫	比	伤	食	才	财	官	杀	印	枭
丙	枭	印	比	劫	食	伤	财	才	杀	官
丁	印	枭	劫	比	伤	食	才	财	官	杀
戊	杀	官	枭	印	比	劫	食	伤	财	才
己	官	杀	印	枭	劫	比	伤	食	才	财
庚	财	才	杀	官	枭	印	比	劫	食	伤
辛	才	财	官	杀	印	枭	劫	比	伤	食
壬	食	伤	财	才	杀	官	枭	印	比	劫
癸	伤	食	才	财	官	杀	印	枭	劫	比

因为十神的看法很深奥，又很复杂，每一个"神"都同时代表多层涵义，而且还会受到其他各神的影响而改变其原来的性质，如果不是对命理学研究有一定功底的人，实在不容易熟练地抓住各神的精髓加以正确的判断。下面将十神在各方面所具有的一些涵义与特征，及其象征之变化，结合各种资料上的论述进行归纳整理如下：

一、正官

正官：代表政府、长官、上司、师长、权柄、约束力、压力、女命的丈夫。

当我们看到正官时，首先应该想到的是政府的作用、功能，以及领导的形象、处事风格，这样一想，正官的十神心性我们就能灵活掌握了。官为官府，官府为执掌正义、法度的机构，是对公民有约束力的机构，故官为权，为领导能力。

四柱有官，则比较守法、有正义感，多有正气，且有较强的执行力，有领导才干。如果四柱无官来制，则无管制，无责任感，目无法纪，小到不尽家庭责任，大到不遵守公德法律。因为政府也是有强制力的机构，若官星过旺，则克身太过，反成压力，变成遇事不前，谨慎有余，难免维持现状和明哲保身了。

在我们中国的环境中，大家想一想官员的形象是什么样的，他们处事风格又是如何的，就又能多领会一层官星的含义了。大家眼中的官员，一般长相庄严端正，严肃谨慎，头脑聪明，行事稳健，不亢不卑。所以我们看一看有些官员的言行就是这样，一般不会把话说死，都会留有余地，一般也不会轻易表露锋芒，是为"中庸"，一切也是为了求稳，稳字当头，不稳就难进步，进步了不稳也容易掉下来，而当某些官员仕途无望，又不到退休年龄的时候，也就只有维持现状，明哲保身了。

正因为官星是克身之物，所以我们要知道四柱遇官星，一般要身旺比较好，此谓身旺胜官（身强能胜任官职，能担当责任、执掌权力）。身弱遇正官，则表示易胆小怕事，优柔寡断，懦弱难养等。有些人一升官就身体不好，若一升官就出事，这都是四柱中身弱不胜官的原因。

官现年干且为喜用，主受祖荫力大，长辈得权见贵，且易少年得志，学业颇佳。官现月柱且为喜用，可受父母疼爱，一生少劳苦，也主兄弟姐妹有功名。日座官星，主聪颖能干，具谋事应变力，身旺遇财运大发，也主配偶多贵。时座官星为喜用，主子息贤孝有成，自己得享晚福。

官星不旺，易仕途有阻。官星旺，适合公职。官星旺，四柱组合好，可得官贵。

正官代表女命之夫星，正官为喜用，表示有理想的对象，且夫唱妇随令人羡慕。但有多个正官，表示除了一个丈夫以外，还容易有其他异性，所以必须坚定自己，不要三心二意而惹出麻烦。

　　　　　印　　官　　日　　印
乾造：壬辰　庚戌　乙未　壬午
大运：辛亥　壬子　癸丑　甲寅　乙卯　丙辰　丁巳

乙木生秋月不得令，财官当旺，四柱身弱取印比为用。原局透双印，喜用高透，生助日元，为官印相生的小贵之格。其人行运一路印比，喜用到位，"财官印三全，文将英雄武将威"，又有官星合日，官印相生，这都是命中有利的信息，此人为某省工商局处长。

所以从官之人，一般来说，其四柱原局都有正官比较好，这个四柱，就是原局庚金正官透出，且生戌月旺，更有乙庚相合，谓官星合日，吉也！

二、偏官

偏官，也叫七杀：代表名气、技术专长、权柄（经理）、女命之偏夫、情人。

七杀与正官功用大体相似，但是要注意的是，正官乃以合作为手段，其性较温和；七杀乃以竞争为手段，其性较偏激，霸道无情。如果四柱制化恰当，则煞气可做威权而用，更可发挥才能，古今大富贵，大权威者，大都有这种格局；如果制化不得当，则日主弱，祸来难料，日主强，命途也多怪异。古语说"若人有偏官，犹如抱虎眠"，这就意味着偏官之人敏捷，权力欲望强，善弄权术，独断独行。因此，世界上于许多大成功者多有七杀。而且，此格之人一想到任何花样时，就会马上付诸行动，和同为"官星"的正官那种稳健的作法完全不同。

"偏官"，不正之官，副职之位，所以有些偏官之人多任副职。偏官也为官，所以偏官还是权柄，只因为是偏，所以正官也是局长，偏官就可能是经理了。

偏官为"杀"，杀者，武职。杀者，攻击力量。所以我们就要想着当兵的人是什么特性啊！这些人，一般行事容易偏激，具叛逆性，容易走极端，典型的吃软不吃硬，情绪化，但他们作事也是果敢有魄力，嫉恶如仇而有威严。

偏官之人，他们的想法比较多，总是不甘寂寞，一生大多无法过着平稳生活，当然也属于那种打江山可以，坐江山不行的人。这种人四柱组合好的大都为军人、政治家，现在也有许多带七杀的四柱都是老板，自我得权之人。如果再兼有偏印的话，便可以当一个学者、宗教家、教育家、医生、律师、艺术家等。

一般来说，偏官之人，主坚强，有魄力，富男性美，能忍辱负重，负责任，肯努力，能适应当今竞争日益激烈的社会环境。

杀与官一样，也是克身之物，但不同的是，杀的攻击性更强，克身更甚，所以身弱遇杀灾更大一些。杀者，你不杀人人杀你，你不持刀刀制你。杀旺为忌者，个性外刚内怯，做事患得患失，狐疑不决，而无法完全发挥个人力量，易犯官非、血光、伤残。身旺抗杀也易犯官非、或伤亲人。官杀混杂，则官非、是非纠纷不断。

年柱偏官，身弱无制，表示出生在贫寒家庭。年柱偏官有制，多出生军人武职世家。月柱偏官有制，命贵。日柱偏官，配偶多半性烈刚毅，倔强暴躁。时柱偏官为忌神，子女多半难言孝顺。时干偏官一位，日主旺，有财印，无冲，大贵之命，多为镇守边寨的将领。

七杀也是代表技术专长、名气的。所以四柱有杀但身偏弱，不能胜官杀者，最好学习一门技术，以求安身立命，不至在人生中处处受制（杀克身），一事无成；若有印星，四柱组合较好，则还有可能在某一领域做出成绩，成为权威，得名扬名，反成贵气。

虽然古书讲七杀为女命的偏夫、情人，但是这是相对于正官而言的，大家不可用错了。也就是说，如果一个女命，四柱里没有正官，只有七杀，难道我们说这人就是妾命，没有老公吗？错了！这种情况下，七杀就是她的老公，就是正夫。如果女命四柱既有正官，又有七杀，那可以说正官为夫，七杀为情人或后夫。当然也不一定说女命四柱中有官星比有七杀好，这些要看具体的四柱情况而定。

| | 劫 | 枭 | 日 | 劫 |

乾造：甲午　癸酉　乙亥　甲申

此命初看比劫身旺，无官透出，细看却是七杀当令，身旺杀旺，杀印相生，故为县级干部。当然原局透劫财忌神，地支申酉金为不透干的官杀混杂及偏官七杀当令而不是正官当令也为不利官运的信息，故而官运有限。

三、正印

正印：代表长辈、师长、贵人、学业、名气、声誉、工作、母亲。

印星为母亲，很多人都知道，可是印星为什么又代表长辈、师长呢？这一点很多人可能就想不明白了。其实很简单，印星为生身之物，此生身之物也为护身之物，所以也为长辈、上级。柱中带印，容易受到母亲、长辈、上级的关怀，凡事多有安排，少有自己操心，故多为有福之人，易坐享其成，按部就班，平顺发展，食禄无忧。

印为文印、文书，故为学业、名气、工作等与文书、文印有关的东西，与文印、文书接触多者，必然学业有成，聪明灵巧，德才兼备，知识渊博，重感情精神，有修养内涵，气质不俗。

正印为用神，则此人聪明智慧，一生较为平顺有福，如果有官必廉明高节，名正言顺，确实掌握实权，且此人大多心地仁慈，禀性淡泊，多为清官好官。如果印星太旺，则反制食伤，食伤难以泄秀，乃表示智慧晚开，领悟力较差，表示学业不太理想，个性过于忠厚老实。正印过多，表示受到母亲过多的照顾，而变成溺爱，因此往往缺乏独立自主的精神，反生惰性，缺乏魄力和积极进取精神，若是男性，则阳刚不足，全无朝气。

官印透干，四柱格局组合较好，是比较好的搭配，是为"官印相生"，这种人一般比较容易过着幸福的生活，多为知足常乐之人，而且也能获得相当高的名誉和声望，同时也很适合当一个领导者，众望所归。此外，有正印的人在钱财上比较谨慎小心，可以说比较保守，善于管理钱财，不会大手大脚，但是正因为谨慎，所以也难有偏财、投机之财，所以正印者还是公职、工薪本份求财为好，从事文职工作更佳（行政机关、文教、学术等）。

年柱正印且为喜用，多指生于富贵之家，读书学业佳。月柱正印，心地善良仁慈，聪明健康，一生少病。如柱有偏正官，为福厚之命。如四柱无偏财，印不受克，文章成名。如月支正印与日支冲，主母家零落。日支正印，配偶仁慈善良，聪颖敦厚。时柱正印且为喜用，主子女聪明多贤孝。

官　　印　　日　　财

坤造：癸巳　乙丑　丙寅　庚寅

此命透财官印，年支有禄，易为公门得职之人，果然。

细看之，四柱月上透正印，又日时支二寅木为根，还得官生，柱中印星最旺。结合印星的十神心性，则易从事文印工作，其实是某省重点大学附小的副校长。

四、偏印

偏印：代表艺术、特长、继母、母亲、小人。

偏印的才能较偏重于计划性、独创性或设计方面，正印生活恬适淡泊，偏印生性离群孤独。凡带偏印之格局者，其学艺偏精，纵然其学识不丰，也能凭其智慧，领悟力特强，所学之事，必能事半功倍。命带偏印的人，对事务之敏感度颇高，故从事调查、情报等工作较擅长，因其机智特强，临机应变令人钦佩。偏印之人具有独创性，但有时也会过高评价自己，难免自负，与别人相处，常常会格格不入，但如能反省这些缺点，发挥上天所赋予特殊、奔放的才能，也有可能在人生旅途中成大功、立大业。

偏印的象征有：喜欢往偏业发展 (如宗教、玄术、特殊技艺等)，也容易获得成就。常有是非现象，且口说难辩。常有自己不想承担或做的事，有受逼的现象，且不得不做，身不由己。有多事之烦恼，难以应付。

偏印一是有印星的一些特点，故多能得学一技，偏印也称为枭，所以我们也要好好想一想枭的特性。枭者，一种传说中的凶猛的大鸟，这种鸟专吃死人的肉或吃幼小动物。由此，枭代表血光之灾，代表意外伤病。枭者，枭雄，想到枭雄就想到曹操，由此，枭代表本事能力强，也代表众说纷纭，是非难断，盖棺亦不能定论，引申为官非、是非。枭，枭首，故大凶者不光是血光之灾，不光是官非，更是牢狱死刑、死亡之灾。

枭神为食神之天敌，食神乃泄秀之物，枭旺夺食者，则性格陷于孤独寂寞，一般不苟言笑。食神也为子女，所以柱中枭多枭旺不利子息，枭神夺神更是伤克子女。

柱有枭神者，一般适合往偏业发展，如医易界、艺术界、演艺界、自由业、服务业、美容业等，总之以技得财为好。四柱组合好者，可从武职。一般来讲，枭神在四柱中是弊多利少。

　　　　　　枭　　枭　　日　　比
坤造：辛酉　辛卯　癸未　癸丑

此命中年月透枭神，枭旺为忌也。之上讲过枭神的特性，而此命枭旺，竟在枭旺之酉年，其夫凶死。正应枭神之牢狱死刑、死亡之灾。

五、比肩

比肩：代表朋友、兄弟、同辈、同事。

比肩为兄弟、朋友，对于兄弟、朋友的事情，我们当然是热情果断，不分内外，倾力而为，不遗余力。一般来说，比肩意志坚强，有独立自主的精神，不喜欢依靠他人。命中若比肩为喜用，则是踏实肯干之人，努力奋斗，且难有清闲之机。也可以说比肩为喜用，则这些好的特性都是对自己兄弟、朋友的。

若日主强，则比肩为忌，就变成本位心很强，自私心较重，有个性刚强的征兆，有分夺之机、争斗之相，欲制对方（所谓其他的外人）。再则，比肩为忌便劫财，易钱财不保。比如兄弟朋友比较多，经常到你家吃吃喝喝，你自然是负担不起，破费多多。还有，比如家中兄弟过多，父母在每个人身上的花费自然就少，且父母也由于负担过重而钱财不聚。所以现在国家提倡计划生育，一家只生一个小孩，小孩的条件就好多了，如果现在生得过多，父母和小孩的生活质量都会受影响。若比劫无制，如身强体壮、精力过旺、无事可做又缺乏管教约束之人，与一帮朋友在一起，就容易滋事生非，莽撞妄为，分不清好人坏人，固执自负，最后只有自己吃了大亏才会有所悔悟。

若日主弱，则比肩为喜。本人力量弱，本人有难之时，当然需要亲朋的帮助，如果家中兄弟多，一人帮助一点，就会形成合力，帮扶力度就大得多，这也是"人多好办事"。新中国刚成立时，国力贫弱，百废待兴，当然需要更多的"比肩"，而现在国力强大，人口众多，资源紧张，就业压力大，生活成本高，自然不能要"比肩"过多。

身旺日支座比肩，天干再透劫财，则主哀怨夫妻，妻子若非身体孱弱，时有病痛，就是本人任性不羁，凡事刚愎自用，夫妻间时起勃溪，很难白头偕老。身旺比肩多，四柱无官杀，则没有责任和管制，精力过剩必然滋生出事端来，易伤妻财，或至官非。比肩临旺地，兄弟姊妹多，好强好胜，在上级面前不讨巧，官遭排挤，不利婚，不利父。比肩临衰地，不利兄弟。

比肩不旺者，一般还是工薪比较好，或合作求财，比肩较多者，也可以经商自我创业。

六、劫财

劫财：代表堂兄弟、表兄弟、朋友、同辈、竞争、争夺。

劫财与比肩五行相同，阴阳不同，但是它们的心性却是有较大的差别的。相对而言，比肩是亲兄弟，劫财就是堂兄弟、表兄弟；比肩是兄弟，劫财就是朋友。所以劫财更以自我为中心，本位主义、自私性更为明显，若是身弱到还过得去，若是身旺则个性很强，自以为是，疑心也较重，有时又有江湖义气，主观意识太强，所以不容易和别人共事。若是顺着自己的个性而作为技术人员、从军、情报间谍或发明等，才会有些成绩，当然自己单干麻烦更少，更自由。

劫财者，易劫他人之财，所以物欲之心较重，且多有攻击性、主动性，若是行运不济，则破财不聚，财被他人劫；若是四柱弱，则劫财为喜用，加上行运走好，也有暴发之机，但是大家要注意，命中带劫财者，终会因财运不稳定而时有成败。命局中有劫财的人，天性喜欢从事赌博性或投机性的职业，例如股票买卖、赌博、房地产买卖等。但是如果真的当赌徒的话，就会变得游手好闲，这一点要注意！劫财旺的人欠诚实，或有难聚财之缺点，因此，劫财旺的人，要时时自我警惕才行。劫财旺盛，有食伤生财，则五行流通，此命会乐意帮助别人或关心他人，慷慨解囊，甚得人缘，重情重义。

身旺财衰，劫财旺盛，与父及妻子缘薄，夫妻间易话不投机，严重的会离异再娶再嫁。劫财过多，是本位主义的人，为人相当冷酷无情，虽然外貌和蔼可亲，好像能听从别人意见似的，其实内心并不如此，因此是一个双重个性的人。此人不宜从公职，如果柱中有正官，就能逢凶化吉，把损失变为利益，而且一向被认为嚣张的态度，也会转为强稳的领导力，从而造成事业发达。

比肩与劫财的心性有些是共通的，只是劫财更不稳定一些，应不利之事更多一些。

　　　　　劫　　杀　　日　　才
乾造：丁巳　壬寅　丙辰　辛卯

此造，透劫财，又得柱中印多生劫，劫旺劫重为忌，命之心性自然多应劫财。

此人重朋友义气，不聚财，夫妻口舌、意见难合等都应劫财之性。且应劫重克父，却不能与父亲同处长久，与父亲说不了几句话便言语不和，只得外出。

大家若是发现周围也有类似之人，一到家中与父母说不了几句话便争吵不和之人，多是四柱中比劫较多、较重。

七、食神

食神：代表晚辈、部属、子女、学习、发挥、口才、口福。

食神称之为第一福星及寿星。食也是泄秀之物，心态平衡，性情随和。故身带食神者，多健康、长寿、平和、安泰、开朗，且财厚食丰，宽宏大量，优游自逸，性情和顺，善良慈悲，乐于助人。

食者，食禄也，可得到财禄的机会，坐享其成。有酒宴口福之庆，四处逢迎。会享受，重视精神感觉。不会计较钱财，会消费享受。食者，因为泄秀，故喜怒哀乐易行于外，心中有话藏不住，易高谈阔论。

食神有三个较为主要的功能，一是生助财星，食神为财星之源，所以柱中有食神对于财运是很重要的；二是泄化日主或比劫，四柱若是过旺，有食神便可化去比劫之忌，平衡旺衰；三是克制官杀，特别是对于身弱之命，官杀为忌，此时若虽没有生扶之物，但如有食神出现，也能克制一下官杀之力，从而救应日主。

四柱如果身强食神旺，原局又有印星彼临日主，其人定会体格丰厚，善能讴歌饮食，是为多才多艺之人，且为人聪明，面貌俊秀。身弱遇食神，为泄身不利，故易体弱多病，而且还表示其人爱用小聪明来掩饰内在的空虚，喜夸夸其谈。食神格的人大都不够勤奋，不会特别刻苦，对于任何事缺少发奋心，不想自己创业，不愿将自己搞得太累，也所谓知足常乐。不过这种人的好处就是，一旦坐下来就会定住，不再任意浮动，按部就班，虽然不一定有轰轰烈烈的人生经历，但往往会过好小日子。若是食神太多时，易感情用事，情绪化，喜怒无常，多愁善感。

食神者，一般宜从公职、工薪，从事文教、参谋等工作，平稳生活，按部就班，无忧无虑。

年柱食神，受祖上福荫，事业可发展，平安福禄。月干食神支为官，发达之人，宜政界、公职发展。月支座食神，主身体肥胖和气。日支座食神，配偶肥胖，温良随和，衣禄宽足。时柱食神，晚年享福。时柱食神与偏印同柱，主守空房。食神入墓，易早夭。

才　食　日　比

乾造：癸丑　庚申　戊子　戊午

此命身弱，全透正神，一般宜薪、合作发展，宜为合作助他人发展。

柱中食神当旺，正应食神心性之口福也！原来此人正是某十大川菜厨师，与老板合作经营餐厅，本人占有股份。

八、伤官

伤官：代表晚辈、部属、子女、技艺、名气。

食神与伤官同为我生之神，其性质也为利己目的，所不同者，其手段为竞争而非合作。伤官以一己聪明才智，与人争智识于艺术上，常有特殊之成就，不若合作之利用技巧，因人而得死利也。故伤官之成就，虽属多能，不见清高；食神之成就，虽云利己，却未同流合污。食神气纯，伤官气杂也。

伤官，我生之神，乃利己之表现；正官为利他之表现，利己利他两者本不相容，故曰"伤官见官，为祸百端"，所以四柱中有伤官者忌复见正官。若是利己之心太重，则难免官非牢狱。

伤官之伤，伤害、受伤，故曰"不伤自己伤他人"，所以伤官也防本人伤病血光或伤克亲人。

伤官为泄秀之物，若出干清而有力，有科技头脑，还善于经营，可为公司之主管。所以四柱伤官很重的子女，应从小予以好好的疏导教育。伤官较重为顽皮好动，在正常课业以外，尽量再让其学习一项或多项较为特殊的技能，将伤官本有的习性引导到正规的途径上，以后才会有很大发展。

有伤官的人，头脑都相当好，可是有一点却和食神不一样，就是这种人个性太偏激了，常会遭人厌，因此常遭不幸和失败。伤官格的缺点就是博而不精，泛而不专，处事常常求功心切，缺乏持久的耐心，理想总是不切实际，好高骛远，多半喋喋不休，而且非常直率，别人不敢说的话，他敢大胆说出，所以有时候在无意中伤害了他人，或者有时候话中带刺，使别人无法忍受。

伤官食神为发泄英华之物，英华泄，则锋芒露，如锋芒一露，则只知有己，不知有人，结果才高招嫉。谓其，伤重合作，食重自尊。自尊者，为内向，主沉默；合作者，为外向，主发挥。食主沉默，只需精一技，即可自傲；伤重发挥，所知不多，不足以应世。专一技者以其心无外务，可以深造；习多技者，不得不浅。所以食深而纯，伤浅而杂。

"官人惮之，小人妒之"，是古代命理上对伤官的写照。伤官像一位得宠的骄民，四柱伤官重的人，如原局不见有力的印星抑制，大多聪明傲物，藐视法令，自视不凡，稍带虚荣心，喜欢高谈天下事，不喜受世俗礼法约束而产生反抗心理，位居人上则苛刻严厉，位居人下则目无法令。如果伤官太重，无财星转化引出财源，则终生奔波劳碌，不得清闲，虽巧却贫。如果财星太多，又会贪得无厌，永不知足。伤官之人，如能运行顺境，则才气纵横洋溢，令人瞩目钦佩；如果行逆运，则钻尽法律漏洞，行险侥幸，贪赃枉法，每取不义之财。若是四柱伤官与七杀俱强，每加重其叛逆性，行运遇逆境很可能成为流氓或社会上不良分子。

伤官过重对女人来说是不好的，因为伤官是克制女人的夫星（正官）的，伤重伤旺则必然夫星（官星）太弱，官星弱则夫损，这种命也就是民间所说的"克夫命"。

伤官临旺地，克配偶，易受伤，不利家人，易犯官司口舌。伤官临衰地，嫉妒心强。年柱伤官，祖业飘零。年干支皆伤官，寿短或富不长，颜面易伤。月柱伤官，手足缘薄，不敬父母。月干支皆伤官，手足夫妇分离。日支伤官，克子，子宜迟。日支伤官，克夫。时柱伤官，克子女，防子女有损伤。

　　　　　食　　官　　日　　伤
坤造：庚戌　乙酉　戊午　辛酉

此造一看就是金太多，金为食伤，食伤皆透，当为伤官也！

此例伤旺官弱，伤官者，十神心性为女命为伤夫不利婚姻，是典型的不利婚姻之四柱，其实是 2003 年离婚。

九、正财

正财：代表男命之妻子、父亲、工薪之财。

正财之人，一般是自己建立财富，重视信用，不喜欢走旁门左道来赚钱，而是用正当的方法来得到钱财，且脚踏实地，按部就班，克勤克俭，谨慎小心，所以生活一般比较安定，少有起伏波折。

正财的象征有：辛勤耕耘，努力可以成功。循正常的途径与方法，可以获取。可得之物，必须努力。可以预见的成功机会，不可太急，水到渠成自然成功。如果四柱中正财藏于墓库的话（辰戌丑未），主其人用钱很谨慎小心，不会轻易花钱或施舍给予他人。

四柱若是比肩、正财的力量大于劫财、偏财的人，经商营谋大多诚信无欺，不善钻营，做事很有原则，缺乏灵巧的手腕及"凶狠"的魄力，不管经商或从公，最好都要安分守己，尽量不可存有投机取巧，走捷径，冒风险的心理与作风，才能安稳步上成功之路。一个四柱中，最好财星的力量能与日主的力量均衡，这样的四柱赚钱就比较轻松，也较不贪非分之财。

财多身弱，多是妻子当家，谦让配偶。正偏财混杂，易引起家庭纠纷，多外遇，需注意家庭风波。身旺财衰，大多比较劳身，肯刻苦耐劳，凡事以身作则，用坚韧的耐力去赚取钱财。

正财临旺地，日主强，大富。年柱正财，日旺，祖上富有。月柱正财，勤劳节俭，父母富有，得双亲荫助。日座正财，得妻内助致富。时柱正财，子女富有。当然，以上要结合四柱的喜忌才能成立。

才　　才　　日　　印

坤造：戊戌　戊午　乙酉　壬午

此命四柱透正财多且旺，正财者多工薪上班。正印者也易工薪，从事行政工作。四柱较弱，也宜工薪上班为好。

十神心性多体现工薪，特别是最旺的十神为正财，实际此人正是多年工薪坐办公室的。

十、偏财

偏财：代表父亲、经商得财、男命情人。

正财是由节俭而来，为自己之财；偏财为轻财，众人之财，也是流通之财；正财由血汗所获得的资产；偏财能依靠自己的才能来发挥扩大其利益。正因为偏财能发挥、扩大，所以也有"正财财小，偏财财大"一说。

偏财的象征有：有意外之财，不劳而获的象征。不遇之机，竟而能遇。邂逅之艳，落花有意。纳妻之福，一说即合。偏财格的人轻财好义，善于抓住机会以赚钱得财，并且一生多有机缘巧遇，因此经常获得意外收获，尤其在金钱或女人方面，往往有戏剧性的离合得失，很有交际手腕，处理事情圆滑而机智，带偏财的人多半富侠义心，喜欢帮助别人，照顾别人，而能博得众人的感谢，并有轻财的趋势。此格的人是活动家，喜欢与人谈笑，本性慷慨而诈，口齿伶俐，对物质眼光锐利，有经济手腕。

若以食财来生正财，正财的性能较为稳定；若以伤官来生偏财，偏财就显得较活跃了，也可以说食神生财重于精神方面，伤官生财重于实质方面。所以伤官生偏财的人，具有多方面的雄心与魄力，浑身充满干劲，这种人一旦机会来临，就容易发财无数，但如若时运不济，也可能很快身败名裂，其一生的事业波动很大，故偏财之人要注意保财，要学会沉稳，不能得意忘形。

　　　　官　　财　　日　　官
乾造：癸丑　庚申　丙申　癸巳

此造虽然透两个正官，然柱中偏财更旺，偏财当令又多又有根，还有年支丑土为财库，故而没有从政为官，到是经商求财做老板了，应偏财之心性也！

下面摘录前辈们流传下来的"十神预测歌诀"供大家研究参考。

食神歌诀

食神制杀吉非常，财旺妻荣子更强；

柱中若无吞啖杀，管教金殿佐君王。

食神逢禄号天厨，冲克空亡官无杀；

死绝运临偏印地，寿星合是福交乎。

食神印绶不宜逢，惟见财官福更隆；

食神喜行身旺地，逢枭遇劫总成空。

食神生旺最堪夸，惟有水木金土佳；

官杀更无来混杂，平生衣禄享荣华。

食神居先杀居後，衣禄平生福最厚；

杀近食神却有殃，终日尘寰漫奔走。

甲人见丙本盗气，丙去生财号食神；

心广体胖衣禄厚，若临偏印主孤贫。

食神有气胜财官，先要他强旺本干；

若是反伤来夺食，忙忙辛苦祸千般。

食神生旺无刑克，命逢此格胜财官；

更得身旺逢财地，青春年少步金銮。

食神无损寿绵长，遮母逢之不可当；

若无偏财来救护，命如秋草带冬霜。

食神月上号天厨，人命逢之富有余；

切忌枭来明灭福，最嫌冲去暗消除。

生财化劫兼无病，制杀为祥信有诸；

士子如逢科甲第，官封要职领天书。

食神生旺喜生财，日主刚强福禄来；

身弱食多反为害，或逢印绶不生灾。

伤官歌诀

伤官原是产业神，伤尽真为大贵人；

若是伤官伤不尽，官来乘旺祸非轻。

月令伤官在伤乡，伤轻减力尚无妨；

若见刑冲并破害，定知为官不久长。

伤官伤尽复生财，财旺生官互换来；

四柱若无官显露，便言富贵莫差疑。

伤官伤尽最为奇，又恐伤多反不宜；

此格局中千主化，推详须要用心机。

年上伤官最可嫌，重则伤身寿不延；

伤官伤尽生财贵，财绝逢官祸必连。

伤官不忌比肩逢，七杀偏官理亦同；

若是无官当忌比，如逢身旺却嫌重。

伤官伤尽复生财，气质刚明实伟哉；

纵使祖财无分有，等闲玉帛自天来。

伤官伤尽最为奇，福禄峥嵘亦寿弥；

岁运更行身旺地，逢财身旺贵无疑。

伤官不尽又逢官，斩绞徒流祸百端；

月犯父子无全美，日犯自己主伤残。

时伤子息多狼狈，须知富贵不周全；

69

若是伤官居太岁，必招横祸逢斯年。

火土伤官宜伤尽，金水伤官要见官；

木火见官官要旺，土金官去反成官；

惟有水木伤官格，财官两见始为欢。

伤官不可例言凶，有制还他衣禄丰；

干上食神支带合，儿孙满眼寿如松。

伤官遇者本非宜，财有官无是根基；

时日月伤官格局，运行财旺贵无疑。

伤官伤尽最为奇，再遇伤官祸更随；

恃己凌人心好胜，刑伤骨肉无可悲！

甲木伤官寅午全，火明木秀利名坚；

运行最怕财官旺，见戌行来住寿元。

乙木伤官火最强，运行官杀转为良；

只怕水多伤不尽，一身名利有乖张。

丙火伤官燥土重，运行财旺福兴隆；

如逢水运遭伤灭，世态纷纷总是空。

丁火伤官火又柔，主人骄傲有机谋；

运逢印绶连官杀，垂手成家孰与俦。

戊土伤官最爱金，柱中极畏火来侵；

金衰不喜行财运，土既消磨金又沉。

己日伤官金最旺，强金柔土喜财乡；

运逢官杀终有祸，名利兴衰不长久。

庚金伤官喜见官，运逢官杀贵千般；

正是顽金逢火炼，少年折桂上金銮。

辛金伤官申子辰，伤官伤尽喜财星；

东南行运焰焰火，背禄行来仔细吟。

壬水伤官怕木浮，见官见杀反为仇；

再行财旺生官地，财禄无亏得到头。

癸水伤官怕见官，最嫌戊己透天干；

再行财旺生官地，世事纷劳祸百端。

财格歌诀

正财喜旺食丰盈，日主刚强力可胜；

若是财多身自弱，平生破败事无成。

正财还与月官同，最怕干支遇破冲；

岁运若临财旺地，须教得富胜陶公。

身弱财多力不胜，生官化鬼反来侵；

财多身健方为贵，若是身衰祸更临。

正财切忌劫财神，破害刑冲不可论；

岁运那堪逢刃地，命延不死也遭难。

财星得地正当权，日主高强名利全；

印绶若逢相济助，金珠满地柜绵绵。

身旺无官只取财，财神冲破却为灾；

身衰财旺还知天，官盛身强福禄来。

财多全仗印扶身，乔木家声有旧名；

不但妻贤儿子秀，晚年财帛累千金。

财多如何不发财？只因身弱少培栽；

运到比肩身旺地，富贵荣华次第来。

财多身弱慢劳神，户大家虚反受贫；

亲友交财常怨恨，富贵荣华次第来。

财衰身旺刃刚强，身旺之乡不太祥；

凤寡鸾孤寒夜怨，房中妻哭两三场。

财命相当人必耐，一世安然身康泰；

纵使流年有财伤，浮灾小挠无妨害。

财神忌透只宜藏，身旺逢之大吉昌；

切忌比劫相遇值，一生名利被分张。

日主无根财犯重，全凭时印助身宫；
逢生必有兴家福，破印纷纷总是空。
正财无破乃生官，身旺财生禄位宽；
身弱财多徒费力，财轻分夺祸多端。
财多身旺足荣欢，身旺财多化作官；
身衰财多财累己，是非不竟起争端。
财星气盛喜生官，身旺当为好命看；
若还财盛身又弱，更逢官旺主贫寒。
偏财格遇最难明，日旺却宜高路行；
一世因财人谤讪，财多身弱惹灾生。
偏财非是自己财，最怕比肩同位来；
劫败不逢日主健，家资当发盂尝财。
偏财元是众人财，最忌干支兄弟来；
身强财旺皆为福，若带官杀更妙哉！
若是偏财带正官，劫星若露福难干；
不宜劫运重来并，此处方知祸百端。
偏财身旺要官星，运入官乡发利名；
姊妹弟兄分夺去，功名不遂祸遂生。
偏财偏位发他乡，慷慨风流性要强；
别立家园三二处，因名因利自家忙。
偏财别立在他乡，宠妾嫌妻更堪伤；
多欲多情妻妾众，更喜村酒野花香。
偏财身旺是英豪，羊刃无侵福禄多；
结实有情宜慷慨，若还身弱慢徒劳。

七杀歌诀

偏官不可例言凶，有制还他衣禄丰；
干上食神支带合，儿孙满眼受褒封。

身逢七杀旺提纲，只为干衰大受伤；
正禄交差刑杀入，终身不免受灾殃。

七杀提纲本是愁，只因驯伏喜无忧；
平生正直无邪曲，职位高封万户侯。

月令偏官本杀神，有制还居一品尊；
假若自身荣贵晚，也须为福及儿孙。

月令偏官最忌冲，伤官羊刃喜相逢；
日干旺相皆为贵，制伏无过百事通。

偏官有制化为权，英俊文章发少年；
身旺定登台谏客，印助扶官累受宣。

若逢七杀化为权，武职功名奏九天；
威镇边疆功盖世，貔貅云拥尽扬威。

杀神元有制神伤，制伏身强福禄昌；
如见制伏先有损，反将富贵变灾殃。

伤官七杀命中嫌，制伏调和可作权；
日弱又无制伏者，兢兢如抱虎而眠。

身弱杀强无制神，多生灾祸不堪论；
那堪更入官强地，带疾遭刑丧此身。

偏官制伏太过时，贫儒生此更何疑；
岁时若遇财旺地，杀星苏醒发权威。

偏官如虎怕冲多，运旺身强岂奈何；
身弱虎强成祸患，身强制伏贵中和。

偏官有制化为权，垂手登云发少年；
岁运若行身旺地，功名大用发双全。

官格歌诀

正气官星用月支，喜逢财印到年时；
破害冲空俱不犯，富贵双全报尔知。

官星不可被刑冲，官杀同来吉变凶；
化杀为官方是吉，变官为杀祸重重。
官星大抵要身强，身弱须求气旺方；
印绶兼行财旺地，无冲无破是荣昌。
生月官星坐禄乡，日辰生旺福无疆；
有财有印无伤破，年少成名坐玉堂。
月逢正禄号真官，不犯刑伤禄最宽；
日主兴隆名利显，运逢财印步金銮。
印多官多为贵命，官旺身衰反为病；
官多身旺化为财，财旺身衰贫病并。
正官大抵要纯和，四柱无伤掇显科；
时上喜逢财健旺，柱中欣见印生多。
提纲独遇为真贵，年位重逢乃太多；
别处若有杀来混，反为辛苦受奔波。

正印歌诀

印绶之星福最殊，更有权杀在何居；
忽然并守居元位，声振朝廷位不虚。
印绶生居被杀同，杀同心胆反粗雄；
运行便有军中职，只恐将来不善终。
命逢印绶福非轻，年少从容享现成；
旺相印多偏福厚，受恩承荫立功名。
月逢印绶喜官星，运入官乡福禄清；
死绝运临身不利，再行财运百无成。
印绶无亏享福全，为官承荫有庄园；
官膺宣敕盈财谷，日用盘餐费万钱。
重重印绶格清奇，更要支中仔细推；
支中咸池干带合，风流浪荡破家儿。

印绶重重享现成，食神只恐暗相刑；
早日若不归泉世，孤苦离乡宿疾萦。
印绶多根不畏财，喜逢比劫福胚胎；
印星破散官来救，福寿平生命带来。
印绶不宜身太旺，纵然无事亦平常；
除非原命多官杀，却有声名作栋梁。
印绶干头重见比，如行运助必伤身；
莫言此格无奇妙，运入财乡福禄真。
印绶忌行死绝地，最怕财旺落财乡；
岁运月支重临会，却主斯人定死亡。
印绶生人旺气纯，官杀多逢转精神；
印行死绝并财地，无救终为泉下人。
丙丁卯月多官杀，日主无根枉度秋；
岁运若逢财旺地，反凶为吉遇王侯。
壬癸逢申嫌火破，局中有土贵方知；
北方水运皆为吉，如遇寅冲总不宜。
壬癸逢申本月金，支中有土福为真；
十分火重宜西北，外此休来望子神。
戊己身衰喜见寅，生逢官杀并荣身；
如逢火土兴名利，运至西方怕酉申。
辛日丑月为印绶，干癸酉提一般神；
辛金喜火嫌西北，癸水宜金怕火侵。
壬癸生逢七八月，财多土厚北方奇；
无伤无破宜行水，帝旺临官反不宜。
丙丁卯月印星健，大怕庚辛酉丑伤；
水运渐兴木火旺，西方行运定灾殃。
印绶如逢月内遭，定因庇荫显英豪；
多能少病谋须火，有印无官福亦高。

上下最宜逢鬼旺，中间切忌与财交；

运临死绝身无托，即入黄泉不可逃。

印绶无亏靠祖宗，光辉宅产改门风；

流年运气逢官旺，富贵双全步月宫。

月生日主喜官星，运入官乡禄必清；

容貌堂堂多产业，官居厩庙作公卿。

重重生气若无官，当作清高技艺看；

官杀不来无爵禄，纵有技艺也孤寒。

印绶干支喜自然，功名豪富禄高迁；

若逢财运来伤印，退职休官免祸愆。

贪财坏印莫言凶，须要参详妙理通；

运若去财还作福，再行财运寿元终。

印绶如经死绝乡，怕财仍旧怕空亡；

逢之定主多凶祸，落水火灾自缢伤。

对于十神的运用，一般情况下原局信息较为明显，所以在预测过程中首先要把握好原局的各种十神信息，特别是透干、旺相的十神信息。在大运或流年中出现的十神信息，多为预测应事之具体参考，十分受用，希望大家引起重视。

很多预测断语都是十神预测经验的总结归纳，平常都会用到的，比如：枭神夺食，不病则灾。伤官见官，为祸百端。财多身弱，见财为祸。比劫重重必克父。等等。当然，对于十神断语的灵活运用，也不是一日之功，还需要较好的生克制化基本功和预测经验的积累，大家可以在以后的学习中慢慢体会领悟。

第六章　常用神煞的特性

　　神煞，是我国命理预测学中一个重要的组成部分，它可以帮助我们揭示命理上的一些其他信息，起着辅助预测的作用。但是，有些神煞本身的定义在学术之间就有某些差异，在运用中也有不同，所以这也影响了神煞的使用推广。而在古代流传下来的对神煞的使用方法中，又以民间盲人派使用最多，且他们使用的神煞种类也最多，但是盲人一般不懂五行生克及喜忌，是片面的以神煞来预测，所以他们的方法运用准确率也低。正是因为神煞有使用、运用上的技术问题，前些年有的"专家"干脆喊出了"废神煞"的口号，这只能说明他不会用神煞。

　　古人流传下来的神煞到底有多少，我看谁也没办法统计出具体的数字，但是一般能叫得出名的，专业人士听说过的最少也有三四百种，有些书中经常收录的也有近百种。这么多的神煞，再把它安排到八个字当中去，那每个干支最少就要占上几十种，而这几十种可能吉神也有，凶煞也有，真正用起来还真是麻烦啊。像盲人一样全用上，那就成了有吉有凶，自相矛盾，像有些"专家"那样干脆不用，也会放弃了一些对预测有用的信息。应该怎么办呢？

　　其实，以上两种对待神煞的态度都是片面的，都是不对的。首先，我们要知道，神煞是起辅助预测的作用的，而不是决定预测的关键因素，所以不能过分依赖神煞，既然是辅助作用，就应该有时用，有时不用，有些用，有些不用，灵活掌握才对。

　　现在，很多命理书中对神煞的解释说明都是照搬古书的内容，根本就没有结合实际运用的情况进行重新注解，这样就给学习者带来了不必要的麻烦。我就接触到很多初学者，他们都将书中写的每一种神煞、甚至神煞解释中的每一句话当圣旨来用，殊不知其中有的神煞根本就作用不大，有的解释说明根本就不是很准确。所以，我们要对古人的东西加以整理、取舍、创新。

本书收录的是我在十多年的研究及预测实践中认为应验率比较高的，比较重要的若干神煞，这些是必修课，学员在预测过程中能把这些神煞运用自如就足够了。其他有些运用不高的，或准确率有限的没有收录，是选修课，大家可以在以后有时间再慢慢研究。

天乙贵人

甲戊并牛羊，乙己鼠猴乡，

丙丁猪鸡位，壬癸兔蛇藏，

庚辛逢虎马，此是贵人方。

查法：以日干起贵人，地支见者为是。经过实践检验，也可以以年干起。如一位伟人的四柱癸巳、甲子、丁酉、甲辰，按年干起贵人"壬癸兔蛇藏"，见地支卯、巳为贵人，则年支巳为天乙贵人。再按日干起贵人按"丙丁猪鸡位"，见地支亥、酉为贵人，则日支酉为天乙贵人。如此，则他的四柱中原局就有两个天乙贵人，难怪他可得众人帮扶，其传奇的一生逢凶化吉的例子更是不胜枚举，必然也有命中"天乙贵人"之功。

四柱有贵人，遇事有人帮，遇危难之事有人解救，是逢凶化吉之星。故《三命通会》说："天乙者，乃天上之神，在紫微恒阖门外，与太乙并列，事天皇大帝，下游三辰，家在斗牛之次……较量天人之事，名曰天乙也，其神最尊贵，所至之处，一切凶杀隐然而避。"《烛神经》还讲："天乙贵人遇生旺，则形貌轩昂，性灵颖悟，理义分明，不喜杂术，纯粹大器，身蕴道德，众人钦爱。死绝则执拗自是，喜游近贵。与劫煞并则貌有威，多谋足计。与官符并，则文翰飘逸，高谈雄辩。与建禄并，则文翰纯实，济惠广游，君子人也。"三车一揽赋云："天乙文星，得之聪明智慧。"惊神赋云："日干座贵，一世清高。"

天乙贵人，被历代命理学家推崇为命中最吉之神，若人遇之则荣，功名早达，官禄易进。天乙贵人遇天月二德最佳，得之者聪明智慧。凡贵人所临之处，一般喜生旺相合，忌刑冲（当然"三刑遇贵"又是另外一回事了，大家以后可以再来研究）。根据我们的经验应证，命中原局只要有天乙贵人，不管身旺身弱，相合不合，都是有利命主的。

如果有了事情或重大灾难难以克服，按照本人命中所遇贵人之属相的人相帮，往往可以逢凶化吉。若有贵人，不管认识与否，有了困难会有人帮，而这个人往往就是本人四柱所标志的贵人。

天月二德

天德贵人

正月生者见丁，二月生者见申，

三月生者见壬，四月生者见辛，

五月生者见亥，六月生者见甲，

七月生者见癸，八月生者见寅，

九月生者见丙，十月生者见乙，

十一月生者见巳，十二月生者见庚。

月德贵人

寅午戌月生者见丙，申子辰月生者见壬，

亥卯未月生者见甲，巳酉丑月生者见庚。

天月二德，乃日月会合照临，有何阴昧邪暗敢容其间？故也为命中最吉之神，与天乙贵人同等。子平赋说"印绶得同天德，官刑不至，至老无灾"。凡四柱中有天月二德，其人恺悌慈祥，待人至诚仁厚。煞带天月德，明敏果决而仁厚，食伤带天月德，聪明秀慧而仁厚。书云：素食慈心，印绶逢于天德，良以秉性慈祥故也。

二德以天德为重，月德次之，临财官印绶，加一倍福力，日干就是尤吉。大抵天月二德，关于人之性情居多，谨慎诚惧，待人诚厚，凶险之事自少。古诗云："天德原来大吉昌，若逢日时更为良，修文必定登科甲，庶俗营谋百事强……"人命若逢天月德，百事所求多利益，士农工商各相宜。天月德遇将星，名登科府。女命逢天月二德，嫁美夫生聪秀贵子，利产无凶。天月二德得吉神助者更吉，最怕自遭冲克，冲克则必然无力。

天月二德最大的特点是逢凶化吉，慈悲善良，只要四柱中有天月二德者，不管他四柱组合及四柱档次如何，起码是一生少病少灾，血光车祸和手术伤灾等很难临身，而且这种人心地善良，慈悲为怀，乐于助人，没有心计城府及功利心，当然也可以说明了"好心有好报"的道理。我们在日常生活中可以看到这样一些现象，有的人出车祸，车被撞报废了人却毫发无伤；有的人走在路上，结果高楼上掉下一个物件刚好不偏不倚砸在他的脑袋上当场毙命。凡此种种，从命理上的贵人之说来讲，可能就是有贵人与没有贵人的区别，可能的事变成不可能，不可能的事变成可能。天月二德与天乙并现四柱，威力更甚。

太极贵人

甲乙生人子午中，丙丁鸡兔定亨通，

戊己两干临四季，庚辛寅亥禄丰隆，

壬癸巳申偏喜美，值此应当福气钟，

更须贵格来相扶，侯封万户到三公。

太极贵人查法同天乙贵人。《三命通会》曰："太极者，太初也，始也，物造于初为太极，成也，收也。物有归曰极，造化始终相保，乃曰太极贵人也。甲乙木造乎子，坎水而生，后终乎午，离火焚而死，丙丁火，先喜出乎震，卯也。后喜藏乎兑，酉也。庚辛金得寅，乃金生乎艮，见亥乃金庙乎乾。壬癸水先得申而生，后得巳而纳。"

太极贵人，人命逢之，主聪明好学，有钻劲，喜文史哲宗教等科目，所以很多喜欢宗教、命理预测的朋友四柱中当然都有太极贵人。太极者为人正直，做事有始有终。如得生旺及有贵格吉星相扶助，主气宇轩昂，福寿双全，富贵人间。

文昌贵人

甲乙巳午报君知，丙戊申宫丁己鸡，

庚猪辛鼠壬逢虎，癸人见卯入云梯。

查法：以年干或日干为主，凡四柱中地支所见者为是。文昌多取食神之临官为贵，为食神建禄之称。文昌入命，主聪明过人，又主逢凶化吉。气质雅秀，举止温文，男命逢着内涵，女命逢着仪容。好学新知，具上进心。一生近官利贵，不与粗俗之辈乱交。

文昌贵人，是预测学业、学历方面要参考的一个重要神煞。特别我们现在大都只有一个小孩，父母都希望子女的学业好，能考一个名牌大学，那么看他是不是读书的材料，或读文科好不好，文昌星是可以参考的。若学习不佳，命中无文昌，只能在书房中摆放文昌塔来帮助一下了。大家注意，也不要一见文昌就认定此人会读书，学历高，因为学业如何还要看正印等其他信息，但是命带文昌者在文笔、文字或语言能力方面必然是强于一般人。比如我国有许多的书法家，但是书法家不可能都是大学生，其实很多写得一手好字的人读书并不好，读书好的写字也不一定漂亮，现在的大学生、博士生都用电脑，他们写的汉字多是"火柴棍书法"。

现在由于大学扩招，孩子基本上都会上大学了，所以四柱中不可能都有文昌，但如果四柱见文昌，格局较好的话，一定是文途出众的！

坤造：**戊午　庚申　戊申　丁巳**

此命组合较好，食神佩印，命带二个文昌，必利文途。实为香港大学博士毕业，且在国家一级出版社出版了学术专著。

国印贵人

甲见戌，乙见亥，

丙见丑，丁见寅，

戊见丑，己见寅，

庚见辰，辛见巳，

壬见未，癸见申。

查法：以年干或日干为主，地支见者为是。四柱带国印者，主人诚实可靠，严守清规，照章行事，办事公道，为人和悦，礼义仁慈，气质轩昂。如国印逢生旺，有其他吉星相助，不逢冲破克害，不仅可以有掌印之能，可亦为官掌实权。

印者，印章、文书也；国者，国家、政府、政权也。所以有国印者，容易从事公务员，为国掌印，代民掌权。四柱格局若差一点的，也易从事设计、文秘工作，或有荣誉证书、职称在身，或自己是企业、公司的老总，自己封官掌印得权。所以有国印者，多从行政、文事较好，且从事此类工作，当然条件比较优越，必得享受，多为有福之人。

命中有此贵人，且四柱组合较好者，易任办公室主任、秘书长等职，掌有公章或多与政令文书打交道。

将星

寅午戌见午，巳酉丑见酉，申子辰见子，亥卯未见卯。

查法：以年支或日支查四支，见者为将星。大家在运用中要注意的，我们以年支和日支查将星时，一定要看四支，而不能以年支查时不算年支，以日支查时不算日支，这样就是"骑驴找驴"了。即子、午、卯、酉年和此日支者为自带将星，有些类似的神煞查法也要注意，如华盖则是辰、戌、丑、未年日支者为自带华盖。

三合局之中位为将星。将星喜吉星相助，贵杀加临乃为吉庆，为国家栋梁之臣，言吉星助之贵，更加贵墓库，纯粹不杂者，出将入相之格。《古歌》云："将星文武两相宜，禄重权高足可知。"凡命带将星，如无破坏，主在官界显达，四柱配合得宜，可以掌握权柄，以将星坐正官为佳。如果坐七煞羊刃，则主掌生死大权，多从武职。武职者，军警、政法系统等。如从事其他事业，多成就卓越。将星是一颗权力之星，具有组织领导指挥才能，有慑众之威。但死绝冲破者不利，若与凶星会合，则增凶星之气，如命忌劫财，将星临之，其害倍增。

命带将星者，大贵则可为元帅、将星，是为将相之才，中贵也可为处长、局长、市长等领导一方者，小贵者也是手下有一众人马，可供自己调遣，命运组合好者才有官权，命运略差者在亲朋中也自有组织能力，大家也愿意有事听他吩咐安排。

乾造：丙午　庚子　甲辰　丁卯

几年前在东北某市，一朋友引见，让我给简单看一看，我这朋友政界、商界朋友都有，从外表也看不出来路，当报来出生时间一排出四柱，便马上有数了。

此造年日支二个将星，且时支见羊刃，根据经验，必为从武得权者。便对他说，你应在军警、政法系统得职公干，虽然名气比较大，但官运不是太好。果然此人圈内名气很大，高就省法院，但才是个副处。

禄神

甲禄在寅，乙禄在卯，

丙戊禄在巳，丁己禄在午，

庚禄在申，辛禄在酉，

壬禄在亥，癸禄在子。

查法：以日干查四支，见之者为是。

禄，爵禄、食禄，当得势而享，乃谓之禄。禄在年支叫岁禄，禄在月支叫建禄，禄在日支叫专禄，禄在时支叫归禄。以上禄占各柱，依我多年的经验及对众多四柱命例的研究，又以建禄和归禄更为贵。

禄为养命之源。一般情况下，四柱中带禄者，多为食禄无忧、工薪得财、有口福之人。若四柱略弱带禄，则多有机遇、机会，即民间说的"运气好"，可从政得权，或做白领、从事管理工作。若四柱偏旺又带禄，则命运虽有成有败，但总是"瘦死骆驼比马肥"，可自我创业，做老板。所以，以我的经验，四柱不管旺衰，命带禄神总是好事，这可不比羊刃，羊刃就一定要分旺衰喜忌了。

乾造：己亥　辛未　乙未　己卯

此人是我大约在2007年预测的一位客户，观其四柱，财旺生杀，时支有禄帮身，断他是公职得权之人，处级以上，果然是某省直部门一领导。

桃花

申子辰在酉，寅午戌在卯，巳酉丑在午，亥卯未在子。

查法：以年支或日支查四柱其他地支，见者为是。

桃花是取日入之义，指万物暗昧之时"日出扶桑，入于咸池"，故五行沐浴之地曰咸池，桃花又名咸池。主要影响一个人的情感、性欲、魅力和恋爱，婚姻生活，附带还有隐秘、阴暗、酒水之类的影响。

命带桃花，其人性巧，有同情心，爱风流，多才艺，能艺术。如果四柱出现桃花而且处于生旺之地则主其人姿容俊美，如果是男人，则慷慨好交游，喜美色；如果是女人则风情万种，漂亮诱人。桃花并主聪明，倜傥风流，异性缘佳。

若女命带桃花与它支相合，特别是与时支相合，则易为性情中人，感情丰富，酒色难免。如果四柱原局伤官、偏财多的人，就显得太多情，且再见原局金水，多见桃花，必更增多情多欲之性，因为金水伤官即属多情重义，如再见地支亥子丑或申子辰全更增其力量。

桃花带羊刃，如甲戌见卯，又如庚申见酉，也是桃花羊刃，主其人多学多能，未免多疾，如见岁运逢冲桃花的话，会因色犯刑。女命桃花带七杀又多合或身旺夫绝，官衰食伤盛，很可能为娼妓或女优。

桃花是预测婚姻、感情方面参考的主要神煞。我们在学习命理时，不要一见桃花就想到"好色"、"淫荡"，其实桃花也是一种普通的神煞，很多人的四柱中都有，不足为怪，所以我们在预测时不要见了别人的四柱中有桃花就乱说。当然，桃花在四柱中体现不好的信息，主要是以下几条：命中桃花多，且犯合者不吉；命中桃花多，又柱中水多或食伤多者不吉；命中桃花多且占日时柱者不吉。

坤造：辛酉　丁酉　庚子　己卯

此为大约在2000年遇见的一位江苏人，因其在当地名声较大，都是与桃花之事有关，每到一处新环境没过多久也会传出蜂蝶之事，我心想此人四柱定是桃花较多，故录来研究，果然命运不由人。

若是按年日桃花来查，则日支申子辰见酉，为年月支二重桃花。但再看其地支，全占子午卯酉，又逢刑，难怪处处留情，感情纠葛不断。

此命带羊刃劫财，本来伤夫、争夫、婚姻不顺，又桃花重重，若不修身养性，一生必是天天有夫，最后无夫之人！

驿马

申子辰马在寅，寅午戌马在申，巳酉丑马在亥，亥卯未马在巳。

查法：以年干或日支为主，看四柱中何地支临之则为马星。

古时驿站为传递官方文件的机关，驿马为传递文书的交通工具，所以驿马通常代表动态。人命吉神为马，大则乔迁之喜，小则顺动之利。凶神为马，大则奔蹶之患，小则驰逐之劳。逢冲譬如加鞭，遇合等于掣足，行运流年亦然。"马奔财乡，如发猛虎"，是讲马星逢流年大运之财也，马生财，必然大发其财。"马头带剑，威震边疆"指时为马星，日元临壬申或癸酉日。"马逢边塞，身不安闲"，边塞指马星在时上，人命逢驿马，主迁移经营好动，大益求名求利，最畏羊刃血光。贵人马多升擢，常人马多奔波。马星受冲者，日奔千里。

马为走动，奔驰之象，四柱逢之不论喜忌，必主人好动，必有走遍东西南北之行，故商人、军人、外交人员经常出差，走动多者，迁居不止者，多带马星。马星还为出国之标志。妇女马星多者，更是身心不安，住不安处，为不利之象。

从以上大家可知，"驿马"是古代最快的交通工具，"六百里加急"就是这样，我们就可以按驿马的原意去引申现代社会驿马可以指哪些东西了，从宏观上讲，驿马代表现在的交通工具，如公交车、汽车、火车等等，当然最核心的是官方的工具、最快的工具，那就是火车、飞机了。比如我们的列车员、飞行员这些职业行业的人，就有可能是四柱中有马星。

按照现在的社会发展规律，命中带马星者大都为吉断，因为现在人的活动范围较古代大得多，一个人如果走动较多，说明他是有本事的，说明他的事业有发展，一个人搬家变迁多，也说明他是比较有钱的，可以过几年换一次新房。做生意的要经常走动，从政做官的也要经常调动升迁，生活条件好的老百姓也会常旅游走动了，现在一个很少走动外出的人肯定是没有出息的，是没有什么大的发展的，最起码是连机遇都比别人少。

马星可以说是神煞当中应验最高的了，基本是十不失八九，要举之例随手可得，现只摘一例，以说明之。

乾造：丁巳　辛亥　乙亥　庚辰

这是 2006 年在广州时一个客户来给他儿子取名字，顺便聊起来，我简单看了看他的四柱。

四柱一排出，我便对他说，"你这个命，不拿刀就拿枪、不从武就从医！并且走动多，马不停蹄！"

他听罢连呼"大师！真神！"

原来他现是警察，因工作原因每天开车不下百里，真是马不停蹄，闲不住。并说年轻时父亲真让去学医，他没去。

至于这个四柱从武从医的学术讨论，以后在适当的时机再来与大家交流。而现在讨论的是马星，就说马星。说他走动多、马不停蹄，正是由其四柱中的马星而来。其年月日支占三个马星，且马星逢刑、逢冲，动得更厉害，所以他天天闲不了，每天出警开车百余里。

金舆

甲龙乙蛇丙戊羊，丁己猴歌庚犬方，辛猪壬牛癸逢虎，凡人遇此福气昌。

查法：以日干为主，四支见者为是。

金舆，金者，贵也。舆者，车也。故金舆有金车之象，为君子、贵人所乘之车，譬之君子居官得禄，须坐车以载之。金舆为吉星，为华丽之车，是富贵之征，为高官显贵人所乘之交通工具，遇此之人福最殊，偏主聪明多富贵，性柔貌愿，举止温和，一身清泰无虞，生日生时遇之为佳。所以，凡有福之人，男的遇之多妻妾，骨肉安泰，子孙茂盛，女的得之多富贵。若金舆马星同位，不仅坐马骑车，更是车来人往，接送频繁，八面威风。

马星为车，为动；金舆也为车，也主动。它们之间有什么区别呢？请见书中论述，金舆"为华丽之车"，这就是两者之间的区别，我们要灵活来运用。古代是没有飞机的，那么我们现在怎样来断人家的出国走动呢？我的经验就是用这个"金舆"。古代达官贵人所乘"华丽之车"为金舆，那么现在有钱人乘坐的"华丽之车"就可能理解为豪华轿车，为奔驰，为宝马，为飞机，当然也主出国走动了。当然，金舆与马星都是车祸血光的表现，所谓"常在河边走，哪有不湿鞋"，坐车坐多了，也会有出车祸的时候。

乾造：辛酉　乙未　己亥　甲戌

此命自坐马星，又是金舆星，必走动较多，经常坐飞机或出国。实际上此人为"富二代"，一直在欧洲读书、工作、生活，此应马星、金舆也。

羊刃

甲羊刃在卯，乙羊刃在寅，

丙戊羊刃在午，丁己羊刃在巳，

庚羊刃在酉，辛羊刃在申，

壬羊刃在子，癸羊刃在亥。

查法：以日干为主，四支见之者为是。

《三车一揽》云："羊，言刚也；刃者，取宰割之义。禄过则刃生，功成当退不退，则过越其分。如羊之在刃，有伤也。"陈希夷说："阴阳万物之理，皆恶极盛，当其极处，火则焦灭，水则涌竭，金则折缺，土则崩裂，木则摧折。故既而未极则为福；已极，则将反而为凶。"羊刃者，本为司刑之特殊星，而此星之特征为刚烈、暴戾、激发、急躁。但此暴戾的性情诱导，往往生出罕有之怪杰、烈士、孝妇等。带此星者，军人、警察居多。

身强不喜羊刃，因为羊刃能夺财、劫官，破坏四柱的富贵气，若不刑克妻子，必然六亲不和，多主一生常遭兄弟朋友之连累或常遭重大之灾厄。如果日干不强，有七杀驾羊刃，则主此人武贵非凡，掌生杀之大权，岁运旺的时候，自然转祸为福，若命局有刃有印无杀，岁运逢杀的时候也可成福。有道是"杀无刃不显，刃无杀不威，杀刃两全，复行劫杀羊刃运，主立功建业，彪炳千古"。

羊刃格印重身强，若再见刑冲，原局没有足够的食伤或官杀贴近日主克制泄化，性格大多性急刚恶，冲动暴戾，外貌温和，内情执拗，自以为是，对别人采取不信任的态度，主观意识很强，不轻易采纳别人意见，思想容易走极端。

年支遇羊刃，主破祖先遗业，或有以怨报德的趋势。月支遇羊刃，主性情乖僻。日支遇羊刃，主性急暴躁，遇事易头脑发涨，沉不住气，另配偶多疾病。时支遇羊刃，见财官则为祸不浅，岁运相冲并相合，则灾祸勃然临门。喜忌篇云：劫财羊刃，切忌时逢，岁运并临，灾殃立至。

所以我们不能单独片面的说羊刃是吉神或凶煞，它有时吉，有时凶，应该说是中性的。一般来讲，四柱过旺则羊刃为忌，四柱偏弱则羊刃为喜为用。它就像手枪一样，本身是没有吉凶、好坏的，是没有阶级性的，枪在人民手中，就是民主专政的武器，枪被坏人、歹徒掌握，就是凶器。

若是四柱中有羊刃，且身又过旺，如何化解呢？男命可以让他去从武，当兵，考军校，或从事竞技、体育工作，女命可以让她去学医，最好是外科（拿刀见血），如此一是可化解羊刃之不利，二是变不利为有利，可能在此行业成就功名。

乾造：壬辰　壬子　壬寅　戊申

此造羊刃当令，身旺见杀，格局清纯，必居武职高位，果然是某军区参谋长，也正应"杀无刃不显，刃无杀不威"之断语。

魁罡贵人

壬辰庚戌与庚辰，戊戌魁罡四座神，不见财官刑煞并，身行旺地贵无伦。

查法：日柱见者为是。

辰为天罡，戌为河魁，乃阴阳绝灭之地，故名。辰是水库属天罡，戌是火库属地魁，辰戌相见为天冲地击。魁罡格在日柱方能入格，其他三格不算，且不能冲破。魁罡格需日主健旺，也即以财官为喜用，因为魁罡格，具有攻击性且格局雄壮，日主衰弱需印生，与魁罡性格相反，即不成为魁罡格了。古歌云："魁罡四日最为先，叠叠相逢掌大权，庚戌庚辰怕官显，戊戌壬辰畏财运。主人性格多聪慧，好杀之心断不偏，倘有刑冲兼破害，一贫彻骨受笞鞭。"身值天罡地魁，衰则彻骨贫寒，强则绝伦显贵，魁罡聚会，发福非常。主为人性格聪明，文章振发，临事果断，秉权好杀。

魁罡具有刚烈、正直、勇猛的个性并具有攻击性，侵犯性的影响力。命带魁罡的人，个性耿直，胸无城府，疾恶如仇，聪明果断，善用权力，赏罚分明，喜欢见义勇为。魁罡是制服众人之星，有领导威权，也有刚强不屈之个性。

女人有此星，则心性过度刚强，于婚姻有所影响。柱带魁罡者，虽有领导才能，声宏气壮，且好权术，好胜心强，但婚姻终为不顺。此外，如不遵纪守法，难免牢狱之苦。

乾造：庚戌　辛巳　壬辰　庚戌

此造日占魁罡，且四柱枭印相生，一看就是有性格、有攻击性、从武得权的四柱。

2010 年一位朋友让我看一看这个四柱，我当时一排出来就做了一个手枪的手势说，从武拿枪的，有职有权。朋友说此人以前某武警司令部的，后转业在省委某部门，当时转业让去公安厅没有去。

我笑了笑说，"命中该拿枪，转业继续拿枪就好了！那级别就比现在要高啊！"

华盖

寅午戌见戌，亥卯未见未，申子辰见辰，巳酉丑见丑。

查法：以年支或日支为主，凡四柱中所见者为有华盖星。

华盖星，其形如宝盖之状，此星主孤独，有官有印者，遇之为翰苑之尊，华盖逢空，宜为僧道，女人命犯华盖，则与僧道同流，故曰情通僧道。《三命通会》云："华盖者，喻如宝盖，天有此星其形如盖，多主孤寡，纵贵亦不免孤独作僧道。"《命理新论》曰："人命带华盖，必为聪明勤学，清静寡欲，但不免较为孤僻。如果华盖逢印绶而临旺相，在官场一定有相当的地位，如果华盖与空亡，或遭破坏，则不免为僧道或孤或寡，否则必过房入赘，或挟一技而走江湖了。"壶中子说："华盖为艺术星。"烛神经说："华盖为庇荫清神，主人旷达神清，性情恬淡寡欲，一生不利财物，惟与夹贵并则为福，清贵特达。"三车一览说："华盖重重，勤心学艺"，又说："华盖乃聪明之士"。古歌云：生逢华盖，主文章艺术。通明赋云：华盖临身，定为方外之人，留心于莲社兰台，容膝于蒲圃竹偈。

华盖是大帝头上的一颗星神，有护帝显威之职，故血气方刚，气傲皇天，性孤少情，目中无人，六亲不靠，自主沉浮。华盖又为艺术星，遇之主人气度不凡，聪明好学，喜美术书法、绘画、音乐，见解超群，才华非凡。吉者高官贵人，高僧明道，技艺出众，名播四海。否则多为一般僧道，浪迹江湖，周游四方之士，或为孤寡之人。

命带华盖星之人，性情恬淡，雅洁高致并主其人资质聪敏，富于文才与艺术性，其性情倾向于哲学、宗教。如果女命带华盖又带桃花又带贵人，则必为名歌星或名影星；如华盖在时支可能是过房之子或入赘孤寡之命。

凡人逢华盖星死绝空破，或者四柱组合不好，最好拜一个和尚或道人为师，皈依佛门或道门，幼儿好养，少病平安，否则在二十四岁以前，不是凶灾连连，便是灾殃不断，还易得奇病，如能过二十四岁，有的终生不顺，一世孤寒。如有的孩子四柱带华盖，皈依前不孝父母，不爱学习，好惹事生非，有的是监狱常客，有的久病不起，皈依拜师后，各方面都成为新人，有的考上大学，成为有用之材。另一些不善劝的，结果因伤致残，有的命入黄泉。

对易经、预测学感兴趣的人，很多人四柱中就有华盖，所以有些人也有以上的不利信息，我的一些学生就有些是婚姻不顺的，或事业起伏的，或身体欠佳的，或吃斋信佛的。

我们通过近代佛教高僧弘一法师（俗名李叔同）的人生经历就可以很好的说明华盖的特性了，其才华非凡，艺术、宗教成就显赫，但在动荡之世也是生活清贫，当然其感情生活也是动荡不定。

坤造：癸未　戊午　甲辰　戊辰

此为一学员的四柱，自学命理多年，后参加我的面授班。想当年，她年轻时学习成绩好，经常名列前茅，且参加学校运动队外出比赛多年第一名，老牌大学生不说，且是老牌研究生，只因"文革"而废。究其大半生经历，正应"华盖乃聪明之士"之断语。

当然华盖也有不利婚姻的信息，而此女可谓才女，且也是正处退休，却婚姻不顺，末了老年黄昏之时老夫老妻仍要闹离婚。

阴阳差错

丙子、丁丑、戊寅、辛卯、壬辰、癸巳、

丙午、丁未、戊申、辛酉、壬戌、癸亥。

查法：日柱见者为是。

阴阳差错，女子逢之，公姑寡合，妯娌不足，夫家冷退。男子逢之，主退妻家，也与妻家是非寡合，其煞不论男女，月日时两重或三重犯之极重，日上犯之主不得外家之力，纵有妻财亦成虚花，久后仍与妻家为仇，不相往来。阴阳差错因孝娶，外祖两重或入赘，不然决要克其妻，或者残房来作婿。阴阳差错不风流，花烛迎郎不自由，不是寒房因孝娶，残房入宿两家仇。

阴阳差错，是预测婚姻好坏的一个重要的参考神煞，以上的论述，是有道理的，但是我们在预测中不能凭四柱中的这一个神煞就照搬以上的论断，还要再看四柱中有多少其他的不利婚姻的信息，不利婚姻的信息较多，则以上可能有一二条或多条应验。

我们来看一看清末名妓赛金花起伏不定的人生故事，就能理解"阴阳差错"和"孤辰寡宿"这两个神煞在日常生活中的表现了。

赛金花是一个生活在 19 世纪末 20 世纪初叶具有传奇色彩的女子，是晚清"名妓"之一。其幼年被卖到苏州的所谓"花船"上为妓，1887 年适逢前科状元洪钧回乡守孝，对其一见倾心，遂纳为妾，洪时年 48 岁，赛年仅15

岁。不久，洪钧奉旨为驻俄罗斯、德意志、奥匈、荷兰四国公使，赛以公使夫人名义陪同出洋。1893 年洪病死，1894 年赛在送洪氏棺柩南返苏州途中，潜逃至上海为妓。后至天津旧"金花"妓院原址租房，挂牌"赛金花书寓"，自己改名"赛金花"。1899 年搬往北京，与京剧票友孙作舟同居。1900 年八国联军攻陷北京时，曾与部分德国军官有过接触。1903 年在北京因虐待幼妓致死而入狱，解返苏州后出狱再至上海。1905 年，赛金花解除了和孙作舟的关系。1911 年，赛金花嫁给了沪宁铁路段稽查曹瑞忠做妾。次年曹死，再为娼。1913 年赛金花与曾任参议院议员、江西民政厅长的魏斯炅相识，1918 年与魏斯炅在上海正式结婚，改名魏赵灵飞。1921 年魏斯炅因病去世，赛搬出魏家。其晚年生活穷困潦倒，接受过很多人的接济，1936 年病死于北京。

从赛金花的一生可以看出，她幼年从妓自是四柱不好，可是她也有三次从良的机会，结果都是嫁给老公后没多久，老公就死了，最后还是妓女的身份，老年更是孤独清贫，这只能怪她的运气不好，命中克夫伤夫，也是命太贱，中间走了一点点好的大运，到最后还是妓女的结局。除了婚姻感情，在其他方面，既有风光无限之时，也有穷困潦倒之日，既有近官利贵之机，也有官非牢狱，真正人鬼之间，命运弄人啊！

孤辰寡宿

亥子丑人，见寅为孤，见戌为寡。

寅卯辰人，见巳为孤，见丑为寡。

巳午未人，见申为孤，见辰为寡。

申酉戌人，见亥为孤，见未为寡。

查法：以年支为准，四柱其他地支见者为是。如巳年生人，见申为孤辰，见辰为寡宿。

凡人命犯孤寡，主形孤肉露，面无和气，不利六亲。生旺稍可，死绝尤甚。与驿马并，放荡他乡。与空亡并，自小无倚。男命生于妻绝之中而逢孤辰，平生难于婚配。女命生于绝夫之位而遇寡宿，屡嫁不能偕老。男孤定为他乡客，女寡定是异省妇。孤寡如有贵神相扶，不至为害，甚至"孤辰寡宿带官印，定做丛林领袖"，但婚姻不顺尤为突出。

此星临现，在预测中一般多应婚姻不顺，其次可以断亲情缘浅，甚至亲人反目，老死不相往来，有家不能归。

天罗地网

辰为天罗，戌为地网。

火命人逢戌亥为天罗，水土命逢辰巳为地网。

辰见巳，巳见辰为地网；戌见亥，亥见戌为天罗。

查法：以年支或日支为主，其他地支见之者为是。

男忌天罗，女忌地网。天罗地网，主疾病之灾，牢狱之灾，大运流年遇之，于人不利。而我在实践运用中发现，凡遇"辰戌巳亥"都要小心官非牢狱。天罗地网有天月二德则稍可解救。

当然我们不能一见天罗地网就断有官非、牢狱或疾病，要结合关于官非、伤病灾等断语条件，符合条件比较多才可能应灾。

乾造：丙午　戊戌　乙巳　庚辰

大运：辛丑。

流年：戊寅。

1998 年夏将公款 14 万元丢失，公安部门将其关押了 2 个月，并要求自赔 8 万元。

四柱财多身弱，见财为灾，本来就不能拿太多的钱。

原局伤官旺，伤官见官，虽有财通关，但通关也为忌。

原局占"辰戌巳亥"之三支，命犯天罗地网。

大运辛丑，杀旺为忌，官杀混杂，丑戌相刑也为忌。

流年戊寅，地支寅木虽为羊刃，然寅午戌三合火局，喜用之寅木被焚，用神也受损，火局伤官过旺，故而应官灾。岁运命火土相生，财多身弱，故破大财。

当然，此人是破财引起的官灾，如果是去抢劫，那这个官灾就很大了，看看四柱，不是死刑就是无期。

空亡

1	2	3	4	5	6	7	8	9	10	空亡
甲子	乙丑	丙寅	丁卯	戊辰	己巳	庚午	辛未	壬申	癸酉	戌亥
甲戌	乙亥	丙子	丁丑	戊寅	己卯	庚辰	辛巳	壬午	癸未	申酉
甲申	乙酉	丙戌	丁亥	戊子	己丑	庚寅	辛卯	壬辰	癸巳	午未
甲午	乙未	丙申	丁酉	戊戌	己亥	庚子	辛丑	壬寅	癸卯	辰巳
甲辰	乙巳	丙午	丁未	戊申	己酉	庚戌	辛亥	壬子	癸丑	寅卯
甲寅	乙卯	丙辰	丁巳	戊午	己未	庚申	辛酉	壬戌	癸亥	子丑

查法：以日柱为主，柱中年、月、时支见者为空亡。

三命通会说："凡带此煞生旺，则气度宽大，动招虚名，长大肥满，多意外无心之福，死绝则一生成败漂泊，但在我有气之地，则不能为祸。"空亡见三会、三合、六合不作空亡论。吉神空而喜见合，凶星空而忌见合，喜神忌空，忌神喜空。

空亡，在六爻和四柱中都有这个神煞，但从学术的角度来看，六爻中的空亡运用率要高得多，也准确得多，其实在四柱预测中空亡的运用率是有限的。但是最近几年里，有些"大师"却大肆鼓吹空亡的作用，将这个神煞的运用片面化、扩大化，误导了很多易学爱好者，希望大家引起注意。

其实就算我们要用空亡，那就要学好，不能像有些人写的资料那样乱发挥，在四柱运用中要注意"旺者不空"、"喜神忌空"、"忌神喜空"等理论的运用，特别是"旺者不空"。现在有些学员按一些"内部资料"的案例，结果将月令也拿空了，真是笑话。以我的经验，此神煞只在断六亲情况时可以参考一下，至于命主本人自己的吉凶事件，则此神煞并无多大用处。

还有，大家知道"木空易折、火空则发、土空则陷、金空则响、水空则流"吗？某些大师讲过这些理论吗？

金神

金神者，乙丑、己巳、癸酉三组干支。

查法：日柱或时柱见者为是（经验上以日柱为主）。

《相心赋》云："金神贵格，火地奇哉，有刚断明敏之才，无刻薄欺瞒之意。"柱中有火，不行火乡难发，原局火无力，逢火运显贵。"金神入火乡，富贵天下响"，"金神遇火威震边疆"。

金神，是另一个近年来被有些"大师"误用的神煞，很多人好像一见到金神格，就觉得是富贵之命，就以为是"富贵天下响"，其实这是大错特错的。六十甲子那么多，为什么非要规定这三组干支为金神呢？古人对金神的用法是必须见火，见火则为贵，而讲"见水则沉"、"忌见金水"，说见金水"灾祸立至"。

实际上这种观点是错误的。正确的用法是，不管三柱之哪一种，必须是四柱喜用神为火，行火运当吉论，否则不以吉论。大家想过没用，比如乙丑日，身偏弱，再行火运，是喜还是忌，是吉还是凶啊？所以金神之说，不足为信。大家只知道"金神入火乡，富贵天下响"，却不知道"金神入火乡，穷得叮当响"！所以，此神煞之论，不可尽信也，要讲使用条件，要讲四柱原局组合。

乾造：丙子　庚子　癸酉　甲寅

这个四柱是邵伟华老师对外公布的自己的四柱。此造身旺无疑，取火为用神，所以日柱"癸酉"之金神喜入"火乡"。

邵老师籍贯湖北鄂州，因幼年家贫无食才逃荒至南方的咸宁（我的老家），其父母在咸宁安家，邵老师也上了小学顺利成长，后给乡镇政府当通讯员，青年时从咸宁当兵入伍离开湖北，结果一直走了大半辈子忌神方位。

邵老师当兵入伍先入朝鲜，回国驻师河南信阳，后复员在陕西西安工作，结果经历"文革"的起起伏伏，住院多年、停职反省、批斗等等，以上这些都是邵老师命中的忌神方位，所以不顺颇多。

学习命理、成名成家后，邵老师知道应该往南走，于是把家安在了深圳，把公司总部放在了广州，平时总是穿红色的衣服，这些都是补火。这才是真正的"金神入火乡，富贵天下响"！

第七章　四柱旺衰及取用神

要想知道命运的吉凶，就必须先知道四柱的旺衰，找出喜用神和忌神，但是我们许多爱好者看了很多书，看了很多年却总是入不了门，特别是自学者，就是在这个问题上"卡壳"了。所以说，对于由爱好者、感兴趣者进入到研习者、从业者最关键的一步就是四柱的"旺衰"、"用神"关，由此往后的内容就更复杂了，要更深入的钻研了。

第一节　四柱的旺衰

四柱的旺衰（也可说日主的旺衰），是以日干为中心，确定日主所代表的五行在四柱全局中的旺衰状态。总结来讲，使日干变旺的因素为：生我（正偏印）、助我（比劫）；使日干变弱的因素为：克我（官杀）、我生（食伤）、我克（正偏财）。

日干旺者，必是生我者多或有力，助我者多或有力，而克我、我生、我克者少或无。日干弱，必是克我者多，我生者多，我克者多，而生我、助我者少或无。

判定日干强弱的最重要依据，就是日干所处的季节，即某干生于某月而言之，月支是用来判断日干强弱的最重要因素，其余干支是次要因素，所以在以下的判断四柱旺衰的步骤中第一项就是看是否得令。判断四柱旺衰的具体步骤和方法如下：

一、看得令否

即日干处于月支的旺地，为得令或当令。众书云处"旺相休囚死"的旺相之地，或"生旺死绝表"的长生、沐浴、临官、帝旺之地。以我的经验来讲，一般用"旺相休囚死"来论得令与否较为准确，之前章节中已有此表，为大家对照运用方便，再次录此。

当令者旺，我生者相，生我者休，克我者囚，我克者死					
春（寅卯）	木 旺	火 相	水 休	金 囚	土 死
夏（巳午）	火 旺	土 相	木 休	水 囚	金 死
秋（申酉）	金 旺	水 相	土 休	火 囚	木 死
冬（亥子）	水 旺	木 相	金 休	土 囚	火 死
四季（辰戌丑未）	土 旺	金 相	火 休	木 囚	水 死

例一：丁亥　壬寅　甲戌　辛未

日元甲木生于寅月，经查"旺相休囚死"表，甲木生寅月为旺地，为当令。若查"生旺死绝表"，甲木生寅月为临官之地，也为得令。这两种查法相同一致，对于我们初学者来讲就没有什么疑问了。

例二：戊子　庚申　庚辰　丙戌

日主庚金生于申月，经查"旺相休囚死"表，庚金生于申月为旺地，为当令。若查"生旺死绝表"，庚金生申月为临官之地，也为得令。

例三：戊子　癸亥　乙亥　庚辰

日主乙木生于亥月，经查"旺相休囚死"表，乙木生亥月为相地，为得令。若查"生旺死绝表"，乙木生亥月为死地，死地为不得令。这两种查法不一致之时，且一个得令另一个却是不得令，对于我们初学者来讲就难以适从了，遇到这种情况，我们就要以"旺相休囚死"为准了。若是不信，我们可以简单分析一下，木生水月，是水生木，得生之地当然应该是得令啊，所以在确定不了的情况下按五行的正常生克来考虑一般是错不了的。

例四：庚寅 辛巳 庚午 癸未

日主庚金生于巳月，若按"生旺死绝表"，庚生巳月为长生，为得令。若查"旺相休囚死"表，则金生巳月为死地不得令。此一旺一衰，莫衷一是。类似的问题在初学者的身上经常发生，让很多爱好者在学习中走向误区，这就是我为什么强调一般情况下要用"旺相休囚死"表的原因了。

此例同理，大家想一想，庚金生于巳月，巳月本是火旺克金之时，此金如何得能"长生"得令？自然是火旺克金，金不得令矣！而此种一得令另一不得令，很多时候便将身弱四柱当做身旺四柱了，如此预测，则吉断成凶，凶断成吉，错误很大。

下面讲一个我在预测中遇到过的真实的例子。

坤造：戊辰 乙卯 戊辰 壬子

一位在易学界略有知名度的人给她取的名字，名字中还给她补了金。其为这个四柱分析旺衰说："命局组合为无金，二木，二水，无火，四土。日元戊土生卯月，属于旺地，因此为身旺四柱，取水为用神，金为喜神，命中无火，火为忌神，无火更好。"

这个家长找我预测时我也不知道已取过名了，结果按我的取法，用神当然是火。同一个四柱，一个老师取水，另一个老师取火，完全相反，客户当然糊涂了。

其实这个四柱的用神不同，问题就出在定旺衰的方法上了，就是那位大师以生旺死绝表来定五行的旺衰，将戊土生卯月当旺地论，这一论不要紧，失之千里！卯月木当令，土死之时，又是乙卯同体双修，时柱也是壬子同体水，还有子辰半合水来生木，水木旺矣。虽有戊辰两柱，但细看之下，辰土为湿土，辰中有木有水之气，如此之土，生于卯月旺地及水多之时有多少土性呢？看似土多，乃虚土也。

我们的初学者可以犯这样的错误，因为你们本身还在学习的过程中，也没有太多的资料来讲清楚这个问题，可如果是一些大师为人预测时还出现这样的问题，只会误导客户。

二、看得地、通根否

日干之五行在四个地支中有相同五行为得地或通根。

有的书中把得禄也称为得地。为什么要说一下禄神呢？因为一般的禄神正是此五行相同的地支，只是戊己土的禄神不是土，而是火。所以我们见到戊己土的根，除了查到辰戌丑未四土，戊见巳、己见午也视为根。

例一：丁亥　壬寅　甲戌　丁卯

日元为甲木，见时支有卯木，为相同的五行，为通根或得地。

例二：戊子　丙辰　壬午　辛亥

日元为壬水，见年支子水、时支亥水为相同的五行，为有根。

例三：庚寅　辛巳　庚午　壬午

日元为庚金，而见此柱地支为一木三火，并无一金，如此则为庚金无根或不得地也。此虽金多透干，也为虚浮无力也，多为假相。

例四：庚寅　辛巳　壬戌　丁未

日元为壬水，见地支中都为木火土，并无一水相见，此为壬水无根也，水弱之象。

三、看得生、得助否

日干之五行有其余天干的比劫帮助为得助。日干之五行有其余天干及地支本气之生为得生。

例一：丁亥　壬寅　甲戌　甲子

日元为甲木，生木者为水，经查，年支有亥水、时支有子水相生，天干则是月干有壬水相生，此为得生。得助者，为帮扶为比劫，此柱则为时干有甲木比肩帮身为得助。

例二：己丑　丙寅　庚辰　庚辰

日元为庚金，生金者为土，年柱己、丑土及日时支辰土为相生者。时干庚金为帮身者，此以上为生扶者。

例三：庚寅 戊寅 丙申 丁酉

日元为丙火，生于寅月为得令，年支寅木为得生，时干丙火为得助。

例四：己丑 甲戌 壬寅 丁未

日元为壬水，生戌月为不得令。地支无见亥、子水为不得地、无根。无天干金、水相生相助为不得生不得助。

如此不得令、不得地、不得生、不得助，柱中全无势力，则为弱极之命也。

我讲的以上三条，就是一般的命理书上所讲的判断日元旺衰的四条标准：得令、得地、得生、得助。但我以为这些还不够全面，不够细致，大家写书抄书都是一样的，没有自己的观点，没有自己的经验总结是没有进步的，所以我根据经验又总结了下面几条。

四、看五行气势、多寡

将四柱中其他所有的五行都与月令相比，再分析这些五行在月支和四柱中的旺衰状态。

例一：丁亥 壬寅 甲戌 辛未

此柱时干虽透辛金克甲木，但辛金生于寅月为囚地，为不得令，则此金较衰，克力有限，且金不多，为力寡。所以虽有辛金克之，但克力有限，不足为惧。年干丁火虽泄甲木，然丁壬相合，丁火坐下亥水，火虽得寅生，也不是很强，反观日主甲木生于寅月当令，又有壬、亥之水相生，且寅亥合木成功，故日主更胜一筹，当为身强。

例二：丁亥 壬寅 甲戌 甲子

此柱时干透甲木帮身，然此木生于寅月当令，又地支有亥水、子水及天干壬水相生，又当令又有生，则此虽一甲木力量也旺。

此一甲木与上例之一辛金，虽数量上都为一个，且都在时干透出，然而我们通过"分析其他五行在月支和四柱中的旺衰状态"，就可得出其力量大小的结论。

五、看干支中有无生克制化的关系

若干支中有会局、合局、三刑、六冲等生克关系，就要根据具体情况重新分配有关五行的旺衰力量。

例一：丁亥　壬寅　甲戌　庚午

此柱虽然只有年干的丁火及时支的午火，但是因为原局有寅午戌三合火局，则此四柱火这一五行的力量就发生了变化，火的力量就加大了。火的力量加大，对柱中其他的五行的力量也会产生影响，如庚金、壬水等等。

例二：己丑　丙寅　庚寅　甲申

此例日元庚金，本来有时支申金为强根，然月日二寅冲一申，寅木当令，当然申金受损，因为有了寅申相冲，所以金的力量就发生了变化，这就是要看生克制化对五行的影响了。

例三：丙戌　甲午　甲戌　庚午

此例火多火旺又当令，还有午戌合火，直接的结果是对原局的甲木、庚金本身的力量进行了克制，所以我们在实际预测中要对甲木、庚金的力量做新的估计，否则仍将甲木、庚金各算一份的话，预测中肯定是不对的。

六、看日干受克泄耗多少

最后来评估日干之五行是受克、被泄、被耗的力量多，还是受生助、被帮扶的力量多，多与少就以四柱的八个字来算，自己的力量超过一半就为旺。

例如：丁亥　壬寅　甲戌　甲子

我方为日元，此柱日元甲木当令，柱中木旺水多生扶日主，为印比得势，而克泄耗（对方）之力量仅为丁火和戌土，综合之下，当然是我方力量超过了一半，为身旺。

我们知道了衡量日干的旺衰方法和基本步骤，就能定出日主的旺衰。现举数例进行分析：

例一：癸巳　乙卯　丙戌　癸巳

丙日干生春天卯月为得令，通根年、时支为得地，月干乙木正印来生身，月日支卯戌合化火为得助（根据合化之条件，判定为合化成功，故力量增大），以上都是生扶日主的力量。年干和时干有两个癸水，但因为癸水是生在卯月处衰地，又柱中火旺反克水，这两个癸水克日主的力量就很弱了。综合以上分析，显然日主所代表的五行力量大得多，故定日主强旺，为身旺之命。

例二：辛亥　辛丑　丁酉　丁未

日干丁火生丑月不得令，通根时支未土为余气，时干有丁火帮助但生丑月也很弱，为帮身乏力。反观四柱金多水旺，耗泄日主丁火之物颇多，且水处旺季，为敌强我弱，故定日主身弱。

例三：戊寅　甲寅　庚寅　己卯

庚金日干生寅月为绝地不得令，而反观四柱中有五个木，且这些木都是春天当令，木多而旺，木旺金缺，虽年时透干戊己土生庚金，然戊己土生寅月为死地，土弱而生身乏力，故四柱偏弱。

例四：戊子　辛酉　丙申　戊戌

丙日干生酉月不得令，其他干支都是克耗之物，只有时支戌土有一点火，还有地支申酉戌会金局成功，金力加重，天干丙辛合水不成，但也使日主丙火减力。所以分析得令失令、五行多少，再加上合局会局等生克制化对日主五行的影响，最后再做综合判断，这样就能判定日主弱极无疑。

例五：丙辰　庚寅　甲午　庚午

甲木日干生寅月禄地得令通根，但除此之外，都是火或金，火为泄身之物，金为克身之物，所以叫克泄交加（当然火更多一些），身成偏弱一点了。

我们掌握了五行旺衰的分析，定出日干的强弱，下一步就可取用神了。但是大家还要注意的是，身旺的四柱不一定就富贵，身弱的四柱也不一定就贫贱，日主的旺衰与富贵之间没有直接的关系。

大家注意，现在有一些书上介绍所谓的简单有效的判断四柱旺衰的方法，就是靠打分来定旺衰，这其实是在港台早已过时的地摊货，没有什么学术价值，很容易让人误入歧途。并且有的大师有一个很可笑的做法，教给学生的所谓打分计算方法竟然有"升级版"，二年前是这样教学生的，过二年后对学生说以前的方法要改进，再教另一套算法。表面一看，此人好像对学生负责，可细一想来，不是这么回事啊！如果这个打分方法不完善、不全面，那么大师应该学习好、研究好、完善好再来教给学生啊！如此不完善的东西，边教边改为的是什么，我们想来想去只能说要么是大师急于求成，要么是这种教学方法是"钓鱼式"教学，让这些学生好年年送学费去。

现在网上的很多电脑软件分析四柱旺衰也多半是依据这套多年前台湾的打分理论来编写的，所以大家对电脑判断四柱旺衰甚至是取用神千万不可全信，只能有一点点的参考。它对于很简单的四柱可能分析对了，但对于生克制化多一点点，情况略复杂一点点的四柱就会频频出错。除非是比较专业的人士编写的软件，他们的准确率会高一些。

还有一些人，主要是一些"盲派"，因为他们不懂生克制化，所以他们判断旺衰的方法是数数，我们在民间算过命的人就知道，瞎子经常给人讲，这个四柱有几个金，有几个土，等等，这种方法也是很片面的。因为他只讲表面的个数，而没有将这些个数与节令旺衰结合起来，这是没有用的。

比如，同样是一个四柱的水，午月的水和子月的水，数量上是一样的，可是它们的分量差别太大了。

我们要知道，所谓玄学，最大的问题是不可能量化，它永完不可能变成公式化的东西，任何人想用所谓的量化、公式化的理论来代替传统易学理论都是徒劳的，这种行为只能说明他们的无知，这样教学只会让学员们走入死胡头。玄学是一门深奥的学问，任何人想走什么捷径都是不可能的，不付出辛勤的劳动是难以学到真东西的。

对于四柱的旺衰取向，我们还要注意的一个问题是六十甲子的五行力量组合，这个问题是很多人根本没有引起重视的。六十甲子作为干支的组合，都具有自己的特性，因为它们的干支组合不同、它们所处在的宫位不同，这个特性影响着四柱五行的旺衰，进而影响到取用神。所以我们在学习取用神之前，有必要对六十甲子组合的干支本身的旺衰程度有一个简单的了解，相信大家学习之后必然有所收益。

对于以下表格，可能也有同行有不同意见，但是我以为这样的划分方法还是比较合理的。此表干支组合以天干为主，分为"最旺、次旺、有气、衰、弱、死绝"等六种旺衰状态。即：

"最旺"为与天干同体者，为自坐禄神或羊刃（戊己土则为羊刃）。

"次旺"为地支生天干者（戊己土则为燥土同体）。

"有气"为地支中气生天干者（戊己土则为湿土同体），或为自坐库地（如乙未、丙戌、壬辰）。

"衰"为天干克地支者，耗天干之气。

"弱"为天干生地支，泄气之际。

"死绝"为地支克天干者，天干受克。

六十甲子干支组合旺衰表

干 状态	甲日	乙日	丙日	丁日	戊日	己日	庚日	辛日	壬日	癸日
最旺	甲寅	乙卯	丙午	丁巳	戊午	己巳	庚申	辛酉	壬子	癸亥
次旺	甲子	乙亥	丙寅	丁卯	戊戌	己未	庚戌	辛丑	壬申	癸酉
有气	甲辰	乙未	丙戌	丁未	戊辰	己丑	庚辰	辛未	壬辰	癸丑
衰	甲戌	乙丑	丙申	丁酉	戊子	己亥	庚寅	辛卯	壬午	癸巳
弱	甲午	乙巳	丙辰	丁丑	戊申	己酉	庚子	辛亥	壬寅	癸卯
死绝	甲申	乙酉	丙子	丁亥	戊寅	己卯	庚午	辛巳	壬戌	癸未

第二节　如何取用神

所谓用神，是指四柱或大运中能对日干起扶弱抑强、补弊救偏作用的五行，也就是日主所需要的、有作用的五行。中国人的为人处事哲学为"中庸"，现在则提倡社会生活的"和谐"，也就是各种力量、各种关系、各种资源都是平衡，平衡则为贵。而四柱取用的原则也就是各种五行要平衡、要中和、要中庸、要和谐，平衡中和则无灾无难。在预测人的命运时，取准用神是重要的第一步工作。

其实我们在说用神时，是指的用神和喜神。一般的四柱中，对日主最有作用的为用神，作用次之的为喜神，通称喜用神，取喜用神时就简称用神。当然还有与喜用神相对应的叫"忌神、仇神"。但我们为了不致于复杂化，把所有之"神"，一般就分为两类，即喜与忌，凡是对日主有益有利的为喜用神，凡是不利日主的叫忌神。

取用神之法，命学诸书，论述颇多。然各种方法归纳起来，就是专以日元为中心，强抑泄耗、弱生帮扶、相战通关、燥湿调候。

扶抑用神。扶抑属于平衡取用，日元强者抑制，弱者生扶。故《滴天髓》云："道有体用，不可以一端论也，要在扶之抑之得其宜；人有精神，不可以一偏求也，要在损之益之得其中。"这就是说，一个日干，弱了就要扶之、益之，强了要抑之、损之，使其"得其宜"、"得其中"。四柱中"扶之抑之"、"损之益之"的五行，就是用神。而克用神的五行，必然是"忌神"，当一个人的大运或流年走到忌神运的时候，必然属于坏运，至于到底如何个坏法，须视具体而定。

调候用神。调候取用一般在夏季、冬季，金水生于冬季，木火生于夏季，气候太燥太寒时，以调候为急。《滴天髓》云："天道有寒暖，发育万物，人道得之，不可过也；地道有燥湿，生成品汇，人道得之，不可偏也。"春天温暖，夏天炎势，秋天凉爽，冬天寒冷，此季节之异也。春秋两季，气候宜人，姑且不论。而在夏冬两季，大热大冷，这时，就需要用"调候"。一个四柱，不能太燥，也不能太寒，即"不可过也"、"不可偏也"。

通关用神。四柱中两种五行形成对垒时，势均力敌，这时需要中间化解之神，让双方握手言和，放弃这种对敌状态，否则两败俱伤，对大家都没有好处。《滴天髓》云："关内有织女，关外有牛郎，此关若通也，相将入洞房"，此言通关之妙用。官杀旺而克日，官杀可用的话，柱中有正偏印，就用正偏印通关；伤食旺而克官，官可用的话，柱中有财，就有财通关；比劫旺而克财，财可用的话，柱有伤食，就以伤食通关；印星旺而克伤食，若伤食可用的话，柱有比劫，就用比劫或日干来通关。如此之类，凡通关之神，最好有力，或在干，或紧贴所用之物或所忌之物，若通关之神隔得太远，或藏于支中无力，等于没通。

病药用神。这是一种比较少的取用方法，故有些书上没有写，大家了解一下就行了。在病药取用中，我们不必去完全深究日主的旺衰，主要是分析出四柱中最不利的五行因素，此为"病"，再对症下药，制其病痛之处就是"药"。此药是先制"病"，不一定是先对"日主"起作用的，所以要有一定的技术含量和技巧。

以上是大部分命理书上对取用神的传统论述，并且是各书尽皆如此，为了让初学者更好的理解、掌握取用神的原则与方法，本人将以上几部分内容进一步细化，分解成以下多种情况，供大家研习。

一、身旺之命喜泄耗 （取食伤、财星）

日主强旺的，我们一般采取泄耗的方法，即多用食伤、财星。

乾造：壬申 壬寅 丁巳 丙午

此造日元丁火生寅月得生，自坐羊刃旺地，又时上有劫财帮身，虽有年月官星克日，但有月令寅木可化一部分，又地支寅巳申三刑，木火旺则申金损，故为身旺之命，取其泄耗为土、金。

权衡一下，还是取金为用神，土为喜神，即先金后土。因为金可生水制火，又可克木。

坤造：己酉 丙寅 己巳 己巳

此造日元己土生寅月失令，年支有酉金食神泄身，但日时支都是巳火为强根，且干透丙火及己土生扶，故为身旺之命，取其泄耗为金、水。

可取水为用神，金为喜神。因为此命四柱无水，而水是官星之原神，且土多而干燥，先用水可润之。有人会说用水不是被旺土克制吗？请注意我们是金、水并用，金可泄土而生水，不是只用水。还有人会说，四柱里没有水，怎么还能取水为用神啊？其实这是一个错误的观点，在这里强调一点，不管四柱里有没有用神的五行，该怎么取就怎么取！当然柱中有用神的五行和没有，在命运上是有区别的，这等大家以后再去研究，可以参看作者的命理学高级教材。

乾造：壬子　己酉　辛酉　辛卯

日元辛金生仲秋，辛金叠叠，又有土生，身强无疑。金旺可用水、木，然金旺木死，又柱中两酉冲一卯，卯木为死木也，幸喜有年上干支水来泄秀，故取伤食水为用神，是为用神有力，同时顺生，补木为喜神也。

二、身弱之命喜生扶（取印星、比劫）

日主弱，则喜印生身，喜比劫帮扶，一般取印、比劫为用神。

乾造：己酉　戊辰　丁巳　庚戌

丁火日元生辰为有气月，有坐下羊刃帮身，然年月戊己土食伤透出泄身，又时干财星耗身，地支又一片伤官生财星，泄耗较多，为身略弱之命。

火日干，身弱宜补木、火。日主自坐羊刃，火气已够，且四柱缺木，故可先用木，且取木可制土、生火，一举两得，故取木为用神，火为喜神。

乾造：辛卯　辛丑　丁巳　辛亥

丁火日元生冬季不得令，天干三个财星透出耗身，日主虽坐巳火羊刃，然巳亥相冲，丑月水旺，柱中金水相生，故巳亥相冲为巳火受伤。虽年支卯木生日，然冬天木休，了无生机，生日乏力，身弱无疑。

丁火日干，身弱可用木、火。因冬寒木休水冷（木无力，且寒冷喜火），又柱中金多（木受克多），故先取火为用神，次取木为喜神效果较好。

坤造：乙巳　丙戌　壬戌　甲辰

壬水日元生戌月，一点根气没有，柱中全是克耗泄，为弱极之命，应取印星为用神，比劫为喜神。

注意，此种弱极之命，按某些"大师"观点就按"从格"从弱取火、土了，实际上大家不要轻易去用所谓"从格"，我可以说，现在没有哪位大师能完全搞懂真正的"从格"，有的人鼓吹自己是"从格高手"，其实是井底之蛙，见解肤浅得很。本人多年研究也只是有所领悟，还在总结经验之中，有的规律还在探索之中。

大家看，此女命行运前几步为丁亥、戊子、己丑，若按传统从格的理论，应走己丑运为大吉，发财得权。可按我们正格来讲，走土运最忌，为忌神当旺当头，大凶之运也。实际情况是此人在土运中，因贩毒被判无期徒刑，毁了终身。这正符合我们平时所学的命理知识，身弱官杀重，不死也残，不进医院进法院。

三、身旺有制用官杀（先用官杀，辅以财星）

我们知道身旺之命可以用泄、耗、克，前面我们讲了泄耗之法，那么在什么情况下用官杀呢？我为什么要将官杀为用分开讲呢？首先，用官杀之法为以毒攻毒、以暴制暴之法，如果使用不当会造成其他的破坏力，或两败俱伤，故一般不轻易用，身旺之命一般就用食伤、财星。其次一个前提是自身要较旺，日主不强则不行，自己不够强又如何制暴呢？其三是原局中必须有官杀，且官杀有力，没有专政的武器，谈何专政啊！所以用官杀一般要同时具备以上三个条件才比较有利。

乾造：乙卯　丙戌　丙午　壬辰

此命丙生戌月墓库之地，自坐羊刃，月上比肩帮身，年上印星又生之，已成秋高火燥之势，日主旺极。幸有时上壬水透干，又自坐辰土水库，为败中有救，否则柱中无用神也。

按身旺之命，可用土、金、水。是用土金呢，还是金、水呢？这就要我们来分析一下这两种方案的利弊得失了。若取土、金，其一，此时之土为燥土，土中仍有火气；其二，土又制了原局中那一点水，为损人损己（火旺见水还是好的）。再回头看看取金、水的方案，金就不用说了，两种方案都用，重点研究一下取水的妙处。此柱的缺点是，丙火生戌月火库，秋高火炎土燥，万物难生，一片萧杀之机。取水一可去火之炎；二可润金；三可去土之燥(则土可生金，否则燥土不生金)；四是兼救死木（虽木为日主之忌，仍此柱之五行之一受弱，按木弱为忌对日主的行运有利，但对身体之肝胆及六亲之母亲不利），取水可谓一子活全局。水为用神，官杀克身为用也。如果壬水不透、不旺，则不能用水，这就是此例取用的关键地方，把握不好这点区别取用神就错了。

乾造：壬午　壬子　壬戌　庚戌

大运：癸丑　甲寅　乙卯　丙辰　丁巳　戊午　己未　庚申

此造水多水旺，身旺无疑，取什么为用神呢？可用木火土，到底用什么，这里面是有讲究的。

若取木，一是柱中无木，二是恐水多木漂，三是冬水过旺，易寒木不生，故取木有斟酌之处。

若取火，四柱有利信息是符合调候之用，此柱正是金寒水冷之势，但柱中只有一个午火，且子午相冲，午火受伤。

若取土，水多泛滥，土可挡之，且柱中有两重戌土，较之午火势大。结合以上分析，故可用土，辅以火。因为此土也为冻土，不见火也不能发挥其力。

还有一点大家要注意，虽取火土为喜用神，但是运行木地也是对日主较为有利的，不能说取火土为喜用神了，其他五行都为忌了。

我们看，此柱正好是除了第一步运是水以外，之后都是一路木火土运，特别是中晚年火土旺运，故而贵为将军。大家想一下，此四柱除了身旺用杀从武贵以外，还有哪些命理标志成为将军呢？

四、两神相停喜通关

身财两停，取食伤通关为用神，身杀两停取印通关为用神；水火相战，取木通关为用神，金木相战，取水通关为用神，余者类推。

两停，即两神力量相当之意。大家知道，古代两军交战，特别是攻守城池的时候，当两军实力相当，你也攻不下我，我也打退不了你时，就会暂时停战、休战，或寻找破敌之法，或派员讲和，这其中的"破敌之法"或"讲和之人"就是"通关之物"。在双方暂时的平衡之下，就必须有第三方来打破这种僵局，以求得双方的合解、双赢或某一方的胜利（当然是以日主得利为宗旨）。

单从五行方面的专业术语上讲有金木相成、水火既济、火金相成、土水相得、木土相得等说法。当然，在什么样的情况下才能"两停"，很难量化，全凭经验了，且这种"两停"也是相对的，不是绝对的，随时可能因为大运或流年干支的加入而不平衡，"不停"了。

乾造：辛巳 己亥 丁丑 壬寅

丁火生孟冬不得令，但通根年支，有时支寅木相生，然时上透水又当令，金又生水，成水火相战之象（当然是相对的相战，火还是处于下风），故取木通关为用神。为官印相生之格，中年行至木火之地为喜用神得力，一路跃升为某省高级法院院长。

坤造：乙未 乙酉 庚寅 乙酉

此命一看就是身旺财多、金木相战之格局，必须取水通关为用神。所以遇水旺之年就大发。

乾造：己亥 丙子 壬午 辛亥

此命日月天克地冲，柱中水最多，其次是火，成水火交战之势，当然水更胜一筹，故取木通关为用神，取火为喜神，即水生木、木生火。当然，此例可以先取调候为用取火，后喜木，但是不管如何，用木火是错不了的。

五、夏燥冬寒喜调候（夏水冬火）

日主生于炎夏，柱中火土燥烈、木囚水死之时，应取水调候为用神。日主生于寒冬，水冷金寒、木休土冻之时，柱中寒湿之气过重，应取火调候为用神。据此，所谓调候用神只有水或火。说通俗一点，我们在日常生活中，如果是冬天，天气太冷了，就要烧煤块烤火保暖；如果是夏天，天气太热了，就要喝冰水降温。这"煤块"和"冰水"就是我们生活中的"调候用神"。当然这调候用神有时候和扶抑用神是一致的，而有的时候不是一致的，这就要看具体的情况而定了。

乾造：丁酉 丁未 戊子 丙辰

戊土日元生季夏，年月时透三印生身，又地支有未、辰两土，虽有年支酉金，及自坐子水，仍为较旺之命。

土日身旺，可用金、水、木，哪么先用谁呢？且看，此戊土为燥土，生于未月更燥，又干透三火生助，为典型的火炎土燥之局，当先取水调候为用神，佐以金为喜神。

乾造：丙子　庚子　丁亥　癸卯

丁火生子月失令，干支一片官杀旺而克身，仅有年干丙火帮身，成弱极之命，可用木、火。然此例正是冬火失势之时，必先取火为用神，以调候为用兼帮身，次取木为喜神。否则先取木，则此木为冬天休囚之木无力也，又是冬水旺地为湿木也，湿木难生火啊！若先取火则情况大为改观了。

乾造：丁亥　乙巳　丁未　庚子

丁火日元，生巳月为羊刃之地，又有天干乙木丁火生助，身旺无疑，本应取金为用神，但柱中火太旺，燥气过重，还须以调候为重，所以取水为用神，而取金为喜神。

乾造：戊子　癸亥　庚子　丁丑

庚金日元生冬季失令，月上透水旺，又地支亥子丑三会水局更旺，年月柱戊癸合火不成，为水多土荡，反损其土，独金泄身太过，成弱极之命。

金弱本可用土、金，然此柱当先用火，为何？四柱水多水冷，所谓寒金难成器，且取土则一为水多土荡，土虚生金乏力，二为冬寒之冻土也难生金，故首取火为调候用神。

取火为用，妙处其一为暖金。君不见多年前冬天车辆难以发动时，要用棉球点火来暖一暖机器，目的是让机器（金）恢复其正常的物理特性（不正常是因为低温之冰水造成的），能正常工作。妙处其二为温土。所谓冻土不生万物，当然也制不了水、生不了金，有火则土有生机，能发挥较大的作用。君不见一到冬天，东北大地白雪皑皑，地冻数尺，取土都难，更别说生育万物了。但是一到春天，地气上升，温度升高之时（火气），则土层解冻，木有生机。所谓"金水伤官喜见官"正是此例也！

坤造：庚戌　辛巳　丁未　己酉

大运：庚辰 7、己卯 17、戊寅 27。

某一预测师按取木、火为喜用神所测，结果客人只打了 30% 的准确率。我说过，取用神准不准，可以用事实来检验。

录其反馈之大事如下：

1976 年奶奶去世，本人受伤头破。1994 年工作不顺。1997 年父病。1999 年身体不好。2001 年母去世，花 4 万多。2002 年两次加薪轮不到。

再按其事实，依命理解析如下：

1976 年丙辰，一是 6 岁关，不利长辈；二是劫财为忌克长辈；三是辰戌冲为金舆逢冲；为什么伤的头部呢？四柱无木，也无明水，辰戌相冲，辰中水、木受损，见血、伤肢等。

1994 年甲戌，己卯大运，流年木火为忌，与大运天合地合，火旺劫财，土旺伤官也。

1997 年丁丑，巳酉丑合不成金，丑未戌相刑伤官旺伤亲人，又刚交戊寅伤官大运，还流年干透丁火比肩也为忌。

1999 年己卯，大运流年地支木旺制不了土，反生火，卯戌又合火为忌。

2001 年辛巳，羊刃叠叠为忌，月柱伏吟，故破财伤亲人长辈。

2002 年壬午，巳午未三会火局为忌，比劫为忌，竞争、破财也！

依其事实及命理分析发展，此命全是在天干或地支见木、火之年应灾不顺，难怪某预测师取木火为喜用神全测错了，据事实检验，取木火为用神为错误的。

此四柱正确的用神应为水，应取调候为用。而一般人当然初看此命略弱，取木火生扶，事实证明取木火为初级水平，见识不到位，没有考虑到调候的特性在其中。

六、印旺身弱取比劫

大家知道，一般的四柱不是身旺就是身弱，但有一种四柱是印星很旺，但日主本身之五行很衰弱，这种情况叫印旺身弱。其实这种情况就用上了我们前面讲的五行反生为克的道理，即母慈灭子，即母亲过于溺爱子女，最后反而害了子女。

但是我们有些人遇到这种四柱会把它当作身旺来断，也有些人也随便将一些印旺身旺的四柱当作印旺身弱来取用，这里大家要注意区别。首先告诉大家的是，印旺身弱的情况是比较少见的，这种情况出现不多，所以大家一般可不用。其次，这种情况是要讲究条件的，不是随便都成为"印旺身弱"的。从严格意义上来讲，"印旺身弱"必须具备以下几个条件，一是印星（正偏印都算）在四柱中较多，占绝对优势，二是日主其他天干和地支中都没有比劫（指本气），只有同时具备以上条件才算，否则不能称"印旺身弱"，只能叫"印旺身旺"。

乾造：庚申　乙酉　癸巳　辛酉

此例酉金当令，柱中五金会聚，还有乙庚合金成功，为印星过旺，而日主壬水在其他干支中既没有本气根，也没有比劫，成"金多水浊"之象，此为印旺身弱，故取水为用神。

对于这类"印旺身弱"的四柱，初学者要慎重，因为虽然原局"母慈灭子"，金多水浊，但是如果大运中遇水旺之地，则水与原局之金结党成金水两旺之势，这时的用神又要变化了。也就是说原局"印旺身弱"可用比劫，但是大运遇比劫也旺，则成印旺身旺，遇此大运则要调整用神，不能再死套理论还用比劫，而应该用食伤、财星了。

七、用神变化须明辨

大家不要以为取完了用神，就算完成任务了，就可以马上预测四柱的吉凶了，或者说取了用神，就是一生不变的了。这里要告诉大家，用神有时候也会变化的，有可能造成吉凶转化的，当然这是比较高层次一点的学问，初学者可以先放一放。用神变化一般有下面几种情况：

1. 用神过旺，变为忌神

往往有时行运用神到位，反而有灾，于是我们就怀疑是用神取错了。实质不然，有时是原局本来就有用神，而且有力，行用神运加大了力度，流年又为喜用，在这种情况下，用神变得过旺，物极必反，这样用神暂时变成了忌神，造成原命局的失衡以致灾祸出现。

通俗的说，我们肚子饿了就要吃饭，可是吃多了，吃过量了就会撑死。还有，古代乱世之中，皇帝必须依靠大将军来为他夺取天下，兵强马壮是最好，此时将帅与军队就是皇帝的"用神"，可是随着天下渐渐太平，而将帅的兵马却因条件的好转而更加强大，成为皇帝的心腹大患了，这就是"用神过旺，变为忌神"了，所谓"功高盖主"是也，接着将帅就有大灾了，汉朝的韩信、清朝的年羹尧都是这样的下场。

2. 用神受制受伤（被合化或冲克）

当原局用神不透而弱，行运透出又截脚，或被局中忌神克制，像这样的用神到位，没起到好的作用，反而会连带日主，也会造成灾祸，这叫"枪打出头鸟"。

当天干用神行运到位时，但局中或流年它神合会为忌神，也有灾；当地支用神行运到位时，地支用神被冲克掉，同样有灾。

通俗的说，我们肚子饿了就要吃饭，可是这碗饭被打掉了，我们就得饿肚子，对自己就不利。再比如，大家都知道的清末著名的"戊戌变法"（现有些学者称之为"戊戌政变"），光绪皇帝当时只能依重于袁世凯，此时袁世凯就是光绪帝的"用神"，可最后袁世凯变节，将有关机密向慈禧交待，此时"用神"变化受伤受制反见其灾，结果光绪被囚，维新派康有为梁启超遭捕杀或逃亡国外，谭嗣同等6人（戊戌六君子）被杀害。

3. 用神随大运变化

一般来说，用神变化是当原局处中和或偏旺、偏弱一点的状态时容易发生，要根据大运来定日主的旺衰，取用神。它会随着大运干支的组合不同而在某一阶段的用神不一样，如果我们分不清这种变化，那就会断不准吉凶关系，这是一种比较复杂的情况，一般来说，初学者对这类四柱的用神很难把握，必须多学多练才能掌握好这种用神的变化。这种变化主要是某些大运的干支五行的变换引起的，如甲寅、乙卯、丙辰、丁巳、戊午、己未、庚申、辛酉，大家通过这几组干支的顺序就会发现五行的变化较多，且多为干支同体，力量变化更大。

用神为什么要随大运变化呢，因为原局较为中和，大运可能因力量变化而暂成忌神了，不是帮身太过就是克身太过，所以需要根据具体情况来调节。

明末清初之吴三桂，明崇祯时为辽东总兵，封平西伯，镇守山海关。1644 年降清，引清军入关，被封为平西王。1673 年叛清，发动三藩之乱。康熙十七年（1678 年），在湖南衡阳称帝，国号大周，建元昭武，并于同年病死。其仕明叛明、联闯破闯、降清反清之反复举动被后人称为"小人"之典范。

此人自己在选择政治方向上就是采用"变化用神"，谁对他最有利，他就投靠谁，"用神"也好，"变化用神"也罢，其实都是平衡之道，力量不平衡了再不调整就会有灾。而三位君主对他的选择利用也是"变化用神"，李自成就是因他这个"用神"变化而落败。而清廷更是变化使用之，当初依赖吴三桂平定关内，便不惜封官加爵，封为"平西王"，而后来四海平定，便视其数万雄兵为劲敌，步步压制至最后双方兵戎相见。吴三桂的一生，也因为大的政治环境的变化，其身份、地位也一直在发生着变化。

乾造：庚子　壬午　丙申　庚寅

大运：癸未　甲申　乙酉　丙戌　丁亥　戊子　己丑

此造为羊刃七杀临将星，马逢边塞，为边疆将领，的确是也。

命局五行相对平衡，日主为中和偏弱，但因午火羊刃当令，所以也不是太弱的四柱。

运行甲申、乙酉仍取木火为喜用神。大运甲申，寅申相冲为马星逢冲，易有走动变动，1978 年戊午流年，身临羊刃旺地，流年与原局构成食神制杀，又有子午相冲为动，故上军校。此两步大运凡遇木火流年皆升职，直至升为副团级。

丙戌大运，干支火旺，又寅午戌三合羊刃旺地，身骤然转旺，故取金水为喜用神。1992年壬申、1993年癸酉，为金水相生而旺的流年，为喜用神到位，故升为正团级，后调回家乡武装部任职。1998年戊寅年，又是寅午戌合火旺，羊刃比劫旺，易伤妻破财，又二寅冲一申，申金为财，为妻宫，也是伤妻破财的信息，实为此年妻子病灾。

丁亥、戊子、己丑大运仍应取木火为喜用神。

坤造：庚申　甲申　辛巳　丁酉

大运：癸未　壬午　辛巳　庚辰

四柱一看，当然是金过旺了，喜用水、木，火酌情而定。

壬午大运，癸未流年，本来大运和流年天干都是透水为用神，水也泄旺金，然而一是原局无水，金太旺，成金多水浊之势；二是四柱、大运和流年刚好构成巳午未三会火局，火旺虽可克旺金，但火旺也可反克水。以上就是虽透水之用神，但为用神受伤，反见其灾。实则此年发病不吉。

当然此年见灾，也有火金相战、水火相战，五行不流通之过。

乾造：丙申　丙申　戊午　庚申

大运：丁酉　戊戌　己亥　庚子　辛丑　壬寅　癸卯　甲辰

此命自坐羊刃，年月两个丙火生身，初看较旺，但细看之，也有四个旺金，且金当令，故转为身弱之命，原局还用火、土。

戊戌大运，午戌合，土又是同体，四柱由弱转强，此运中土金较为平衡，易受流年影响吉凶，故此种四柱大运较为平衡时，流年预测最难。己未流年，又是同体的土，以致日主过旺，土为忌神，结果此年丑月拉煤出意外受重伤，高位截瘫。

仍是戊戌大运，流年辛酉金为同体，又与岁运命申酉戌会金局成功，原局本弱，流年又泄了大运之土，成泄身太过，四柱转弱之势，此年丧父。

以上为较少运用的流年用神变化，虽在实际中存在，但由于技术要求较高，容易把握不好，一般初学者宜慎用。类似的流年变化问题，有些人搞不懂，便当做所谓"从格"了。比如此例，有人在原局辨不出旺衰，不知喜忌，在大运中更把握不了喜忌，结果看到帮身有灾，泄身仍有灾，于是不知所措，用一般所学理论解释不清，就只有当做"从格"胡乱应付了。

以上所讲种种，如果我们能掌握好取用神的基本原则方法，灵活运用，多多练习，就能大致地推断出人一生命运的吉凶祸福。

八、从格取用有玄机

特殊格局，也就是我们常说的从格，必须慎重对待使用，特别是初学者和经验不足者最好不要去想这个问题，更不要用！现在有些人把从格搞得神神秘秘的，其实所谓的从格说白了就是过旺、过弱的四柱而已，其所谓取用神原则是"旺者从旺，弱者从弱"，我还要加上一句"大错特错"！我要告诉大家，所谓特殊格局并不是像一些所谓内部资料上鼓吹的比例很高，其实比例是极其有限的。对于一些预测者，我可以告诉你：你不用从格观点来预测肯定是对多错少，但你用从格观点预测肯定是对少错多，不信就试试。

有些人自已标榜对特殊格局如何如何，其实并非那么简单，他们书中所编的各种精彩的实例，许多人看了也觉得很有道理，其实大部分都是"马后炮"，用事实来套上理论，谁都会写得天花乱坠的，而我们要用这些理论去预测所谓的"从格"，就会发现并不是这么回事了。

我认为所谓"从格"四柱，在流年预测中的准确率是最大的问题，当然我本人也是一直在研究当中，以后有机会等研究成果比较成熟时再与大家来详细交流。某些"从格大师"书中举出的例子，其实大部分都符合正格的条件，也就是说我们将这些所谓的从格四柱用正格理论去分析，基本都是对的，当然了，那些用从格理论分析四柱的很多人都不会运用"用神变化"的理论。他们常用的"正格变从格"、"从格还原正格"的理论只能说是强盗逻辑，这相当于由自己当裁判兼运动员，自己没有优势眼看要输了就马上来修改比赛规则，总之怎么样说好像都是他有理。

还有，现在这些人运用的所谓从格理论，特别是取用神的方法，简直就是"懒人定律"。现在宣扬的从格取用神方法中，他们经常把一个四柱的喜用神找出三个，再加上他们在大运中运用"还原正格"理论还可以找用神，还有我们不要忘了有一个日主，这样我们就会发现，按这种取用神的方法，金木水火土都被取完了，五行全可为喜用，五行通吃，再来套上理论，你们看了岂能不对？我们想过没有，什么是用神？用神就像做菜的佐料，可是人家把味精当白米饭给你吃饭，你还说这饭做得好，这样能行吗？

我以为，我们要在弄懂一般格局的基础上，广泛收集一些过旺过弱的偏枯四柱的实例，多做一些深入的研究，特别是众多流年的实际情况，而不是某个四柱的某一二个流年，以此总结出更多的经验，归纳出更科学的理论，当然这也不是一朝一夕的事。

下面信手找一从格高论，我们一起来分析之。

乾造：壬子　壬子　壬午　庚子

这是某从格大师书中举的从旺格的例子，且看他精彩的论述：

"水旺极，火弱极，火欲逆水势而又抗不住水势，日主专旺之势仍成立，午火为隐患。"

"1978年，大运壬子（未行大运，月柱代之），流年戊午，小运丙午，原局午火得助，由弱变强，便与金水交战，金比火的力量弱，故火战胜了庚金，但由于火的势力毕竟不如水强大，所以结果火也被战败。午火为小肠，庚金为大肠，饮食引起的问题会累及肠道。"

"实际此年食用驱虫药过旺致药物中毒，惊险一回。"

按"大师"的从格理论，"午火为患"，流年中"火也被战败"那应该是纯水当旺，午火为破格之物，此时午火战败，从旺格一片纯水，应大吉啊，此自相矛盾之处也。

而为了说明他的从格理论站得住脚，竟然曲解很简单的命理常识（如果不是刻意曲解就是无知了）："这个命造如果按普通格局中的身强喜财来论，该年应主吉利。"对于他的这个解释，我想只要是略懂一点四柱的人按正格来分析也不会得出他的"吉论"。

大家都知道按正格来论就是身旺劫财，原局三子冲一午，水当令、同体、众多，不用说就是午火受损。流年戊午，虽流年同体为喜用，但仍是寡不敌众，冲不破原局之旺极之水，忌神制克用神，当为"用神受伤必见灾"，再加上6岁关、冲羊刃这些命理常识，当然有灾啊，根本无需故弄玄虚的搞出"从格"那一套来。

由此一例，大家可以看出某些大师做学问的"技巧"了吧，他们惯用的手法都是为了论证自己的观点正确，找出一个认为容易"说服"的案例，再套用自己那套天花乱坠的"正理"，同时抛出一个所谓的"常规观点"并对其"错误"进行批驳。殊不知他们拿出来批驳的"常规观点"都是"假命题"，我们要知道，条件推不出或不一定推得出结论的就叫假命题。如果一个命题为假命题，那么它的否定命题不一定是真命题，但是它的命题的否定就是真命题，假命题的"孪生兄弟"——"偷换概念"也是某些大师经常使用的伎俩。

我们从以上例子都推算不出"该年应主吉利"，而某人将它当作"常规观点"，显然是混淆黑白！某人还有一从格例子，将命主1979年上前线九死一生得了个三等功当做"大吉"、"喜事"来论，也是在玩"偷换概念"的把戏，请问这种"喜事"谁愿意落到自己的头上！

九、四柱所缺五行与取用神

有些人在民间预测时，经常会听到算命先生讲这个命缺什么五行，那个四柱缺什么五行，于是按缺什么五行补什么五行的方法给你取名字或给你指点补救。比如，我在一本书中就看过说已故著名书法家刘炳森先生，小时候家里人给他算命，算命先生说他命中缺木缺火，于是给他取了一个带木带火的名字"刘炳森"。这种算四柱缺什么补什么的观点在我们的生活影响很大，但是我要说的是，这种取用神的方法是不对的。四柱中并不是缺什么补什么，而是日主需要什么就补什么。如果日主不需用，就算是缺这个五行，也不能补。

例一：壬子　壬子　壬辰　壬寅

此柱日元为壬水，柱中水多水旺，五行只有水和木（辰为水库，不论土），柱中所缺五行有火（寅中虽有丙火，但不为本气，寅为木论）、土、金。那我们不能按民间的缺什么补什么的原则去补吧，补这多他也没办法补啊！此柱虽然缺金，但是柱中水旺为忌，金来生水更忌，所以此柱是不能见金的，如果我们有人按缺金而去补金，那就不是指点迷津了，而是误人害人了!

　　例二：庚申　甲申　辛巳　丁酉

　　此柱金旺金多，身旺无疑。如果按传统查法，查四柱缺什么五行的话，八个字中五个金、一个木、二个火，缺土、缺水，有的人可能就补上土和水，也有的人可能补土，还有的人可能补水了。如果有人刚好按缺水补水到也没问题，可以万一哪位按缺土补土不就害死人了吗？四柱金过旺，土金为忌，还去按缺土补土，土来生旺金，日主越生越旺，岂不是要命吗？

　　而我们按正统的取用神理论来看，日元金过旺，一种理论是按"秋金需火炼"来取火喜木，另外按身旺一般喜泄耗的理论，也可以用水木。那么正统理论加上缺什么五行取用法一起有这么多的取用神方法，并且都是有以前的理论支撑的，到底哪一种才正确呢？我想，初学者和一般爱好者真是难以取舍了。

　　当然，缺什么五行补什么五行的取用神方法是不科学的、不可取的。按正统取用神法一是喜木火，二是取水木，而此四柱应该取水喜木，取其通关救木、循环顺生也。若是取火喜木，则加火之后木更死、水更枯也！所以我们在取用神为日主服务的同时，还要兼顾一下我方的其他五行的生死，尽量做到皆大欢喜。

　　有时多说无益，各说各有理，用事实来检验理论是最好的方法。此例命主于2003年癸未，甲木入墓之年见灾，出现间歇性精神病，正为原局金旺克死木之故也！甲木为头脑神经，故应精神之疾。按我的观点取水木，可救木的观点正可补其病也，若是按"秋金需火炼"的观点再补火，则要注意"木见金克火烧、荡然无存"，那这个精神病只会越来越重！

　　当然也有人会说癸水之年为什么还有灾呢？不是取水木为喜用神吗？这是因为原局金太旺，金多水浊之故，必须大运或流年中水旺才能相对通关，化泄旺金，水弱自然也是用神受伤见灾。

十、原局用神不现

　　有的四柱五行比较偏枯，会缺失一部分五行，而这缺失的五行很可能就是命中的喜用神，这时怎么办呢？

有的人强调，取用神一定要取命中所出现的，即取八个字其中的，或取藏干中的某一个五行，否则不用，其实这个观点是错误的。

我们说，不管原局现不现、显不显，一定要按照之前讲的取用神诸原则该怎样取用就怎样取！

例一：癸未　癸亥　壬子　戊申

原局水当令水旺一片，难道因为原局没有木火就弃之不用？当然不是这样的啊！用木火也好，用火土也好，火都是要用的，虽然火在原局中没有。

例二：丁巳　丙午　丙午　甲午

这个四柱火旺一片，五行缺失严重，缺金水、木弱、土焦。虽然没有金水，但我们按照扶抑和调候原则，还是要取金、水啊。若是按只能取原局有的五行，难道去取木火不成？

例三：戊申　辛酉　己酉　戊辰

这是一个男命，原局一看看只有土金两行，金旺泄土，日元偏弱，当然取火为用神。

可是我们查看其原局，天干地支和藏干都没有火，此为原局无用，若按有些人的观点必取原局五行，岂不是要用土金啦？当然是不对的！该取火我们就用火，原局没有可以看大运，大运没有可以看流年。

其大运 2009 年之前行运都没有火，故必然行运有起伏，结果在乙丑大运的戊子年破产。

这就是原局没有用神，大运也不行用神运的结果！

十一、喜用神一定要互生

大家想过没有，哪些四柱的喜用神选择多一些呢？

身旺之命，可能有食伤、财星、官杀，三选二。

身弱之命，可能有枭印、比劫，必选二。

也就是说身旺的四柱选择喜用神灵活一些。

当然有的四柱只选用神，不选喜神不在此论。

但是不管我们怎样去选择喜用神，有一点是不能错的，这就是必须坚持喜用互生的原则。所谓喜用互生，可以用生喜，也可以喜生用，但是决不可以喜用相克。

至于取喜用相克，是受古书某些理论的影响，而这些人又没有进行思考和辨别，更没有去实践。比如古书云春木过旺，可先用金伐之，再取火焚之，这里春木旺而用金、木，就是喜用神相克。

这种想法，表面上很有道理，但是大家想过没有，金和火本身都是相克的，它们本身不团结，本身在一起就是消耗自身力量，如何有效的为日主服务呢？这相当于让你一边吃甜一边吃咸，让你一边增肥一边减肥，这从易理上、从生活规律上都是讲不通的。

只有喜用互生，同仇敌忾，劲往一处使，才能一心为日主服务，才能一致对敌。

例一：庚辰　甲申　庚申　甲申

此柱金过旺，金旺克木。有的人看到古书"秋金要火炼"就可能先用火，然后看到"金旺宜水泄"就可能再取水，这样的思路他就用火、喜水，喜用神就相克了。

我们说这样取用是不行了，要么取水木，要么取木火，至于最后用哪一个方案，结合前面讲的考虑性别、大运等因素。此命中年地支行水、木，故用水木较好。

例二：丁未　癸丑　癸未　丁巳

这是一位易学爱好者的四柱，某香港大师取金、木。至于大师为什么取金、木，真正原因不得而知，我想可能是不是因为命中缺金、缺木就补金补木了。我们看，不管他有没有道理，首先就犯了喜用神相克的毛病。

四柱虽然缺木，但是不需要木；虽然缺金，但也要水。丑未相冲，火土相生，四柱明显较弱，虽生丑月，因二未冲丑，乃是土旺，故仍喜金、水生扶也。

第八章　生克制化实例讲解

以前业内人士写书或者编写资料，都是在讲解完生克制化、神煞理论的同时举四柱实例进行说明，可是我以为这样的编写方法用在别的章节很好，但用在此处并不科学。为什么我这么说呢？

因为传统的编写方法当然是生克制化、神煞等章节都在前面，四柱旺衰分析和取用神的章节在后面，而生克制化、神煞章节中举的实例必然要结合四柱旺衰等内容，而这些人根本没有考虑到的是，四柱旺衰和取用神还没有讲到，前面举例中却涉及了这些内容，读者当然看不明白，不能完全理解和运用。基于以上考虑，我在讲课中和现在编写资料过程中便进行了调整，在讲完旺衰和取用神后再专设一章对生克制化和神煞的运用进行实例讲解，希望读者能看得更明白。

乾造：辛酉　己亥　庚子　乙酉

此例有天干乙庚合金。

乙庚合金，金旺可成。此庚金有比劫，又通根酉金两羊刃，金旺无疑，再看看乙木如何。乙木虽独一不旺，然生亥月得生，又有日支子水生之，所以细看之下乙木力量也不为太弱，且水旺可通关，成金水木相生之势，可解金克木之围，故此乙庚合金不成功，为合而不化。

那么这种合而不化怎么办，有些人就不知道了，其实很简单，当庚金克乙木就行了，金加力，木减力。不过像此例遇大运或流年还是有合化成功的机率，为什么呢？柱中之水在大运流年中被土一破，乙木就无所依了，自然就合化成功了。

乾造：丙申　甲午　己酉　丁卯

此例有天干甲己合土。

己土生午月旺地，年时火生之，土的力量较强大了。甲木生午月死地，其根卯木被酉金相冲而损，无其他生扶之力了，故原局合化成功。合化成功并不是就把甲木抹去不要了，它还是存在的，将来还要论吉凶。

甲木被合化成功，甲木更弱了，原局中已有了不利因素，行丁酉大运，甲木更弱，克泄交加。壬申流年，此人头部受伤。

壬申年虽有壬水生木，然有丁壬相合，丁壬本合木，然木不旺，故丁壬合木不成功，做火旺克水论，水弱则不生木，所以木见灾。

乾造：丁丑　壬子　壬午　庚子

此例有天干丁壬合木。

虽然水旺，但柱中无木，不能当合木论了，只能当水旺克火来论。此命火为用神，但水旺克火，为用神受伤，所以家境不好，自小家徒四壁，贫困不堪。

乾造：乙未　己丑　丙子　辛卯

此例有天干丙辛合水。

丙辛合水，必须水旺。且看此柱，柱中土旺，有丑未相冲，子水坐支不透，又子水又被丑土相合，土旺水弱，所以丙辛合水不成功。

坤造：癸未　丁巳　戊辰　癸亥

此例有天干戊癸合火。

此例戊癸合火成功（二戊合一癸，因年干癸水隔柱不计，故不论二癸合一戊）。柱中化神火当令当旺，又透出丁火，柱中土也旺可克制水，癸水虽有亥水之根，但生于巳月不得令，故可成化。

四柱火炎土燥，身旺无疑，取其调候兼泄耗，故以水为用神。但此处戊癸一合，且合化成功，合化为火为忌，也为用神被合，当为不利之象。

时柱用神被合制，而时柱为子女宫，所以此人一子精神病，一子牢狱之灾，一女伤残，如此下场，皆为戊癸相合之过也。当然出现这多不利子息的情况，其家中阴阳宅的风水肯定也有问题。

乾造：乙卯　己卯　甲寅　丁卯

此例有天干甲己合土（甲己合木）。

甲己本合土，此柱木旺极，己土生于卯月柱中木旺也是虚弱受克严重，为木旺克土，当然不可能以甲己合土来论，这就是之前讲过的"甲己合木"、"乙庚合木"之"甲己合木"，也即"夫从妻化"、"妻从夫化"之"妻从夫化"。

乾造：癸卯　乙丑　甲子　戊辰

此例有地支子丑合土。

虽丑月为土，然丑月之土也有水性，时上戊辰，土有帮身，但木有三个，还有水相生，木旺可制土，使土性减弱，不能成较大优势，所以子丑合土不成，而是木土相战之势。

乾造：乙酉　庚辰　甲寅　丁卯

此例有天干乙庚合金、地支辰酉合金、寅卯辰三会木局。

原局中寅卯辰三会局一般是成立的，木较旺。既然木旺，则金处下风，故乙庚合金不成，辰酉合金亦不成，都是木旺之故。

乾造：戊申　甲子　癸亥　甲寅

此例有地支寅亥合木，戊癸隔柱之合不论。

柱中水旺木也旺，水木本为一家，相生有情，寅亥合木当然成功。

乾造：甲辰　辛未　戊午　丙辰

此例有地支午未合火（合土）。

柱中火土皆旺，但土更多，且火也生土，故论午未合土成功。

乾造：庚戌　甲申　庚申　辛巳

此例有地支巳申合水。

柱中金多金旺，虽金可生水，然水在柱中不现，巳申合水不成功，有金多水浊之嫌，故巳申合水不成功。此巳申合，因火弱金旺，不能以火克金论，应以金旺反耗火来论。

乾造：壬午　庚戌　壬寅　丁未

此例有地支寅午戌合火、天干丁壬合木。

柱中寅午戌三合火局当然成立，丁壬合木则因木不旺，反而火旺泄木而不能成立。

乙卯大运，乙庚合金因金不旺不能成立，卯戌合火因火旺得木生当然成立，如此两个合化的结果是火更旺、金受克，再看原局大运，当然是忌神旺，喜用受伤，不吉也。

丙子流年，原局与大运已是火旺在先，流年子水与柱中子午相冲，当然是子水自不量力，以卵击石，受损严重，为喜用受伤也！

子为羊刃，身弱羊刃用神受冲当然十有九凶，羊刃受冲多为伤灾血光或意外凶险，实为此年从楼上摔下死亡。

乾造：丁巳　壬子　丙午　己亥

此例有子午相冲。

子午相冲，水旺则火伤，火旺则水伤。此柱子水当令为大，故此处单独来论是午火衰而受克。但是生克制化不是独立的，必须结合全局，全局来看，年有丁巳比劫同体帮火，而子水有壬水同体，还有时支亥水相助，这样水火之力相当，几成势均力敌。

坤造：己酉　丙寅　癸丑　乙卯

大运：己巳

此例四柱、大运与流年2004年甲申构成寅巳申三刑。

日元癸水生寅月失令，干透木火土克耗，仅年支酉金生身，身弱无疑，命喜金水生扶，木火土都为忌。

己巳大运，火土旺而克身为忌。甲申流年，天干透伤官为忌，地支本有申金生身为喜用，但岁运命构成寅巳申三刑，因木火旺故此三刑为申金受伤，金水为喜用，受伤自然见灾，实此年离婚。

坤造：己酉　辛未　丙戌　己丑

此例原局有丑未戌三刑。

关于丑未戌三刑的运用，在之前都有讲过，此三刑者土旺，若土为喜，则锦上添花，若土为忌，则雪上加霜。前也讲过，此三刑的生克关系是，土旺，土中水、木受损。

此柱身弱，土多土旺，又三刑，土更旺，此为忌神刑旺，同时土中水、木受损。土为伤官，伤夫，土旺克水，夫星更弱，不利婚姻之信息明显，又三刑刑至夫妻宫、婚姻宫，故婚姻不顺。实为夫妻失合，丈夫身体不佳。

生克制化，是四柱预测中的主要内容和基本功，对这些知识我们一定要较为熟练的掌握，正确的运用一定要以各五行的旺衰为前提。在以后的各章实例分析中也会随时出现生克制化的论述，大家现在可以在掌握这些基本运用方法后多多实践，以便将来结合后面章节的预测内容综合运用。

第九章　神煞和断语的运用

第一节　神煞的运用

四柱的旺衰喜忌、五行生克制化是四柱预测的基础，而神煞可起到辅助预测的作用，可以提示断事范围，帮助我们快速而准确的预测。如马星、金舆代表与车马，走动有关；文昌、学堂词馆是文星，代表学业功名成就；天乙天月二德贵人，有一心向善，逢凶化吉之意；华盖与五术玄学智理佛教有关；桃花漂亮，与婚姻喜事有关；羊刃、灾煞是灾祸的凶星……这些都是古人经过研究长期实践总结出来的结晶，不可以随便废除。古人总结出几百种神煞，邵老师《四柱基因学》书里也讲了很多种，但我在实际预测中也不是将这些神煞全部用上，要掌握的经常使用的也就是十多种。

以下举数例作论述，当然更多神煞的运用技巧也不是一本书、一个章节所能讲完的，更深入的进修还要多看书，多研究，参加更专业的学习班。

坤造：丙午　壬辰　庚申　壬午

此命食神制杀、自坐禄神，为小贵之命。

一、天月二德。此命双透天月二德，又临食神，更是心慈不已，菩萨心肠。她出生农村，跳出农门后不嫌贫爱富，总是十分热情的帮助来城里治病的乡亲们，找医院找住的地方，忙个不停，就当是自家事一样。

二、将星。寅午戌见午，年时两将星。原局食神制杀，杀坐将星，四柱纯阳，故从武职，为一名女法官，事业有成。

三、马星。青年行庚寅马星大运，又马星与日支寅申相冲，故走动外乡求学，工作在外。

四、文昌。丙戊申宫丁己鸡，日坐文昌，柱又透食神。此命自幼聪明过人，志向远大，读书刻苦，每次考试都是第一。

乾造：丙申　癸巳　乙亥　丙戊

此命于丙申大运，己巳流年（1989）因车祸死亡。

我们先从旺衰喜忌和五行生克制化方面来分析：

日元乙木，生于巳月失令，年时透火旺而泄身，年支申金克，时支还有戊为火库，虽月上癸生，然火旺之月生日之水有限。本来自坐亥水相生，然月日支巳亥相冲，火旺克水，亥水也受伤。

日主成较弱之命，命喜水木，水为用神，木为喜神，火土金都为忌。

大运丙申，天干地支都是忌神，故为忌运，且丙火透干，原局火多火旺此时与大运丙火结党，火旺水干，火多木焚，日主乙木更弱。

流年己巳，天干地支都是火土旺，也是忌神，如此大运为忌流年为忌，为凶上加凶，有灾不利。流年巳亥相冲，亥水更弱，天干己土有火生而旺，旺土直克原局癸水，如此，水枯木焚，日主弱极无生无助，一命呜呼！

我们再从神煞和十神方面来分析：

原局伤枭全透，特别是伤旺伤重，都是血光之灾的信息。月日相冲且为马星、金舆逢冲，也有比较明显的车祸手术等伤病灾的信息，只等大运和流年引发。

大运为伤官运，又巳申相刑，刑动月令马星、金舆，也是伤灾、车祸的信息标志。

流年己巳，与日柱天克地冲，也是马星、金舆乱冲。

以上原局、大运、流年都是血光、车祸的信息十分明显，所以我们从这方面作预测结论比较准确啊！

试想，我们如果不用神煞，如果认为神煞无用，纯粹用生克制化的理论去分析，只能得出命主有大灾。但是是什么性质的灾，可能有什么灾，通过哪些信息来判决断，当然还是结合神煞等辅助信息了。

乾造：辛酉　丁酉　丙辰　丙申

这是我的一位学生，虽较年轻但已是宗教方面的专业人士，且对玄学研究较为深入，如果我们只用生克制化的理论，就算是克得天昏地暗，也没办法看出他的以上信息啊，不知有些"废神煞"的"大师"是如何回答他的学生"我是否适合学习预测学"的提问的。

且看此柱与宗教、玄学有关的信息，年月支都为太极贵人、日支华盖，大家再将太极、华盖的神煞特性看一看就一目了然了。

乾造：壬子　壬寅　辛未　辛卯

大运：乙巳

流年：乙酉

问此年可以成婚否？

这也是一位学员，为什么是我们的学员，还不是柱中月支太极贵人、日支华盖的神煞信息。他在参加学习班期间，问我们此年能不能结婚，另一位讲师断他可以结婚，还断应为酉月，学员拿给我看，我当即断此年结不成婚，后果然没结成婚。为何？

此命金生水，水生木，日元辛金又不得令，成较弱之命，财多身弱，命中已存较为明显的不利婚姻信息。

大运乙巳，流年乙酉，虽然都透出了财星，但是财星为忌，且财星在原局中当旺，此为忌神有力，故不能断可以结婚，反过来要断为婚姻之事花费不成。

为什么别的预测师断可以成婚，还断为酉月呢？流年乙酉，刚好为桃花之年，而酉月当然为桃花月，这是其一。其二，他也知道四柱太弱，命喜土金，而流年酉金帮身，酉月金最旺，为喜用神到位，故而有此断。然，非也！

虽流年乙酉，地支有酉金喜用神，然此一金与大运原局之水木力量相比，仍不足以相对平衡，也即达不到相对的身旺财旺，财多身弱之命，只有相对的身旺财旺才能成婚。还有一个重要的问题是，虽酉金喜用现身，然流年乙酉刚好与时柱辛卯天克地冲，此一天克地冲，金木二方谁胜谁败，想必大家都已知道，故而我断结不了婚。

由此例我们要明白，在预测中一定要重视神煞的信息运用，但是神煞的合理运用必须建立在熟练掌握五行旺衰喜忌、生克制化的基本功之上，否则见到神煞就套用当然就不对了。

乾造：乙卯　壬午　丙戌　辛卯

此柱日元丙火当令，有多木相生，又自坐火库，全局仅有壬水、辛金克耗，当然是较旺的四柱，最忌木火。

此柱地支子午卯酉就占了三个，且年日查出桃花二个，桃花的信息较明显了，但是我们在此时还不能断他桃花多，还要再看看其他相关的信息。

再看，四柱午戌合、卯戌合、丙辛合，四柱中合多是异性缘的参考信息之一。

还有，四柱卯戌合正是桃花逢合，且是所谓"墙外桃花"逢合，四柱有桃花的人不一定感情有问题，但命中合桃花者多半有事，且丙戌日与辛卯时更是天合地合的"鸳鸯合"。

最后，还有丙辛相合更是日主合财星（妻星）。

我们从桃花这一神煞，再结合以上多种信息，才能说此命桃花较多。

从桃花所占五行来看，都为忌神，且柱中桃花逢合也都为忌神，更包括日支(配偶宫)、财星被合克等等这些信息，可以来断桃花与命主不利，容易败财引起婚姻不利。果然在戊子年，流年遇桃花之年离婚。由此，大家要注意，桃花代表的是感情之事，运气平和、运气较好则桃花有利，是谈朋友、谈婚论嫁，运气不好则桃花不利，是离婚、是外遇争纷。

乾造：庚午　己卯　丙子　壬辰

一母亲问其子在大学改选专业的方向，我帮她分析了几个专业后，又对她讲，"你儿子如果有从武的机会，可以让他入伍从军。"

结果她说，儿子所在学校正是隶属于国防科工委，且儿子所学专业的毕业生都是部队急需的人才，大部分都入伍了。

虽然之前我什么情况都不知，虽然一般情况下大学生再入伍的少，只是特招或去当普通一兵，但是我们要相信命理，不要放过命理上的信息，结果因为四柱有信息，一般人眼里可能性小的事，在命主身上就成了很容易、且比较自然的情况了。为什么我会这么说一句呢？

四柱的神煞有羊刃、将星；四柱的十神有伤官、七杀，组合在一起不就是"羊刃七杀带将星"的从武标志吗？

这里再简单讲一下"金神"这个很多人容易错用的神煞，己巳、癸酉、乙丑三组干支见日柱即是（时柱无用），但必须是四柱喜用神为火，行火运当吉论，否则不以吉论。比如说"乙丑"之金神，若四柱太弱，当然喜水木，忌火啊！

坤造：丁卯　己酉　己巳　丁卯

这也是金神格，但是己土自坐羊刃，干透枭比一片生扶，年时支的卯木都被丁火化生，日主较旺，最忌火土。这种四柱我们不假思索的用"金神入火乡，富贵天下响"能行吗？

一个忌火，一个用火，当然千差万别了！此命实则是先天心脏病，为何心脏病，火旺为忌也！知道一点医学常识的人就会知道，先天心脏病要做多次手术，花费很大不说，很多情况下寿命都不长。这就是"金神入火乡，穷得叮当响"！

乾造：丁亥　辛亥　癸丑　壬子

从五行旺衰上一看就是日主过旺，水旺一片；从十神上看，是比劫一片；从神煞上看，是羊刃叠叠又带禄。大家知道，四柱过旺，比劫一片都是克父母长辈的信息，再加上神煞，如果日主旺，羊刃和禄神也便为忌了，这时羊刃和禄神就成了血光、劫财的信息了。

实际上母亲自从怀上这小孩后都在医院保胎，就是这样的保护小孩还差一点流产了，此为克父母，劫家中之财。此命生下没多少，其奶奶便被检查出癌症晚期了，此也为克长辈。

通过此例再一次说明了我们运用神煞时一定要结合四柱的旺衰喜忌啊！否则，只是照搬"羊刃加禄"的格局就断什么都好就大错特错了，这种四柱虽有"羊刃加禄"，但是四柱先天组合并不好，如果大运好还可以有作为，如果大运不好，那当然也是一个多灾多难的命啊！

第二节　断语的运用

四柱断语，是历代易学先贤在大量的预测实践中总结的宝贵经验，是精华，也是绝招，邵伟华老师讲"断语是四柱命理学的精髓"。当我们掌握了一定的命理知识后，再配以断语来批断四柱，就会起到事半功倍的效果，所以必须重视对四柱断语的应用。邵伟华老师在《四柱基因学》中披露了许多断语，这些断语都是经邵老师检验和整理归纳的命理精华，具有很高的学术价值和实用价值，并且邵老师的预测中也是大量运用断语，常常神断无误。现在有少数人否定断语，说断语不准、没用，其实这种想法是错误的，是不科学的。为什么会有这种人，有这种想法呢？究其原因，主要是过于片面的看待问题，不知道断语的使用也是有条件的。使用断语要考虑身旺身弱，是喜是忌和国运等前提条件，不能一概而论的。而有的人不管喜忌，不管身旺身弱，生搬硬套，有的人不对命理做深入的研究，套上断语敷衍了事，这样预测当然准确率不高。

运用断语必须注意几点：一是要理解断语本身的意思，如金神入火乡，如果你不明白什么是火乡，就谈不上运用了；二是要分清四柱的喜忌，结合生克制化，进行综合评判；三是灵活运用，最忌生搬硬套，断语总结的是较普遍的规律性的东西，但规律不是定律。四是要多实践多运用。总之只有在十分熟练地撑握五行生克制化的基础上，才能应验如神。

我以为，断语也是要讲使用的前提条件的，但是断语本身有的有前提件，而有的没有前提条件，大家运用出错的多是没有前提条件的断语。下面按我的分析方法来展开论述。

第一，有使用前提条件的断语

"财多身弱，见财为祸"。

看似简单的一句断语，谁都会背，也就八个字，但是却包含了众多的内容。首先，已经明确指出了四柱的旺衰，即"身弱"；第二，清楚的告诉我们四柱的忌神，或是较多的五行，即"财多"；第三，交待我们在什么样的情况下使用，即在大运或流年再"见财"之时；第四，给我们做好了预测结论，指示我们断吉还是断凶，即"为祸"。前半句"财多身弱"是四柱原局的信息，后半句"见财为祸"是大运或流年的变化和结论，只此八个字，就将复杂的命理规律交待得清清楚楚，古人真是高明！

"身弱杀浅，化杀为权。"

首先，也是明确指出了四柱的旺衰，即"身弱"；第二，特别指明四柱同时必须具备的条件是"杀浅"，"杀浅"即是杀弱的意思，因为四柱弱，可能食伤旺，可能财旺，可能杀旺，这其中如果杀旺就不符合此条断语了，如此看来此条断语就有点"技术性"了；第三，交待我们在什么样的情况下使用，即在大运或流年再"化杀"之时，"化杀"则是此条断语的关键所在，这就有了"技术"加"技巧"了。什么是化杀，怎样化杀，其实是用印星化杀，也就是说大运或流年遇印星，当然就构成了"杀印相生"；第四，给我们做好了预测结论，指示我们断吉还是断凶，即"为权"。前半句"身弱杀浅"是四柱原局的信息，后半句"化杀为权"是大运或流年的变化和结论。

当然这种断语自身就有了较高的命理知识，所以一般初学者就难以掌握，还有，我们在运用时也不能死搬教条，就是"为权"也不一定去断人家得权得官，因为此断语的核心是"化杀"，即"杀印相生"，杀印相生也可能扬名得名，不一定得官。

第二，没有使用前提条件的断语

这种断语更复杂一些，我们必须有一定的命理知识，将原句及内涵弄懂弄通，才能正确使用。

"财旺生官，自荣身显。"

财旺生官，如何显荣，大家想过没有？正确的用法是，必须四柱身旺，则财官为喜用，如此条件下为断语才对。这句断语就是没有告诉你使用的前提条件，要加上"身旺"才对，其实也就是"身旺财官旺"。如果身弱，当然是财官为忌，再用此断语就不对了。

"运逢禄马，发迹为官。"

这条断语的要点是"禄马"，很多人看到这条断语都不知"禄马"为何物，有人以为又是一种新的神煞，以为是另外一种"马星"，其实说白了就是"禄马同宫"，也就是说既是禄，也是马，是两种神煞会聚一支。

我们搞清楚了"禄马"就好办了，就可以从这里下手，思考这条断语要什么样的使用前提条件。禄是什么，是比劫帮身之物，所以由此可以知道必须是身弱，行运禄马同宫，则符合"发迹为官"的结论，当然还必须四柱组合得好。如果是四柱身旺，再遇禄地帮身，当然不是"发迹为官"了，反易财官破败。

所以我们在使用断语时，先得理解断语和使用条件，才能达到事半功倍的效果，光是死记硬背，是没有用的。这就像我们中学学习古文一样，在不懂古文的意思时去背诵，只能是囫囵吞枣，生涩难记，费时费力，而当我们弄懂了古文的意思后再去背诵，当然是朗朗上口，事半功倍。

为何有的断语含混不清，其实稍稍一想，也不难解释原因了。一是古代技艺之人学艺是非常艰苦的，学习资料匮乏不说，还要跟师傅干几年活，师傅一般也只是传授基础知识，所谓"师傅领进门，修行靠个人"，所以他们对自己学到的知识是很珍惜的，很少外传。二是技艺之人全凭手艺技术谋生，竞争对手越多，生活越困难，故在教徒传技之时也要"留一手"。三是学问变化复杂，主要是一些普遍现象的经验总结，都是点睛之笔，不可能展开论述，所以是重点，不是全部。四是历代技艺之人的保守思想作祟，什么"传内不传外，传男不传女"等等，所以出现一些含混不清，模棱两可的断语。这种种主观和客观的原因，导致我国古代的许多学问"犹抱瑟琶半遮面"，令后学者难以适从，一些绝技更是失传，命理学也不例外。现在我们学习命理，各种条件好了很多，所以更要好好掌握已有的理论知识，将我国传统文化发扬光大。

至于一些有技术要求的断语，还有很多，在此因篇幅只能是提点一二，以后有机会再专著一书以详细论述。下面列举数例，以便明理。

"比劫如林，兄弟姐妹成群。"

乾造：辛巳　庚子　辛丑　戊戌

此造兄弟姐妹共十人，只因柱中印比一片，邵老师《四柱基因学》断语云："比劫如林，兄弟姐妹成群"、"身旺带印，兄弟姐妹必多"、"比劫多而身旺者，兄弟姐妹多"。

但如果类似的四柱，命主生在七十年代后期，我们就不能这样推断了。这里就有一个国策的问题，因为从那时起，我国已开始实施计划生育的国策了。同理，在具体预测时，要考虑国家、国运、国策、地域、民俗和历史背景等多方因素。

"男逢比肩劫财，破财伤妻。"

乾造：辛丑　戊戌　庚辰　庚辰

此柱一片土金，日柱旺极，印比皆为忌，与断语使用条件相符，柱中无财，日犯魁罡也是婚姻不顺之信息。命主1986年结婚，1987年妻死，同年再婚，1990年外遇。查查断语，"男逢比肩劫财，破财伤妻"、"四柱无财，有妻难留"、"辰戌丑未若重见，克妻"（乙未大运四库全）、"财轻若逢劫，三妻难齐眉"（行乙未正才大运）。

我们有些学员在预测中也会遇到一些有比劫的四柱，但是也没有克妻，婚姻也不是特别不顺，这又是为什么呢，难道是断语不对吗？这就是我强调的，断语一定要看清使用的前提条件，这条断语，不是一见比劫就断别人克妻，一是必须四柱过旺，过旺则比劫为忌，二是比劫多，而有的四柱虽透比劫，但是四柱不旺，比劫不多或比劫不旺，当然就不应验了。

"羊刃克夫，再嫁无疑。"

坤造：乙巳　丙戌　丙午　丙申

大运：丁亥　戊子　己丑　庚寅　辛卯　壬辰　癸巳　甲午

此造透印比，地支羊刃禄神带火库，过旺之命。比劫羊刃已然克夫伤夫，再观其夫星，只有时柱申中一点壬水，又是阴阳差错日，定是婚姻不顺之人。

日坐羊刃桃花，夫性悍，柱中比劫一片，桃花带合，故有争夫争妻之事。

中年行伤官大运，必有婚灾。身旺夫弱，也是有夫难留。

戊子大运，正值青年，地支子水，官星之地，又子午相冲，冲动日支配偶宫，且为桃花逢冲，有婚喜。

1988年戊辰，申子辰三合水局，官星相对略旺，大运流年食神齐透，可泄旺身又生财，财生官，此年结婚。

1991年辛未、1992壬申、1993癸酉，财官当旺，喜用到位之年，故而家庭幸福美满，婚姻平顺。

1992年已进入己丑伤官运，因1992、1993年为喜用到位之年，有喜无忧。不利婚姻的忌运，再逢不利婚姻的流年，必是祸事连连，婚姻难保。

1994年甲戌，枭旺、劫旺、伤旺，午戌合为忌，故合出成了夫妻分居。

1995年乙亥，虽生日旺，但流年印旺可暂制一下大运伤官，无大碍，平淡生活。

1996年丙子，冲夫宫羊刃桃花，夫有外情，羊刃逢冲，所以大战一场。

1997年丁丑，劫财伤官旺，丑戌相刑，不进医院进法院，结果夫妻闹上法庭离了婚。

1998年戊寅，夫宫寅午戌三合为忌，更不利婚姻感情，孤灯自守。

看2000年庚辰，2001年辛巳，应有交朋友的信息，但仍有不利，也难成婚，多为孤寡。庚寅大运，财星透出受克，寅午戌三合局夫宫合为忌，身更旺，婚姻难有，且易有其他灾难。

"正印偏印并临，定有继庶之母。"

乾造：丙申　丙申　戊午　庚申

此造年月枭神叠叠，果有二母。

当然不能一见柱透双印双枭就断有二母，否则不知道要闹出多少笑话，此例便有原因，年月两丙火坐下皆申金，火金相战，必有损伤，故必有一母难留。

还有要注意的是，这种断语理论上是对的，但现在我们要慎用，因为时代不同了，国情条件不同了，所以在具体使用中要有技巧，要会变通。我们的一些预测师或学员就是在预测中经常犯这种错误，俗话说"书是死的，人是活的"，我要说"命理是死的，环境是变的"，一千前年的理论产生的社会环境与一千年后的社会环境能相同吗？

"身弱杀旺，不死也残。"

乾造：戊午　庚申　甲寅　庚午

大运：辛酉

流年：癸酉

此造甲木处申月死绝之地，四柱干支都是火土金克泄耗一片，仅有日支禄神帮身，然月日天克地冲，寅木受伤，日主更弱。命喜水、木。

初行辛酉官杀大运，忌神当旺，与原局形成食伤生财、财生官杀之势，大运之官与原局之杀并成官杀混杂，不吉之象。

1993年癸酉，仍是官杀行旺地，果真是"身弱杀旺，不死也残"。命主在一次事故中虽大难未死，却落下了终生残疾。

何以大难不死，险中有救，乃流年癸酉之癸水用神出干救应日元甲木也！

"伤官见官，不伤自己伤亲人。"

乾造：癸丑　己未　丙寅　甲午

大运：戊午　丁巳　丙辰　乙卯　甲寅　癸丑　壬子　辛亥

命主小时候一直身体不好，有病在身，后做手术才好，1997年因车祸致残。

此柱身旺伤旺，身旺带刃，四柱太燥，虽透官星用神却被伤官克之，此为用神受伤必见灾。且看一路行羊刃比劫忌神运，故手术、伤灾难免。

丁巳大运，与原局巳午未三会比劫羊刃局，日主旺而为忌，不吉之运。

流年丁丑，一是本命年，二是与大运相冲，冲羊刃局，三是透干丁火劫财为忌神，四是丑未相冲至伤官旺，五是金舆逢冲，此年因车祸致残。

生克制化、旺衰喜忌分析了，再来看看对应的断语，"伤官见官"、"伤枭并见"、"枭坐羊刃"、"金舆逢冲"，如此众多的伤灾信息当然会应验。

"岁运并临，不死自己死他人。"

坤造：癸卯 庚申 甲申 辛未

1981年辛酉岁运并临，骑自行车出车祸死亡。

此造日元甲木生于申月处绝地，虽有年上印星癸水生身及年支卯木为根，但申月官杀旺，柱中官杀重，枯木难支，日元较弱，取印星化官杀为用神。

1981年辛酉岁运并临之灾，干支官杀旺地，又是同体，更为要命的是二酉冲一卯，金旺克木，甲木之根被拔去，身弱无依，有克无生，同时又是羊刃逢冲，一命呜呼。

此例对应的断语信息有"岁运并临"、"羊刃逢冲"、"官杀克身"、"冲太岁"等等。

坤造：戊申 乙卯 乙亥 己卯

1974年甲寅岁运并临，此年父亲去世。

此造乙木生于卯月当令，月透乙帮，时支卯木，自坐亥生，日元较旺。虽透双财，然财星无根，财星无源，财弱受克，身旺克财，原局已有克父之信息，只待岁运引发。

1974年甲寅岁运并临之灾，一是大运流年忌神当道，还是同体，木的力量和数量上都是很大的。二是羊刃大运羊刃流年，羊刃为忌。三是寅亥相合，羊刃逢合，合成木局更忌。四是大运流年与年柱天克地冲，为忌神旺克喜用神，年柱为长辈，年干为财星，故克父。

古代命书云："岁运并临，不死自己死他人"，邵伟华老师也是非常重视岁运并临之灾的，我在实践中也发现不可小视此灾。现在有些人却在编写资料时将岁运并临归为"命理谬说"，且举出的例子都证明岁运并临命主无灾，这种全盘否定、误导学员的做法完全是哗众取宠、标新立异，吸引无辜的命理爱好者！我以为，对于学术上理论上的东西，要么你就不要写、不要讲，要写要讲，就一定要讲正确的东西，要将问题讲清楚！

第十章　婚姻家庭和感情

婚姻是阴阳之道，也是阴阳平衡的过程，是人生的一件大事。婚姻的好坏直接影响着家庭的幸福，也影响着社会的安定。特别是现代的社会环境下，婚姻成败已经成为影响人们生活质量的重要因素之一，如何能成就较为稳定、成功的婚姻关系确实是一件很头痛的事情。我们放眼周围，婚姻平顺的极少，婚姻出现问题那才是正常的，不出问题的反而有点不正常了，特别是一些女性朋友，更是由于失败的婚姻而影响一生，因此我们的女性朋友更要重视对婚姻的预测。

从命理上讲，夫妻之所以出现婚姻问题，甚至生离死别，是两人的五行气场在某些阶段发生了变化，一方克制另一方，或互相干扰影响、对抗引起的。有的夫妻气场不同步是一二年间，这种情况提前预测出来，是可以通过某些方法、方式进行避免的，但有些夫妻的气场不同步不是一二年的事，而是多年长期对抗、干扰，这种情况下就只有顺命而行，适时分开了，这样对双方的身体、事业可能都有好处。

首先我们来了解一下什么是"婚姻不顺"。

其实婚姻不顺并不都是指的离婚，婚姻不顺是一个广泛的概念，其内容有以下几个方面：

第一种是比较轻微的，即早恋、多恋。因为现在的社会，恋爱也大多有性关系，并且恋爱对于人的感情取向、婚姻观都有一定的影响。有的人就是因为早恋、多恋，交友不慎而自暴自弃，自甘堕落，也有些人因为恋爱失败而出家为僧为尼，也有人恋爱挫折而终生不娶不嫁。

第二种是现在较为普遍、常见的，即晚婚、外遇、分居。

晚婚也是现在社会中的一种普遍现象，现在的人们对物质的要求越来越高，以至于结婚的前提之一就是对方的经济条件，很多人就是只能达到一定的经济条件后才敢谈婚论嫁，才有机会谈婚论嫁。当然从命理上讲，晚婚虽是婚姻上略有不顺的表现，但同时也可以化解部分婚灾。

至于外遇，更是现在婚姻生活中比较多的一种现象，如果外遇的问题处理得不好，处理得不当，很多人马上就会走向婚姻的破裂，就会离婚。所以在处理外遇的问题上，除了从命理上的分析，在现实生活中的处理方式也是很重要的。

我在这里所说的"分居"，并不是一般人以为的以前那种感情不好的分居，而是指现在有很多夫妻因为工作的原因两地分居，这种情况下其实很多人的感情并没有问题，但是这种情况一般在命理上反映出来的也是婚姻不顺的信息。比如现在很多人南下打工、或北漂，都是夫妻分居，女方在老家带孩子，男方在外工作挣钱，还有一些军官结婚前期也是两地分居的，这些人在四柱中很多都是有婚姻不顺的信息，这种分居一是应了一部分婚灾，同时也是解了一部分婚灾。我们放眼周围，就会发现有的夫妻分居多年相安无事，可是一团聚到一起，或住在一起的时间略长一点，就争吵不断，口舌是非，或感情或身体出现了问题。

第三种是婚姻上严重的现象，称为婚灾，即离异、死亡，俗称生离死别。

婚灾最重的称为"生离死别"，大家注意，我们说命中有婚灾，但这婚灾并不一定是说两人感情不好，有些人夫妻感情特别的好，结果一方突然出事去世了，这种人其实在四柱中都有比较严重的婚灾信息。所谓应灾很多情况下"应此不应彼"，命中有婚灾，结果感情没事，那一定会是身体有灾，一方伤残或去世，四柱中有的信息是不可能不应的，就看怎么应法了。说到这里，其实大家自己也可以利用"应此不应彼"的规律去化解一部分灾，当然"应此也应彼"的情况也是存在的。

日柱之干为自己，日坐之支为配偶，日柱称为夫妻宫，月柱称为婚姻宫。所以从宫位上讲，婚姻成败主要看日柱和月柱的生克关系、五行喜忌等等。

从十神上讲，男以正偏财为妻星，女以官杀为夫星。

一、谢沪归纳婚姻断语

日坐财星，财星为用，妻为内助，因妻得财。

财星为用，日支将星，财坐将星，妻有能力才干。

日坐贵人、吉神，妻家有条件。

日坐桃花，财星旺相，妻有气质，长相好。

财星旺相，妻有能力，本人多谦让妻子。

财星坐马，日支临马，日支逢冲，妻易为外乡之人，或有分居走动。

官（杀）旺透，夫条件较好。

官（杀）旺身偏弱，旺夫损己。

财旺生官，嫁夫可得享受。

官（杀）清透，可嫁贵夫。

纯阴纯阳，不利婚姻。

四柱过旺过弱，易再娶再嫁。

月日相冲相刑，不利婚姻。

羊刃劫财，争夫争妻，三角纠纷。

财旺为忌，娇妻难留。

四柱合多带桃花，异性缘好，外遇难免。

华盖、魁罡、孤寡，婚姻不定。

食伤过旺，伤夫，与夫缘浅，自身孤独。

财旺财多，多妻多妾，一婚难白头。

官杀混杂，官杀多，多夫争夫，难享夫福。

食伤重或官杀弱而入墓，易做偏室。

枭劫透干，食财俱损，克妻难留。

二、结婚时间的标准

现在，对于结婚时间，在实际预测中越来越难以断准，因为现在的很多人连自已都说不清楚。不少人谈了朋友一个又一个，同居一次又一次。有的人同居了几年，俨然夫妻出双入对，过了几年拿了结婚证，再过几年办酒席请客，这种情况又算何时结婚呢。更有的同居几年分手，过了几年又谈朋友结婚，能说他是这时结婚的吗？

我认为，现在命理上的结婚时间应以比较稳定的同居关系为准，而不是以领结婚证、办酒席为准，当然有些一夜情、偶尔的性关系也不能算，这点大家要知道。

现在情况比以前复杂了，还涉及到很多人的隐私，所以有时候你算对了他也不会承认。还有就是在断结婚时间时要考虑到当事人的年龄、地域、经历等因素。如西部地区一般结婚比较早，经济落后的地区结婚较早，而经济较发达的地区结婚相对晚一些。人的经历也有关系，学历高的人当然结婚比较晚，因为他读书就比一般人要多几年。还有现有很多来广东打工的人结婚都比较晚，一般都在 30 岁以后。

三、结婚的命理标志

喜用神临岁运。一般情况下，结婚当然算是一件好事，是好事，当然在命理中体现的就是喜用神到位的年份。

桃花临岁运。桃花是神煞中代表感情、婚姻的主要神煞，所以在神煞方面一定要参看桃花。

财（官）星出现。财（官）是配偶星，配偶星出现之岁运，也是比较容易成婚的机会，特别是有些四柱中没有财（官）星的人。

相合多。婚姻是男女相合之道，是阴阳相合之道。所以四柱中出现五合、六合、三合、三会等临岁运，特别是与月、日相合之时，更容易成婚。

其中一种天合地合（鸳鸯合），合日柱更明显。如"戊子"与"癸丑"就是天合地合。配偶宫为用神，不逢冲克，多为吉。

夫妻宫逢冲。虽然相合是婚姻之道，但是逢冲有时也有婚姻，冲为冲动，为情窦冲开，为感情阀门打开，对于多年不婚不恋的人，夫妻宫逢冲容易很快使多年不决的婚姻问题解决，比如一些"老大难"的"闪婚"。

四、婚姻不顺的化解方法

化解方法中最常用的是晚婚，因为命中有不顺的信息，有意识的先同居而不拿结婚证，或相交往的时间长久一些，这样可以先考验一下这段感情，万一不合大家就分开，这样总比结婚了生了孩子再离婚的好。还有多谈几个朋友，可以有机会找到与本人最合得来的人。

男命找小妻，女命找老夫，同时晚婚，这样也比较稳定。

找远方外乡之人也是一种化解方法。

如果四柱克夫克妻太厉害了，则只能找再婚者、身残有病或长相不好的。

提前进行命理合婚配婚也可尽量化解避免。

如婚后有灾，可在有灾之年夫妻适当分居走动，或分床。

至于有的"大师"书中写到化解婚灾的方法之一是离婚，我是万万不敢苟同的！预测说人家有婚灾，结果让人家离婚，请问这是应灾还是解灾啊？我认为这是笑话，也是落后的、封建的命理学说使然。

虽然命理上讲婚灾最重的一种是"生离死别"，但是光从四柱上是不能完全肯定说不离婚就一定要克死另一方的，也没有办法证明离了婚就很好。我们想一想，从命理上讲，万一认为一方要克死另一方，结果无非是伤病灾或意外，那么从命理上讲也不能说就是婚灾一项啊，也是伤病血光之灾，我们完全可以按化解伤病血光之灾的方法提前预防，可是化解伤病血光之灾的方法没有说让人家离婚的啊！

再则，预测四柱后让人主动去离婚，这是大多数人不理解的，也容易使夫妻双方在实际生活中出现很多新的问题和矛盾，影响当事人的家庭，甚至导致其他灾难出现。如果当事人双方的感情当时还比较好呢？如果你的这次预测万一是错的呢？因为我们谁也保证不了预测都能达到百分之百。

乾造：癸卯　乙丑　庚申　丁丑

此造财为喜用神，妻宫为禄神，财星合日，财星得生有根，有利妻财的信息集中体现了，故可断"妻为贤内助，因妻致富"。

乾造：壬子　己酉　辛酉　辛卯

此造辛金日支配偶宫坐禄神，为将星，且财星为喜神，故可娶富贵家庭女子为妻。

但也有不利配偶的信息，财星处死地，又二酉冲一卯，卯木财星受克，也有伤妻不利配偶的信息，实为妻子身体不大好。

乾造：乙酉　戊子　乙亥　庚辰

大运：甲申

流年：戊辰

此造有人可能当身旺，有人可能当身弱了。乙生子月得生，自坐亥水，年干乙帮，虽有官杀，但金水相生，故成身旺之命，命喜火土。

原局不利婚姻的信息：日支为忌，比劫克财，虽财为喜用，但财星衰弱，财星无源（四柱无火，无食伤生财）。

甲申大运，劫财透出为忌，更关键的是地支与四柱构成申子辰水局，日主更旺，克财更甚。

流年戊辰，本为财旺之地，可岁运命申子辰三合水局帮身过旺，水旺化去原局大运之金，金不制木，金水木相生，身旺甲乙木直克流年戊土之财，此年妻子去世。

乾造：己丑　甲戌　甲午　癸酉

大运：辛未

此造财旺身弱，毫无疑问，印比为喜用。

辛未大运，午未合为桃花逢合，也是合动日支配偶宫。大运与原局又丑未戌三刑，财星刑动刑旺，财旺。

虽刑动配偶宫，财星旺，但身更弱，所以必然要在印比帮身之流年可能成婚。其运中甲子流年，透比肩，太岁地支印星，印比帮扶日主，又与年柱天地鸳鸯合，合正财，与日支子午相冲冲动妻宫，故而结婚。

坤造：壬子　辛亥　壬申　甲辰

此造壬水当令，羊刃加禄，申子辰合水局帮身，又有印生，仅时上甲木泄身，成较旺之命。

女命四柱身过旺不利婚姻，易伤夫。

四柱夫星不显，虽有辰土，然一是申子辰三合水局，二是辰此时为水库，故实为命无夫星。更要命的是，四柱也没有夫星的原神——财星，柱中一点火也没有，且四柱火为用神，此为原局无用神，也影响命运格局。

前行三步运，庚戌、己酉、戊申，青中年有官杀夫星透出，故有婚可成。但终是夫星不旺，地支印星泄官生日主，有夫难留。

戊申运，己丑年，官杀混杂，地支亥子丑三会水局，水多土荡，身旺反克官星，终于离婚。

	杀	财	日	财
坤造：	辛亥	己亥	乙巳	己卯

	官	杀	印	枭	劫	比	伤	食
大运：	庚子	辛丑	壬寅	癸卯	甲辰	乙巳	丙午	丁未
	08	18	28	38	48	58	68	78

这个例子应该说有很明显的婚姻不顺的信息，我们来看一看有哪些。

一是女命四柱纯阴，且四柱较寒，这样四柱为真阴，女命阴气过重，其夫阳气必损，男人阳气过衰必寿短。

二是夫星辛金生于亥月，柱中水旺辛金受泄严重，金无根，虽有己土相生，然亥月之寒土生金乏力。

三是日支夫星受冲严重，又是月日天克地冲。

四是日支用神受克，本命不吉。

五是柱中三个马星相冲，原局马星太多，相冲太多，主身心不安，对女命而言更不利，若是男命，本来养家创业奔波多一点还情有可原。

原局就有这么多不利的信息，如果不是很好的运程来补救都是无力回天。

身旺之命，逢辛丑大运，身旺杀旺，且杀行旺地，故而结婚。原局也算是一杀清透，故嫁给一老板，条件不错。

壬寅大运，干支水木忌神当道，为羊刃之地，寅亥合木成功，身更旺，必见灾祸。

庚辰流年，岁运命寅卯辰三会羊刃比肩局，木坚金缺。此年夫去外地谈生意，遇车祸身亡。

此年还有官杀混杂，也是不利婚姻的信息。因流年又出官星，乙庚相合，官星合日，又地支会合多，且寅巳刑入夫宫，所以本人也有外情。

此人丈夫死后，家里的工厂没人打理，只有她自己做。我们看其运势，认为她继续经营好，还是承包给他人，还是卖掉好呢？

坤造：丁未　壬寅　甲寅　乙亥

此命于乙巳运中，1998年戊寅离婚。

原局有着明显的不利婚姻的信息，一是日主过旺，比劫一片，是为争夫之象；二是伤官透干，伤夫星不利婚；三是柱中干支不现夫星，命中与夫缘浅，有夫难留！

乙巳大运，一是透劫财不利婚姻，又为忌神当头；二是与原局寅巳相刑、巳亥相冲，特别是寅巳相刑，刑入夫妻、配偶宫，且刑旺伤官。

戊寅流年，又是寅巳相刑，三寅刑巳，伤官刑旺；同时流年太岁寅木为原局过旺之甲木又行旺地，忌神过旺，比劫争夫。实为此年因夫有外遇而离婚。

	比	财	日	才
乾造：	乙卯	己丑	乙丑	戊寅

大运：	才	食	伤	比	劫	枭	印	杀
	戊子	丁亥	丙戌	乙酉	甲申	癸未	壬午	辛巳
	03	13	23	33	43	53	63	73

此例初看是身旺财旺，好象格局较高，然而细看却是木土相战，五行不流通，格局有限。

且看四柱中的婚姻信息：刚才讲过了四柱五行为木土相战，也就是说比劫争财，比劫羊刃为不利婚姻之象，干透二财也是多婚之象。当我看了他的手相后更加确定了其婚灾的信息，原来他两只手的婚姻线都是双线且重叠，于是当即说他是二婚之命，命中见婚灾。

他说现在已是二婚，第一任妻子于 2002 年凶死，第二任妻子比他大五岁。后来我听人讲，他之前运气很差，后来找了第二个妻子后靠着妻子条件好才过得好一些，不过第二个妻子把他管得很严，恐怕将来这种吃软饭的第二婚也难以长久。

我们来看一看 2002 年伤妻的信息。2002 年壬午，在丙戌大运中，岁运命构成寅午戌三合火局，大运本来伤官旺，又合伤官旺局，且合原局羊刃，不伤自己伤亲人。然本人四柱，大运、流年火泄身有力，但原局总有比肩、禄神相助，不至弱极，故本人无大灾。

至于应灾妻子，单从本人四柱中来看，虽原局不弱可担财，然此运、此流年为财多身弱、有妻难留而应灾。

乾造：壬子　壬子　己亥　癸酉

这是我一位朋友的老公，多年前我就暗示过她要注意夫妻感情，她当时很自信能掌控大局，也相信老公没有那个"本事"，结果从 2007 年起慢慢发现老公"有情况"了，夫妻这几年一直在离婚的边缘游走。

从命理上来看，如果这种四柱婚姻不出问题的话，那命理理论就很难解释了。我们来看：原局财星一片，是为多妻之命；财多身弱，也是婚姻不顺之命；桃花一片也是婚姻不稳定之象。

第十一章　子女信息和优生择吉

我国的传统思想都是很重视子女后代的，俗话"不孝有三，无后为大"说是就是传宗接代的重要性，说的就是子女的事情。特别改革开放以后，我国实行计划生育的国策，很多家庭都只生一个小孩，这使得我们对子女后代更为重视了，家长都是以子女为核心，为了孩子，花再多的钱，吃再多的苦也毫无怨言，这就是中国特色。所以在预测内容中，对于子女信息的研究也是一个重要课题，特别是优生择吉，更是为越来越多的家长所理解、接受、支持。

时柱为晚辈，为子女，为子女宫。

我生者，食伤也，故食伤为子女星。

大家要注意，有一个学术问题很多人都搞错了，现在有一些人将官杀也当做子女星来算，这是错误的。生克关系讲的很清楚，我生者为食伤。

将官杀当子女，古书上所指在预测头胎男女时运用，即"男以七杀为子，官星为女，以食神为子，伤官为女；女以七杀为女，官星为子，以食神为女，伤官男子"。经过我多年的检验，官杀只可用在看头胎男女上，在看子女成才、旺衰、个数等方面，多用食伤比较准确，用官杀则误差较大。

关于预测头胎男女，因为现在实行计划生育政策，也有各种种样的避孕措施，且很多人真正生孩子之前都有过流产，所以这个"头胎"的信息一不是自然信息，二是没有多少真正的"头胎"，现在的现实情况下预测准确率有限，意义也不大了。这里只做一下简单介绍。

男以七杀为子，官星为女，以食神为子，伤官为女。（看时干）

女以七杀为女，官星为子，以食神为女，伤官男子。（看时干）

子女星生旺，为子，弱者为女。

时干阳为子，时干阴为女。

男命，时干克日干为子，其余为女。

女命，日干克时干为子，其余为女。

当然所有断头胎男女的断语准确率本身不太高，在具体运用中要多种信息综合判断。

一、谢沪归纳子女断语

食伤旺相又为用，子多且有出息。

时柱得生得令，子女有发展。

时逢官、印，子女孝顺聪明。

食神独透且为用，生一子成就大。

时上为用，子女能助父母，父母晚年可享子女之福。

日时相冲，时临马星，子女在外。

日主过旺克子，过弱子息少。

食伤太重日主弱极，难得子，生育不顺。

金寒水冷，火炎土燥，生育有阻。

枭旺克子。

纯阴纯阳，不利子息。

食伤太弱，时柱受克，不利子息。

日时刑冲，生育不顺。

水弱不利生育。

时坐羊刃，子利子息。

墓库重重，生殖系统易有疾，生育难顺。

二、何时有利添丁

现在很多家庭都只生一个孩子，于是对这一个孩子特别的重视，更不像以前那样"随便"，以前是怀上了就生出来。现在的人，要考虑身体状况，反复进行身体检查；要考虑生育环境，对住宅要求也高，要空气好、通风、少噪音、少污染；有的人再来翻一翻"皇历"，什么"闰年"、"无春"等等。可是我们却发现，越是学历高的，越是百般重视的，生孩子却越不顺。君不见，周围一些"白领"、"金领"都是"丁克一族"，这又是为什么呢？按道理，那些高学历的人，懂的科学知识很多，有经济条件去充分准备，可是事情为什么不按他们的期望进行呢？我只想说简单一点的话，生育是一门古老的自然科学，我们现在的人却过分的依赖"西方现代科学"，而放弃、忽视了自然的规律、法则。大家知道，试管助孕是高科技的"现代科学"了吧，可它能保证多少成功率呢？哪位医生也不敢打包票吧！

我们从传统命理学的角度来研究添丁生育的问题，表面上看是比较落后的行为，其实能让我们看得更高更远，看到问题的本质、核心。

从学术角度来讲，要注意有利添丁的命理信息，如果符合有利条件多，一是生育过程比较顺利，不会出现意外情况，影响身体健康甚至生命；二是孩子比较健康，出现先天疾病的几率比较低；三是孩子的命运有可能比较好（当然进行优生择吉可能更好）。实践证明，有些父母在忌神当旺、命理不利的流年生孩子，结果让我们进行优生择吉也在预产期左右选择不出一个比较好的四柱，这只能说是天意，在这种情况下我就不接受业务了，让他们自然生产，或让他们找别人去优生，我是不赚这种钱的。

乾造：戊子 癸亥 壬戌 甲辰

此造身旺无疑，子女星食神生亥月当旺，时柱子星宫得旺，一食独透，且食伤正为喜用神，故子多而贤，个个有成就。

乾造：丁酉 丁未 戊戌 丁巳

此造身较旺，命较旺较硬易克亲人。四柱干透印星一片，印多为枭，印枭克食伤，不利子息。时柱子女宫，占忌神且旺，也不利子息。柱中火炎土燥，土旺而无滴水，无水不利肾、不利生育。

此造原局已有较为明显的不利子息的信息，但我们不能凭此就断此人无子女，为什么？命不好还要看大运有无救应，不能轻易下结论。

观其大运：丙午、乙巳、甲辰、癸卯、壬寅、辛丑、庚子、己亥。

第一步丙午虽为忌神，也不利生育，但年纪尚小，可以不理会。乙巳大运，干透乙木，乙木出干便被旺火化去，根本制不住一点旺土，且地支巳火忌神旺地。

第三步甲辰大运，似有辰土湿土，及辰酉合金，好像是喜用到位，金水相对较旺，能有添丁之机。但请细看之，此运与日柱天克地冲，自然是甲木受损，无制木之功；辰戌一冲，辰中一点水也是荡然无存；至于辰酉合金，更不能合成。

第四步癸卯大运，有水出干，水为喜用，也利肾，为有利生育的条件。惜此运癸卯与日柱天合地合，戊癸合火、卯戌合火，全合成忌神，出干之癸水自然受克无力。

第五步壬寅大运，仍有水出干。可此一点可怜的壬水更麻烦，一出干便被原局虎视眈眈的三丁相合，此处丁壬合不可能合木，而是丁火旺克壬水，水星不存。

此命原局不利子息，大运也是不利子息，所以此命至今无子女。

至于将来的第六步辛丑大运，既有丑未戌三刑土旺不利，也有巳酉丑三合食伤局，理论有点有利子息的信息。但是我们看，交此大运已是56岁了，一是除非找较年轻之妻子才可以生育，二是年纪渐大，自身生理条件也差了，未必能顺利育出没有缺陷的子女。

乾造：戊戌　己未　乙巳　庚辰

时柱虽为正官正神，但为忌神，其实深究之下，此时上庚金当为仇神，为何？

此柱土重木折，日元乙木不得令不得生不得助，独木难支，土星当然大忌。可时上却出干庚金，枯木再见庚金直克，结果可想而知。此庚金便是那落井下石、火上浇油之徒，此为仇神也！

时柱子女宫庚金为忌，食伤子女星为忌，虽乙庚相合但更忌，日元太弱，柱中无水，不利子息，所以生二子皆亡。

为何有生，皆因大运中青年一路有水！为何不存，皆因时柱子女宫大忌，若子女存，则子女到位，则庚金到位，则命主亡矣！此为"到位"之说，不可忽视！

三、关于优生择吉

所谓优生择吉，就是在预产期内，选择一个好的四柱组合让胎儿在这个时间内剖腹产出生。

以前有一些命理专家批判优生择吉，说优生择吉没有道理，不是自然的产物，结果这些年他们现在也开始宣传这项业务了。

初一看来，优生择吉好像是违背自然规律，违背天意，其实是某些人根本不懂其中的学问。其实我说，优生择吉从大的层面上讲，仍然是天意，大的环境规律我们预测老师、我们人为的努力是改变不了的。

其一，在自然的环境中，我们没有办法支配胎儿的性别。性别当然影响我们最后选择的四柱，这其中有男女命不同的选法，还有男女命大运逆行的不同。其二，在自然的环境中，我们没有办法确定受孕的具体时间。受孕的时间确定了预产期，而我们优生择吉只能在预产期之前约十天内选择四柱。其三，就算是选择了好了四柱，命主也有可能提前出产，可能在选择的时间内医院、医生等其他因素发生变化。以上各种，都是我们不可控制的条件或因素，这些都可以影响真正出生什么样的四柱，这就是天意！

优生择吉看似简单，好像只用选一个日子就行了，其实是比较复杂的工作，它需要预测师有高超的理论水平和实践经验。因为四柱预测错了，还可以找别人再算，可是优生择吉一旦按时间剖出小孩，这好命差命都已经定下来了，就没有大的挽回余地了。因此，我们家长在进行优生择吉时更要慎重，而我们有一些预测技术不过硬的"大师"乱给人优生选四柱在某种意义上讲就是"作孽"了。

坤造：丁亥　丁未　壬子　己酉

大运：戊申　己酉　庚戌　辛亥　壬子　癸丑　甲寅　乙卯

这是报刊上发表的大亨李某某的孙女，当然一看也是香港命理大师的优生杰作，因为有报导说其母"曾考虑自然分娩，但因为担心有风险，最后决定择好吉时剖腹生产"。

报导称有"堪舆学家"麦某某说"该日出生无论男女皆旺父亲",而我认为四柱是可以,但是加上行运,则男命大好于女命,女命选此四柱应有不足之处!

按命理,不管男女,命带羊刃都是劫财之物,都是克父之星,怎会旺父亲呢?就算是此命弱,比劫不为忌,也不能说旺父啊,因为身弱恰恰财星为忌!若是讲财多就是旺父,那印多是不是旺母呢?显然不是。

再进一步分析,这个四柱是好,可是错就错在是女命,造成大运不佳,女命行运一路金水旺地,特别是壬子大运,比劫过旺,羊刃复羊刃,必是克父败财,所以不是"男女皆旺父亲",而应是男命无妨(男命行运不同),女命克父亲!

当然,以上四柱选配己酉时,应该是考虑到了女命的特性,所以时上选透正官,而我认为,虽然选了正官,但是时支却是正印生身,造成原局较为中和,结果就是在大运行金水相生或金、水的同体运时使身偏旺,反而劫财、不利婚姻。

若是我选,我会选下面这个四柱:**丁亥、丁未、壬子、丁未**。

我的这一方案,比原方案要弱,所以在行金水运时成身财两旺之势,不会像原方案那样过旺。虽然我这方案没有官星透出,然此柱本来财旺可生官星,再则此四柱构成三财合日的富贵之格,原局的格局更高。

乾造:乙酉 甲申 乙丑 丁亥

大运:癸未 壬午 辛巳 庚辰 己卯 戊寅 丁丑 丙子

这是我的一位学员的孙子的四柱,是花了大价钱找所谓的"大师"择的日子,可惜这个四柱组合太差,富贵之气皆无,且大运配合更是不到位,中年行败运。这种低级水平的大师给人择吉,简直是害人!

第十二章 财运与财富

古人讲"财为养命之源"，故人不可无财，今天我们讲钱不是万能的，但没有钱是万万不能的。特别是现在的经济环境中，如果我们没有钱，那么很多的理想、志向是没办法实现的。没有钱，最起码的生活就会受到影响，生活质量就会降低，甚至会影响到下一代的发展。因此一人命中财运的好坏，不但决定了人的贫富等级，也会影响到家人六亲。

一、关于正偏财

我们都知道，命理上的财运分为正财和偏财。

正财为正当的收入，正规渠道的收入，比较稳定性的收入，有一定的可预见性，其劳心劳力，辛苦经营，多为按部就班。如工资、劳动报酬、技术转让、手艺等收入。

偏财为意外之财，横财、暴利或投机性之财，非正规渠道的收入，不稳定的收入，没有可预见性。如奖金、分红、股票、证券、彩票、炒买炒卖、福利分配、非法经营等。

大家要注意，其实正财与偏财的定义是相对的，没有绝对的划分。比如有的人工薪上班，工资收入是正财，红包等"灰色收入"就是偏财；大家上班得财为正财，有的人自我经商就是偏财；有的老板正常经营公司业务是正财，有的老板拿着资金去炒股、炒楼就是偏财；大部分老板合法经营是正财，少许人走私、贩毒就是得偏财，等等。

虽然命理上说"偏财财大，正财财小"，但是这也是相对的，要看具体条件，不能一见到四柱中有偏财就说财多，要看其四柱的组合，看财星旺不

156

旺，忌不忌，所谓正偏财只是一个基本条件而已。比如说，一个人开公司搞贸易业务，是求偏财，另一个人是企业管理人员拿工资的，是得正财，就此正偏财而言是不能说偏财财大的，也许拿工资的年薪可得几十万，而开公司搞贸易的虽然进出账很大，但纯利无多，甚至负债。

命理上的财运除了正偏财以外，还有一个因素也很重要，就是"食伤"，食伤是生财星的，是财星之源，也就是说食伤是真正的"财源"，所以我们在预测财运时不能光盯着财星看，也要看食伤星。大家有时也看到一些四柱原局没有财星的人一样是富命，可能不得其解，其实一点也不奇怪，因为他们的四柱中肯定是食伤比较旺，有食伤就可以生出财来。因此，身旺财旺易发财，身旺食伤更易发财。

二、谢沪归纳财运断语

命中有财，衣食不缺。

食伤生财，钱财自由。

身旺财旺，易为富命。

身旺食伤生财，发财且轻松有享受。

身旺见财官，富贵双全。

身弱见禄刃，得权见财。

身弱见劫，得财多亲力亲为，难享受。

身弱财重，行比劫运速发。

财多之命，多门求财。

财旺有库，行用神运易暴富。

财官印全，食禄无忧。

偏财透干，易经商求财。

财藏有库，发则能存。

财多身弱，见财为祸。

身旺遇劫，破财不聚。

劫财羊刃，破财官非。

157

身财两战，有成有败。

财劫并见，进财破财，财运不定。

财多身弱再见财，破财伤人必难免。

比劫重重去求财，败多成少空费劲。

身旺见枭，易有倾家荡产之忧。

财多身弱，发财也伤身。

财多身弱遇官杀，不进医院进法院，破财免灾求平安。

三、四柱中十神旺衰论财运

比肩：争财、理财之才能。

劫财：好投机，眼界高，机遇得财，财难聚。

比劫旺者，防因亲朋拖累破财，易起伏不定，大富大破。

食神：食禄不愁，较为平稳，可得余荫，知足常乐，难免保守。

伤官：重名轻利，得财容易，不拘小节，兴趣使然。

偏财：重义轻财，财进财出，喜讲排场或爱面子工程。

正财：勤劳节俭，有计划性，自我创业为主。

官星：负责尽职，踏实努力，财运平稳。

七杀：技艺得财，积极进取，冒险投机，防违法。

枭神：精干多变，喜新厌旧，多方求财，定性不足。

印星：稳重踏实，财气一般。

乾造：壬寅　乙巳　辛未　壬辰

此造偏财透有寅木强根，又得伤官生之，财星无碍，美中不足就是日元偏弱，使原局有财多身弱之忧，但只要运行印比生扶，必有财发。

前运丙午、丁未官杀旺而为忌，必是难得祖业，条件艰苦。戊申大运，土金到位，行运好转，但寅巳申三刑马动，动变不定，又为羊刃之运，必然得财辛劳。

己酉大运，禄神之地，身弱之命则禄运多有享受，此运办起水泥厂而事业更上一层楼，得财稳定且财运更大。1997 年丁丑，岁运命巳酉丑三合金局帮身，流年丁丑与日柱辛未天克地冲，身旺财旺，又财库逢冲发财千万。正所谓"食伤喜生财，富贵自天排"，"日坐财库，无人不富"，"身弱财多，行比劫运发财"。

乾造：甲戌　甲戌　丙寅　庚寅

大运：乙亥　丙子　丁丑　戊寅　己卯　庚辰　辛巳　壬午

此造日元丙生戌月有气，主要是柱中四木生身，日主偏旺。初看此命枭旺一片，不利财运，细看则戌月乃是财星辛金旺地，所以时上偏财也不弱，所以成身旺财旺之命，喜用神为土金。

青少年大运，木火忌神出干，地支行水地，也生柱中旺枭，故不利财运。中年戊寅、己卯大运，虽有喜用神戊己土出干，然地支行寅卯忌神之地，仍不为好运，只能是平运好转。

人生的最佳运当然是庚辰大运开起，此运土金相生，喜用神得力，又辰戌相冲，冲起喜用神更旺，成身旺财旺，所以发达。

此运，正好逢改革开放，命主从事房地产建筑业，并由此发家致富，拥有数亿财产。由此例可见，一是四柱组合好，二是行运好，三是国运环境好，四是行业对口，以上多种条件符合，命运才会达标。

乾造：壬子　甲辰　丙寅　庚寅

大运：丙午

此造与前造竟有五字相同，且位置完全一样，可是命运却千差万别。此命虽杀印相生，然越生枭越旺。行运丙午，则原局之旺木与大运之旺火结党成木火相生之势，直克原局庚金之财。1995~1998 年流年也配合不吉，故接连破财，并全为感情婚恋之事。

为何全为婚恋之事呢？原局财弱，四柱纯阳，妻宫为忌，又行比肩羊刃运，争财夺妻不利也。

乾造：癸未　己未　戊子　庚申

大运：戊午　丁巳　丙辰　乙卯　甲寅　癸丑　壬子　辛亥

这个四柱取水为用神，金为喜神，是个富翁老板。

日柱戊子，古语云"世上没有穷戊子"，日元当强，有食神生财，故可以为富。前运戊午、丁巳，火土旺而为忌，必有不利，难有享受。丙辰大运，火土旺，但有申子辰合水耗身，运有好转之势，可为过渡。

中年行运乙卯、甲寅，初看不为金水的喜用神大运，但是日元土旺，也喜官杀克制，故也为好运。也可以说身旺之命，喜官杀制比劫而护财星。老年行财运更是有福。

如此，四柱与大运都配合到位，才为真正的富命到位。

1998 年破财一百多万，我们来分析一下命理原因。

1998 年流年戊寅，甲寅运中，岁运命构成两寅冲一申，原局食神之根被拨，食神受损生财有阻，流年天干戊土与原局财星戊癸相合，为戊土克癸水，以上两个因素造成食、财有损，故而破财。但原局庚金及自坐子水无碍，又大运为吉，故此年只是破小财而已。

乾造：己未　丙子　乙丑　癸未

大运：甲戌

此造乙木生子月得生，时上透枭相生，但年月伤财泄耗，日时丑未相冲助财星，又月日子丑相合，成身略弱之势，宜取比劫帮身为用神，火为喜调候。这种四柱，很多初学者或一般水平者取用神都会取错，也可以说这种四柱取用神是有一些难度的，比较有争议，我们可以用事实来验证。这个四柱，我为什么不取水为喜用神，大家可以想一想，但我可以告诉大家，其行水地必有不利。

此命透财伤枭，都为偏神，财重又见四库，易为技艺求财之人，实际是摆地摊算命的江湖人士。

此人 1998、1999 年财运较好，2000 年破财、是非。

甲戌大运劫财透出，但丑未戌三刑财旺，仍显身弱，当喜比劫帮身得财。1998、1999 年戊寅己卯，日元通根，干透财星，为相对的身旺财旺，故财运相对较好。

2000 年庚辰，辰戌丑未四库全，为财旺；流年与大运天克地冲，也是财旺；乙庚合日，官来克身，身更弱；岁运土重木折，比劫难帮身，财多身弱，故破财；大运与流年天克地冲也主动变，此年还有迁居动变之事；流年官星合日，官星为忌故有官非。其实是此年因名声已坏，没法在当地混下去，不得不搬迁到另外一个城市去谋生，由此我们可以看出很多"跑江湖"的命都是自己的所作所为造成的。

四、职业特性分析

现在的行业越分越细，新兴的行业越来越多，很多行业现有也很难分清其五行属性，所以我们在预测指导中不能拘泥，行业的五行属性仅供参考。作为后天补救的方法，一般是以喜用神属性来进行指导，即此人喜何五行，就宜从事这个五行相对应的行业。

除了五行分类，按其他多种方面划分职业，可分从事公职或自由职业；工薪或经商；求财或求官；技术或非技术；脑力或体力，等等。

关于从四柱中看命主从事何种职业，这是比较难的，有的四柱职业特点明显，而有的四柱没有这方面的信息；有的职业本身有命理特点，而有的职业本身没有命理特点。现在，就简单讨论一下有命理特点的职业，主要是从原局所透十神的信息来进行归纳的。

正官、正印、食神、正才、比肩等正神多透原局者，宜从公职、工薪，但比肩多者亦可从自由职业。

偏官、偏财、伤官、偏印、劫财等偏神多透原局者，宜从事自由职业好，或以技得财。若四柱组合好，可威武当权。

食伤旺的人可从事技术、演艺、文学、美术、书法、玄学、酒店等职业。

偏财旺的人，可经商，从事营销、贸易、批发、代理等职业。

偏印旺的人可从事文职工作，如设计、教师、预测、美术、绘画、律师等。

比劫多的人宜从事竞争比赛、体育、武术、保安等职业。宜离开家乡，出外创业生活，四柱或大运中财也旺则可自己做老板。

柱中有华盖、太极、天医星者宜从事五术玄学或佛教事业。

柱中华盖、天医、枭神、七杀占多者可从医。

柱中伤枭杀劫刃将多，易从武职得权，若组合略差，可以技得财。

四柱相对略旺者，易单干，自由职业；四柱相对较弱者，宜工薪、合作。

乾造：壬寅　丙午　辛巳　壬辰

此造日元辛金生午月失令，日弱无根，月上官旺又克身，年时双透伤官，四柱较弱。

原局官旺、伤多，又带将星，有从武的信息，唯命较弱。

青年起行运戊申、己酉、庚戌印比生扶，喜用神得力，补足原局较弱之弊，命运达标，故从武，为职业军人，为军官。原局命弱，也易工薪。

坤造：庚子　丙戌　甲申　己巳

此造身弱印星为用，又透食神正才等正神多，且正才合日，故只能是工薪阶层，实际是办公室文员，也刚好是印星用神的工作。

坤造：丁巳　壬寅　壬子　戊申

此造透比肩七杀，自坐羊刃带三刑，不干个体便为技艺之人，当然也有从武的信息，但是女命从武者少，实为医院医生。

乾造：丁未　甲辰　甲寅　甲戌

这是2003年底一位面授班学员给我看的一个四柱，问我这个人是干什么的。我见此柱比肩一片，自坐禄神，身旺无疑，但透伤官得力，又木火相生，地支财多，实为身旺财旺，身旺食伤生财的好命，命局档次较高。

于是我讲，此人名气较大，财运也较好，至于到底干什么，不大好说，起码有技艺技术在身，且在他那个行业业务较好，是权威人物，多与文印等有关。

实际是某省会城市有名的律师，且书法也好，还是政协委员，财运当然也很好。我为什么会做这些预测呢？命理上的原因是什么呢？大家可以多想一想，其实当我们有一定的命理功底时是完全可以看得出来的。

第十三章　官运和贵气

邵伟华老师在《四柱基因学》里讲："人的四柱，就是人一生的信息储存器。一个人有没有官，能当多大的官，当什么官，当多久，是清官还是昏官，是忠良还是奸臣，什么时候升官，什么时候有官非，是凶死还是善终，四柱中都有详细的信息标志。"

大家若是了解一点历史的都应该知道，古代的当官途径主要只有一条（世袭等其他方式占的比例有限），就是考取功名，这是有一定难度的，比例也是很少的，很多学子都是经过层层选拔，最后才脱颖而出，谋得一官半职的。古代的官员工作量也是比较大的，如一个七品县令的工作量，大家在电视里都看到了，工业农业都要管，还有一项重要的工作就是破案。而现在一个县长还配备有几名副县长，有分管工业，有分管农业，有分管政法的。

随着现代社会的发展，官的含义已不同于古代，这一点我们应该重视。古代的官就是通过全国统一考试得到功名而被统治者任命的政府官员，现在虽然行政干部仍然叫官，但一些非政府部门如国企、私企的老总，外企的总裁都可以叫官，他们当中很多人的待遇远远超过了政府部门官员，也就是说富贵程度及命局档次都超过了，我们能说他们不是官吗？所以现在官的含义是只要有一定的社会地位，有一定的收入，有一定的管理权限的人都可以叫官，当然在政府里做省长、市长的官员的四柱格局要比国企、私企老总的四柱格局贵气更大一些。

对于一些古书上流传下来的关于官运的断语，我们随便一翻就会发现那些断语所讲的官的级别都比较高，动不动就是将相王侯，而我们一般的预测师却是很少能算到省一级的干部，那些长期在农村跑江湖或是在"算命一条

163

街"蹲点的算命盲人更是很少遇到真正的级别高一点的官，偶尔有级别高一点的官员找到他们算，他们多半是"有眼不识泰山"。就算各地有一些"半仙"之类的人物，你在当地名气再大，算到最后当地最大人物也就是县长、市长来找他，所以我说那些占地为王的算命先生，其阅历也是有限的。我很庆幸的是在邵伟华老师身边工作了十多年，服务的预测对象可以说真正是全国各地，差不多每个省、每个地级市都会有客户，这样就让我的预测理论、预测技术得到了广泛、全面的验证，在这一点上我可以说全国没有第二家预测机构能做得到。

说到这里的意思是，一般的预测师对于古代那些预测高官的断语是用不上的，大部分情况下遇不到那样高格局的官员，所以我不建议大家去死记那些断语，了解一下就行了。

谢沪归纳官运断语

有利官运：

财官印相生，见贵得权。

身弱见官印，机关公职。

身旺财生官，得权见财。

官杀旺见禄刃，掌生杀大权。

食神制杀，实权在握。

伤官合杀，名扬天下，风光无限。

三刑遇贵，武职之人。

身弱官旺，遇禄刃升官见喜。

羊刃七杀带将星，武职威杀之位。

身旺易独挡一面，身弱易辅佐领导。

官印并贵人，多近高层。

官星为用，多受上级重视。

官星坐马，升迁较快。

伤官伤尽，独握高权。

不利官运：

官杀混杂，官场有阻。

官杀混杂又为忌，因官犯事。

伤官见官，官非难免。

日弱官旺，荣华不久。

官弱之人，得权有限。

日弱财官旺，防贪财犯官非。

枭旺，多犯小人，是非不断。

劫旺，升职竞争多，易反复。

除了以上命理上官星本身的信息，大家在预测官运时还要注意以下几点其他信息：

一是官星与财星的关系。

财星是官星的原神，官星旺不旺，除了自身力量以外，还有就是受财星的影响，因为财星是直接生助官星的。有的四柱，官星不旺，但是财多财重，也可得官；有的四柱甚至无官星，但实际有官，就是四柱原局中财旺，而大运又行官运的结果。

但是大家也要知道，财官是相生成一气的，而官星是克身的，这种情况下只有四柱身强身旺，才可胜财官，才能为喜。当四柱身弱财官旺时，则命不能胜财官，财官反为忌为凶了。

二是官星与印星的关系。

官星是直接生助印星的，若是柱中有官有印，此为官印相生。官为喜用时主权柄、地位，印星为喜用时主功名、名气、文书等，官印相生的结果是日元更旺，所以当有官印相生时，只有四柱偏弱者才为真正得名得权，利事业功名。若是四柱已旺，又官印相生，则越生越旺，此处之官星也不一定起什么好的作用了，在这种情况下，其级别、权力等就要另行考虑了。

以上二条进行全面运用，就是"财官印"的四柱格局体现了，所以在预测官运时，除了原局的"官星"，若有"财星"、"印星"出现，要分析三者之间的辩证转化关系，以推理出更多的信息。

乾造：甲辰　丙寅　乙未　戊寅

此造日元较旺，透劫财带羊刃，初看此命不佳，幸有伤官财星透干，为喜用神透出，败中有救也。

此命虽柱中无官，但不能说没官。一是财可生官，二是"伤官伤尽最为奇"，还有"伤官食神喜生财，富贵自天来"，"马奔财乡，发如猛虎"，"伤官带刃，掌万将之权威"，"伤官见财，官高而财足"。

那么是不是一见伤官伤尽就为贵，就有官呢？非也！还有一个原因是看大运，我们看中年行运己巳、庚午都是喜用之运，己巳大运财旺可生官，庚午大运，正官出干得原局财星相生，此为大运有利，实际此人为一邮局局长。

我们再分析一下，为什么是邮局局长呢？邮局的工作性质一与文书有关，二与钱财有关，三与流动有关。此命食伤生财，财坐马星，柱有双马，柱透伤官，这些就是命理原因了，当然这是命理上的反推，有这些命理条件的也有可能是工商、税务部门的干部，或是从武职之人。

乾造：壬辰　庚戌　乙未　壬午

大运：辛亥　壬子　癸丑　甲寅　乙卯　丙辰　丁巳

乙木生秋月不得令，财官当旺，四柱身弱取印比为用。原局透双印，喜用高透，生助日元，为官印相生的小贵之格。其人行运一路印比，喜用到位，"财官印三全，文将英雄武将威"，又有官星合日，官印相生，这都是命中有利的信息，此人为某省工商局处长。

乾造：丁酉　壬寅　戊午　壬子

大运：辛丑　庚子　己亥　戊戌　丁酉　丙申　戊戌　己亥

此命羊刃七杀带将星，为标准的军官四柱。

原局略弱，用火。

我们来分析一下其1997年的官运。

1997年流年丁丑，大运行戊戌比肩运，原局身财相当，命局较好，行戊戌运干支都是比劫，由略弱之身转为较旺之势，又大运与原局寅午戌三合火局，如此一来日主更旺，用神过旺为忌，当不吉论之。

戊戌大运，干支土旺克原局壬水，寅午戌合局火更旺，原局午火加力，此运子午相冲子水财星更弱了。

流年丁丑，丁壬相合，子丑相合，火旺克壬子，土旺克子水，印旺坏财，丑戌相刑，财星更衰，大运不利，流年不利，有什么不利呢？

印星旺而为忌，必不利工作、名声；比劫旺为忌，必有争夺竞争之事；身旺劫财，必有破财不利之事；丁壬合，子丑合，相合本为有喜庆之事，但相合为忌，故先好后坏，实为有提干之机却被他人争先；一口气咽不下去，印多为枭，故与领导争吵生出是非来。如果提前知道命理，此年不要求什么功名官运，只求平安就对了。此人运气不佳，却为了提升之事与领导闹翻了，负气转业，岂不知运气不佳，到地方肯定找不到好的工作单位。

乾造：丙午 庚寅 乙未 丙子

此造身旺伤旺（当然身略弱，仍喜印星），虽有官星合日，但伤官旺，官星太弱，伤官见官，故此命应以技艺立命，不宜从政，难有权柄，有也多为副职或技术性职务，这样断此命才会较准确。

壬辰大运，壬申癸酉年，天干透印星为用神有力，流年干支官印相生有情，地支申酉为官星走旺地，故有提职之喜，果为技术性职务，且为副职，小官而已。

乾造：甲午 癸酉 乙亥 甲申

此命初看比劫身旺，无官透出，细看却是七杀当令，身旺杀旺，杀印相生，故为县级干部。当然原局透劫财忌神，地支申酉金为不透干的官杀混杂也为不利官运的信息，故官运有限。

乾造：癸巳 癸亥 己卯 甲子

大运：壬戌 辛酉 庚申 己未 戊午 丁巳 丙辰 乙卯

此命虽有羊刃护身，然巳亥相冲，财官旺，仍为偏弱之命，命喜火土。再一看大运，前后截然不同，前面三部是败运，后面身旺财旺为佳运，是一个典型的先苦后甜，前后反差大的四柱。当时我测这个四柱时，一看就说此人中年有大的事业转折和变动，先苦后甜，越到老越好。

如果我们不看大运，肯定断此人是个差命，身弱官为忌，更不会断他有官了，实际上此人是南方某县政府办主任，副县级干部，中年以前是老师。此人2002年底找到我，说看看2003年能否升职，不能升就去经商。

戊午大运，喜用神大运，且地支午火为禄神，当为吉运有所作为。癸未流年，一是构成亥卯未三合官杀局，二是构成巳午未三会印局，三是大运与流年戊癸合、午未合为天合地合，流年中有这么多的生克关系，有很多人看到这种情况就不知怎么断了。

我断其此年不要出来经商，可得虚名，有文印之喜，可小升无大升，同时告诉他，不管此年升到什么官职，年底都不要这个官职，一定要辞职。

实际命主此年得了"全市抗击非典先进个人"，政协副主席没份，得了个政协常委，2003年底他听我话退居二线下海经商了，结果2004年该县政府大院被纪检部门"一锅端"，从县委书记起二三十人入狱，县委书记一审便被判处死刑。

大家有兴趣可以从这个四柱中研究一下我的预测思路，为什么我有"未卜先知"的本领。

第十四章
六亲之长辈、兄妹手足

　　六亲的信息虽然不是命主自身的信息，虽然没有命主的信息明显，但在命理上也有一定的规律，当然这些规律有的比较模糊、抽象，也有的四柱中体现六亲的信息更少，所以我们在预测时不可能要求从一个四柱就能将全家人的信息都预测出来，这是不可能的。我们强调，每个人的具体信息仍是以他本人的四柱来看才是最精确的。

　　由于预测理念的不同，传统的预测手段往往过分追求六亲的信息，特别是民间、盲派，而我以为，随着现在社会的发展，社会生活的变化，大家的家庭生活环境都是以一个小家庭为中心，即一家三口为中心了，这时对于六亲的信息，我们应主要以研究婚姻（配偶）、子女为重点。试想，一个人如果只有一次求测的机会，那么除了自己，这个人最关心的是谁的命运呢？肯定是配偶或子女啊！不言而喻，现在中国社会的家庭核心就是本人、配偶和子女，这是不能回避的现实。我们在多年的预测中也发现，很多人根本就没有时间，没有耐心去听你讲长辈、兄妹手足的情况，他最关心自己，接着是小家庭。

　　我们国家的传统观念都是以孝为先，现在的人们也是关心父母的健康，所以他们有的人也会顺便问一下近年父母的身体情况，但是现在的人又有多少与父母住在一起呢？自己成家立业了，就独立另建小家去住了，兄弟姐妹也会各有所属，这就是现实，到最后这六亲也就是配偶、子女最亲了，因此我的写作结构不同于其他老师，我将六亲分拆来写，在之前我将婚姻、子女作为独立章节来重点论述。为什么分拆来写，还有一个原因就是，现在预测长辈除了伤克父母就是父母健康等信息了，而我国计划生育国策的多年实施，也使很多人没有兄妹手足，有些有兄妹手足的也因大国运的影响而失去自然规律，难以预测。鉴于以上原因，我以为预测六亲中的长辈、兄妹手足等内容从技术上、应用上都与以前发生了很大的变化，我们的学术研究方向也要有所调整，重新分配轻重，做到与时俱进。

对于有些人津津乐道，或是大力追求的"六亲关"，我以为在现代社会中对命主本身而言没有一点实际意义！我就在预测中发现，很多人对于父母的出生年份、去世年份根本没印象，他们自己都要回忆半天的事（或是根本不上心），我们还有必要去花很大的精力去研究、去占很多时间去预测吗？再则，我们就算是预测准确了命主父母去世的年份，预测准确了命主有多少兄弟姐妹，这与命主自身运气的吉凶没有一点关系。我们光去预测这些旁枝末节，却对命主自身的命理信息一脸茫然，这又有什么用呢？大家不要忘了，我们算命是来算自己的命的，不是去算这些六亲信息的。有些民间、盲派是能将父母去世年份、兄妹个数甚至几男几女都能算出来，可是对于命主的信息只能用"富贵"、"食禄无忧"、"好命"等模糊的语言来搪塞，却不能说清楚命主是从政、经商、技艺还是工薪之人，也不能说清楚命主的命运等级，更没法预测命主的流年运程。这种传统的算命套路，你听完了可能觉得有些"过瘾"，可能有些"神奇"，可是听完了如果你还不知道你将来应该干什么，你的命运到底怎样，那你算命的意义何在？

那么就长辈和兄妹手足的信息预测，谁要占主要一点呢？这当然是长辈的信息了。长辈的条件、环境、健康等对本人的实际影响要大一些，而兄弟姐妹的事情显然对本人的影响要小多了。所以在学习过程中多研究、留意长辈的信息是有好处的。比如有的人从小父母就不在了，或有的人父母是官员、是大老板等等，这些长辈的信息总会影响到命主的。再想想，有些人都有兄弟姐妹没有养大，有夭折的，这些事对本人的人生又能有多少呢？还有兄妹中有的做高官，有的是老百姓，差别大的是，也是各过各的，相安无事。

当然，我讲了这么多，不是说六亲的信息我们就不预测了，就不研究了，我只是告诉大家不要把它当做重点内容占用太多的时间。下面我们就进行长辈和兄妹手足内容的学习。

第一节　祖辈父辈

谢沪归纳长辈断语

年月为用，祖上有家业。

年月临吉神，长辈家风纯朴。

年月财官为喜用，长辈必为富贵之家。

年月印、食临贵人，长辈善良慈悲。

年月为用，本人可享长辈之福荫。

年月旺相，父母长寿或身体好。

比劫重重克父母。

四柱太硬克双亲。

伤官过旺伤亲人。

羊刃叠叠易克父。

双印双财，易有双亲。

财印衰弱，父母寿短。

财印不现，父母有损。

日主太弱，与父母缘浅。

年月为忌，难有家业，不得长辈帮扶。

年月相冲，父母离乡或失合。

枭印过旺，破祖离家。

关于长辈信息的预测，从理论体系本身来讲也有不足，这点也是长辈信息的预测难有十分准确的原因。即：

年柱为祖辈，月柱为父辈；年柱为父辈，月柱为兄弟姐妹。

偏财为父，正印为母。在实践中发现，柱中没有偏财，正财也为父，柱中无正印，偏印也为母，因为人是不可能没有父母的。

在具体的预测中，我们应该从哪儿下手呢？预测些什么东西呢？这是很多初学者不知道的。我根据多年的预测经验，总结了几条供大家参考。

一是审查祖辈有没有家业条件，有的人是祖上几代都是贫农，而有的人祖上曾是大户人家，曾有家业的。

二是审查长辈有没有身体欠佳或感情失合者。

三是审查四柱中有无伤克长辈的信息，也就是看长辈有没有早逝、短寿等较为不利的信息。

四是审查命主能否得到长辈的帮扶，是否可得余荫（当然现在出生的小孩子大部分可得长辈的帮扶，多有享受，可得余荫）。

以上几方面的信息，有的四柱可能看出这一条，有的四柱可能看出那一条，我们能从四柱中看出多少条就写多少条，但不一定一个四柱中都会体现所有的信息，有信息的就写，没信息的就不写。

乾造：丁亥　乙巳　丁未　庚子

大运：甲辰　癸卯　壬寅　辛丑　庚子　己亥　戊戌

此造身旺，命喜金、水。

年柱为天乙贵人，年支藏正官正印，且年支为喜用，所以爷爷为清朝官员，父亲为原国民党某政要的私人秘书。

然年月支相冲，冲破年支亥水用神，为喜用神受伤。月柱干支木火为忌，又月上枭神坐羊刃，也有不利父母长辈的信息，且命主前运为忌，也是不利家运，实为父亲六十年代死在狱中。

我们一看此命的大运，便知其辛丑大运才为好运，而历史环境是像这种"黑五类"分子的运气也只可能改革开放以后才会好转，由此也可以说明什么样的国运产生什么样的四柱，个人的命运与国运大环境是紧紧相连的。

乾造：癸卯　乙丑　丙子　己丑

此造为官印齐透，身弱取印生身制伤护官为用神。

年月占吉神为正官正印，又好在官印相生为用，月柱为用神，年月临贵人吉神较多，有天乙、国印、文昌、将星，故父母见官贵。

乾造：壬寅　壬寅　乙未　戊寅

此造身过旺，忌比劫，喜火土。

年月干透印星为忌，地支羊刃为也为忌，所以祖上父母贫穷，不得家业。当然这个四柱也是六亲全克的命。不信接着看，日过旺，直克时干财星，自坐未土此时为木之库，财星、日支配偶宫为忌，克妻不利婚姻之人。再看子女信息，食伤虽为喜用，但食伤不明，四柱本气中无火，火皆藏于寅未之中；时干戊土受克，自坐羊刃，故也是克子之命。

第二节　兄弟姐妹

月柱为兄弟姐妹宫，比劫为兄弟姐妹星。

男命以月干为兄弟，月支为姐妹；女命以月干为姐妹，月支为兄弟。

男命比肩为兄弟，劫财为姐妹；女命比肩为姐妹，劫财为兄弟。

当然以上的理论，对于兄弟姐妹的性别预测方面，经检验并不是很准，所以大家只要了解一下就可以了，不能当教条运用。

谢沪归纳兄妹断语

比劫为喜用，手足互助情谊长。

比劫旺，手足有成就。

比劫临贵人吉神，手足富贵得发展。

比劫多，兄妹多。

比劫坐马、逢冲，兄妹各方少团聚。

比劫为忌，难得手足帮扶，反受其累。

身旺劫重，兄妹反目，亲朋失合。

比劫克用神，为兄妹所累。

比劫受克，比劫弱，兄妹有损。

关于兄弟姐妹的个数，前面讲过现在实行计划生育国策和大家生育观念的转变，更重于质量而非数量，也有些人人为的少生育，所以年轻人的子女个数预测不准，但年纪大的人还是要涉及到这个问题，所以大家还是要掌握一些规律。

兄弟姐妹有多少，比劫个数来确定。

日弱无比劫，印星来确定。

比劫当令又旺地，手足个数要加倍。

身旺不计藏干数，身弱藏干全计数。

身旺手足多，身弱手足少。

财印衰弱手足少。

兄弟姐妹难定数，国情国策要考虑。

乾造：辛亥　庚子　甲戌　甲子

此造甲木得生助有比劫，当为身旺，取火调候为用，土为喜。

干有两木，年支藏一木，地支三印，可能有 2~5 人，到底是几人呢？因为此造身比较旺，故应该只计比劫数而不计印星数，可断为两个。

实际除本人外，还有一个妹妹。当然，若按传统断性别的理论，应断还有一个弟弟，按此检验则断兄妹性别的理论在此就不对了。

乾造：丁未　壬子　壬戌　辛亥

此造月令比劫旺，可断本人不是老大，身旺之命可不计印星，天透地藏比劫共六个，但月令羊刃又为忌可断兄弟有伤，应有夭折，综合这些信息可断4~6人，实际兄弟三人一个姐姐，另夭亡两个，兄弟姐妹无助。

乾造：丙申　辛卯　乙酉　甲申

此造乙生建禄又透比劫，当断兄弟姐妹多，但日月天克地冲，甲木截脚，可断兄弟姐妹易有夭折的，且不止一个，可以断手足2人左右。

实际父母生了十个，只存命主一个，这是个比较特殊的例子，怎么也不会数出十个，但有夭折的和实际兄妹不多还是有信息的。

坤造：丙申　丁酉　丙申　丁酉

原局四个火，可断兄弟姐妹四个。年月见比劫，可断本人不是老大。天干火无根，可断易有夭折之人。

实际兄弟姐妹四人，夭亡一个，本人最小。若按传统理论则断本人老三，可实际又不对，所以我们经大量实例检验，传统的预测兄弟姐妹排行和性别的理论准确率是比较低的，不可全信全用。

乾造：辛酉　庚子　庚申　己卯

此造比劫一片，兄弟姐妹成群，实际有五个，本人老四。但是我们见到这种四柱都这么断，为什么呢？因为命主是 1981 年出生的，按他这个年龄在很多地方已经实行计划生育政策了，所以要预测时要考虑地域因素。一般而言，农村地区兄弟姐妹略多；西部欠发达地区兄弟姐妹略多；潮汕地区兄弟姐妹略多。此人是广东二线城市的人，就是现在广东很多地方也都有两三个孩子。

乾造：庚戌　壬午　己亥　戊辰

此造身较旺，比劫多，又是出生于 1910 年的人，所以兄弟姐妹应该较多，按干支全加上有七八个，实际上生了 10 个，夭了 4 个。大家看看为什么存活了 6 个，从命理上找找原因。

第十五章　关于性格

　　人有善、恶、仁、义、礼、智、信，心之所生；人有喜、怒、哀、乐、爱、恨、恶、欲，性之所生。二者合称为心性，即人的性格。任何人都有其优点缺点，不可能十全十美，所谓"金无足赤，人无完人"，现在也有些西方学者提出"性格决定命运"，这一说法虽然从命理上讲不完全对，那也起码说明外国人也认为性格与命运有关系了，那么怎样从命理上来归纳每个人的优缺点呢？

　　全面的来讲，有十神论、十干论、五行论、神煞论、纳音论等多种方法，但经过我的检验，认为十神论是最准确实用的。俗话说"江山易改，本性难移"，既然"本性"难移，那么这"本性"当然体现在本命当中，也就是原局中，所以对于性格的预测我们主要看四柱原局，而一般不考虑大运、流年。

　　实际上，我以为对于性格的预测，只要我们掌握了基本方法，是没有什么技术含量和太大难度的，并且在预测内容中，性格的预测也不是最重要的（所以我放到后面讲），但是在实战中，性格的预测却能让提升我们在客户眼中的印象，增强客户对我们的信任，打通与客户的气场。

　　以下这三节预测性格的内容，是专业预测师所用，一般情况下老师都不会全部教给学生的，现在我就将它不做保留地公布出来，让读者全面地了解并掌握。

第一节 十神论性格

一、比肩

1. 为人办事热情果断，性格直爽，心直口快，自尊心强。

2. 为人生性耿直，爱打抱不平，可为朋友两肋插刀。

3. 有时争强好胜，坚持己见，不服输。

二、劫财

1. 为人性格直爽，热情坦直，爱交朋友。

2. 为人反应灵活，心思敏捷，口才好，善辩，有独立性。

3. 有时独断独行，冒险犯难，易冲动。

三、食神

1. 人缘好，品位高，审美艺术欣赏力与众不同，讲究情调。

2. 为人忠厚，不喜与人作无意义的高谈阔论，一生乐观知命，做事精细。

四、伤官

1. 为人喜欢自由，不愿受拘束和他人管制，心高气傲。

2. 聪明善辩，秉性清高，好幻想，难免感情用事，任性。

3. 更愿意以自己的才华与智慧吸引他人，看不惯阿谀奉承和吹牛拍马之辈，与做官的合不来。

4. 富有仁慈恻隐之心，同情弱者，忧国忧民。

五、偏财

1. 财来财往，慷慨大方，会赚钱也会花钱。
2. 善于交际，爱好装饰打扮。
3. 不喜欢与那些吝啬小气之人来往。

六、正才

1. 为人勤劳，兢兢业业，现实主义，待人诚实，富责任感。
2. 具经济头脑，善计划理财，节俭，不喜欢铺张浪费。
3. 对家庭忠实，有责任心。

七、七杀

1. 有志气，有正义感及侠义精神，言出必行，不善虚伪客套。
2. 孜孜不倦，努力奋取，注重外在形象，有常人不及的处世之道，外人并不能真正了解自己。
3. 较在意外人言行于己是否有不利，内心活动丰富，感情细腻。
4. 性急，颇能尊重别人的意见，但并不表示自己真心采纳，内心未必说服自己去照办，有逆反心理，激进，叛逆心重。

八、正官

1. 为人品行端正，光明磊落，行为规范，重视名誉，办事认真，稳重踏实。
2. 处事严谨，为人忠诚，仁慈智慧，博学多识，助人为乐，性情宽厚。
3. 有时外界压力大，不喜反抗，难免心存维持现状和明哲保身思想。

九、枭神

1. 办法点子多，灵感丰富，聪明，做事心思细腻，喜怒不形于色，有心计城府。

2. 接受能力强，悟性高，许多新事物别人一点即通，但常干一件事则显得欠耐心，善始不善终。

3. 有时偏内向，不开朗，不与人沟通。

4. 兴趣广泛，学得快转变也快，始勤终惰，多学少成，虎头蛇尾，好高骛远。

十、正印

1. 为人心地善良，富慈悲心，有浓厚的人情味及同情心，性情宽厚温和。

2. 做事循规蹈矩，喜有规律性的生活的工作，不喜标新立异。

3. 难免依赖性强，爱面子或重仪表，有时想法天真，不切实际。

十神预测性格的应用要点：

一是以原局透出为主要性格特点，以原局旺相的十神为主要性格特点。若原局不透，或原局不旺，则不是主要性格，此性格体现不明显。

二是以喜用神之十神为性格优点，以忌神之十神为性格缺点。

第二节　神煞论性格

一、国印

1. 做事诚恳专一，认真投入，凡事不干则已，干则必定尽全力干好，不落话柄让人评说。

2. 严守清规，办事公道，为人和悦，礼仪仁慈，气质轩昂，有掌印之能。

二、华盖、太极

1. 才华横溢，见解超群，有艺术天赋，聪明好学。

2. 做事诚恳，勤学苦练，有智慧，有钻劲。

3. 与命理、佛道、气功、书画艺术等神秘文化、传统文化有缘，第六感观强，易从事以上及哲学、医学等职业。

4. 爱清静，喜独立思考，不喜欢与粗俗之人交往，但难免有时孤独寡合。

三、将星

1. 有组织领导及管理能力，精明能干，享有声誉。

2. 能办大事，有威性，有较强的组织协调能力。

四、天月二德

1. 足智多谋，机灵，感情丰富。有耐力。

2. 聪明过人，心灵手巧，处事有方。

3. 为人心地善良，乐于助人，处事公道。

4. "一善能解百劫"，祖辈、父辈常为心慈行善之人，故积下阴德为自己化解许多灾难，逢凶化吉。

五、文昌

1. 为人聪明，好学新知，具上进心，着重仪容，有内涵修养，彬彬有礼。

2. 讲文明，讲礼貌，言谈举止合乎礼节，恰到好处；有上进心，爱钻研。

3. 一生利官近贵机会多，不喜与粗俗之辈来往。

六、金舆

1. 自己有车或一生坐车机会多，八面威风。

2. 与车有缘，喜欢车，会开车或乘车机会多。

3. 有羊刃者易为外科医生，否则一生手术外伤难免。

七、羊刃比劫

1. 坚信自己的判断，有干一番事业的雄心，锋芒毕露，充满自信，事业心强。

2. 为人热情，爱交朋友，果断直爽，没有心机。

3. 个性独特，主观意识强，崇尚自由不服管，喜我行我素。

4. 胆大，敢想敢为，韧劲大，有魄力，有闯劲。

5. 重义气，平生见义勇为，为人心直口快，无害人之心，但因个性与众不同而遭人嫉妒。

6. 不足之处是容易得罪人，往往好心无好报，甚至恩将仇报。

7. 有坚定的意志不容他人所左右，坚持己见，争强好胜，不服输，不服气。

8. 大胆泼辣，有开拓创新精神，事业心强，如果努力得当可成就一番事业。

9. 在外人面前文质彬彬，有谦让之风，在家人面前易为小事而发怒冲动。

第三节　五行论性格

五行论性格，以日干五行为主，结合日干五行的旺衰、身旺身弱。

木主仁，性直情和，济物利人，行藏慷慨，丰资秀丽，一表人才，气宇轩昂。衰者，寡情薄义，悭吝鄙啬，肌肉干瘦，项长喉结，表里不一。

火主礼，有辞让端谨之风，恭敬谦和之义，聪明有为，面貌火形，上尖下阔，语言急速。太过者，声焦面赤，摇膝好动，言语妄诞，诡诈妒毒，有始无终。

土主信，旺相为人讲信用，情谊厚重，忠孝至诚，度量宽厚，处事有方，好敬神佛。相貌背圆腰阔，鼻大口方，眉清目秀，面肥色黄。太过者愚拙不明，呆板不灵活，不及者则颜色忧滞，面偏鼻低，声音重浊，事理不通，颠倒失信，悭吝妄为。

金主义，旺相则英勇豪杰，仗义疏财，知廉耻，识羞恶，声音清亮，刚毅果决。相貌端正，体健神清，面方白净。太过则好勇无谋，贪欲不仁，不及则悭吝贪酷，事多挫志，多三思少果决，犹疑不决。

水主智，旺相则才华出众，机关深远，足智多谋。太过诡计多端，是非好动，漂荡贪淫，不及行事反复，性情不常，胆小无略。面貌，旺相长大，死绝矮小，面带黑。

下面举我多年前一函测的实例中性格预测部分内容，及客户的原始反馈，大家可根据以上性格的理论论述，对照一下，看看我以下的预测都出自哪些论述。

乾造：辛酉　丁酉　丁未　癸卯

性格预测：

为人重信守义，俊秀文雅，讲文明讲礼貌。（对）

为人办事热情果断，性格直爽，有自尊心。（对）

为人聪明好学，办法点子多，喜好动脑。（对）

为人悟性好，兴趣较广泛，学东西快，但有时欠耐心。（准确）

为人有志气，有正义感及侠义精神，言出必行，不善虚伪客套。（对）

为人慷慨大方，财进财出，不拘小节。（对）

为人不喜粗俗，较有情趣，见解不俗，有艺术天赋。（对）

为人有智慧，有钻劲，与传统文化神秘文化如命理、气功等有缘，且将来易深入学习之。（对）

为人有一定组织领导才干，能独挡一面，能有事业成就，小有威信。（暂时不是）

为人好学新知，有上进心，一生多得贵人之助，吉人天相。（不知道）

为人有时略有性急、急躁、固执、好强要胜之性。（对）

第十六章　官非、伤病之灾

俗话说"人无远虑，必有近忧"，先人们也提出了"居安思危"的观点，这些说的都是人们在生活中要有忧患意识，要预防将来可能出现的一些灾难。古代社会，生活环境动荡不安，战乱不止，人们当然要预防各种天灾人祸，而现代社会，随着人们解决了基本的生存问题后，更关心生活质量了，于是预防各种可能出现的灾难便成了重要的课题，特别是一些富贵之人。他们更关心自己所拥有的富贵能否长久，更怕因为出现一些变化而失去拥有的权力和财富，所谓"官问刑，富问灾"就是如此。我们为什么要预防人生的灾难呢？很简单，突然出现的灾难可以瞬间让人们奋斗一辈子的事业、财富失去；可以让人从富贵之躯一夜成为贫民或阶下囚；可以让某人或某个家庭、家族瞬间败落，大祸临头甚至失去生命。

现在的人们有两怕，一怕病，二怕灾，我们周围因病致贫、因灾败家的大有人在。因此，在预测过程中，对于灾难的预测就显得更加重要了。

宏观上来讲，人生所谓的灾难来自于自然、社会、生理等方面，具体一点讲有伤灾、病灾、官非、自然灾害等。从命理上讲，称为灾难的，一般为伤病灾或官非之灾。

伤病血光之灾和官非牢狱之灾，在四柱中是有标志的，但是这些信息有时候也是相似相通的，有一定的共性，有时候也很难区分开，所以命理上有两句预测断语"不进医院进法院"、"不进牢房进病房"说的就是这种情况。命中出现灾难，从五行原理上讲其实很简单，就是日主或某一五行过旺过弱造成的，也可以说忌神过旺造成的，所以我们在预测中要时刻注意五行是否出现了大的不平衡，如果五行出现大的不平衡，肯定有灾。下面就对伤病灾和官非之灾的理论进行讲解。

第一节　伤病血光

人的病伤，有生理内因引起的，一般称为"病"，有些是外因影响了生理机能的正常工作，一般称为"伤"，伤病之灾，都是人的某些生理机能不能正常工作了，所以先要了解天干地支所代表的人体的主要部位、器官。

天干配人体

	甲	乙	丙	丁	戊	己	庚	辛	壬	癸
身体	头	肩	额	舌	鼻	面	筋	胸	胫	足
脏腑	胆	肝	小肠	心	胃	脾	大肠	肺	膀胱	肾

地支配人体

	寅	卯	辰	巳	午	未	申	酉	戌	亥	子	丑
身体	手	指	肩、胸	面、咽、咶	眼	脊梁	经络	精血	命门、腿足	头	耳	胞肚
脏腑	胆	肝	胃	心	小肠	脾	大肠	肺	胃	肾	膀胱、三焦	脾

以上的天干地支配人体的分类是比较细的，其实在实际的预测过程中我们很难预测到这么细致，预测起来也是有一定难度的，因此，我在实际预测中总结了一套更简单、快速、实用的方法，请看下表：

五行对应人体

五行	外五行	内五行
木	头肢	肝胆
火	眼睛	心脏
土	皮肤	脾胃
金	齿、筋骨	肺肠
水	生殖系统	肾、血液

一般来说，我们能从四柱里预测到这些大概范围的疾病，就已经是不错的了，因为四柱预测疾病只是所有预测内容的其中一小部分而已，也可以说是次要内容。当然，如果我们掌握了这些基本原理，拿到四柱可以在一两分钟内断出大概的疾病范围，这比医院的现代仪器检查起来是要快得多的。

1. 身体好的标志：

四柱相对较旺。

四柱有比劫帮扶。

四柱有印星护身。

日元当令当旺。

命带天月二德。

四柱五行比较流通。

所谓身体好，主要是说其身体自身的抵抗力、免疫力比一般人要略强一些，这与人的个头大小、力气大小是两回事的。

2. 身体病伤的标志：

筋骨疼痛，盖因木被金伤；眼目昏暗，必是火遭水克；土虚木旺之方，脾胃定伤；金弱遇火炎之地，血疾无疑；下肢寒冷，必是冬生无火。

羊刃劫财，疾病破相。

185

伤官逢伤运，疾病连绵。

三合火局盛旺，脓血之疾。

丙丁克害庚金，大肠有疾。金水伤官，寒则冷嗽，热则痰火。

火土印缓，热则风疾，燥则身痒。金水枯伤，肾必虚。旺土见火，主眼疾热病。

金遇旺水，伤筋之疾。日弱食伤重，头昏之疾。

甲木遇火多，多犯精神之病。甲木被庚金克，头上有伤。卯木冲破，不是肝胆，即是手指受伤。

枭逢枭旺，不病则灾。

身弱杀强，遇官杀，不死也凶。病在柱中，终生难好，病在运中，运过方愈。

乾造：辛卯　己亥　戊寅　癸亥

大运：乙未

流年：乙亥

此命日元戊土太弱，且无火相生，水木相生两旺克害日元。命局最忌水木，官杀克身，幸原局官杀未透，先天不致伤残。

我们有很多学员也能看出原局的信息，可是到了下一步的大运流年分析时，就没有办法了。其实原理与原局一样，只是将原局的理论思路再次代入到大运和流年就可以了，当然因为干支多了，关系略为复杂一点。

如此柱，已知原局最忌水木，原局有寅亥合、见未为三合木的信息，在大运流年中就要牢牢抓住这些信息。我们再来细化一下，天干是壬、癸、甲、乙，地支是亥、子、寅、卯，还有未（见未与原局亥卯未合木局）出现之时，容易见灾。

那么在乙未大运中，刚好天干与地支都符合以上信息，忌神当道，此运不吉，易有灾难。同理，这步大运中的十个流年也按以上大运的方法一年年的审查一遍。

乙未运中十个流年如下：庚午、辛未、壬申、癸酉、甲戌、乙亥、丙子、丁丑、戊寅、己卯，大家看到这十个流年的二支组合，对照我们以上的分析，自然便知乙亥流年的信息是最符合的，也就是说乙亥年最有可能应灾。实际正是此年有灾。我们再来分析一下命主应灾的过程，就会发现命理确实是太神奇了！

前面讲过，四柱一拿到手，我们就应该看到缺点是水木，也就是说"病因"在于水木。实际此人是在渔船上受伤的，此为水、为木也。被对方船上的船桨所伤，此为木也。受伤部位为大腿，此为木也。大腿静脉破裂，血流不止，此为水也。此年确实是九死一生，差点死去，若是光看四柱，确实很凶，为何不死，只能说是手面相或是行善积德等补救了。由此四柱我们也要知道，四柱就是四柱，四柱只是影响人生运气的主要因素，但不是全部因素，所以谁又能天天吹牛"铁口直断"呢？

乾造：戊辰 丁巳 甲子 己巳

我一直强调，四柱原局的主要信息要一眼就能牢牢把握住，以便在之后的大运和流年中代入。此柱一看，原局主要信息就是木火土相生，当然相生的结果是日元甲木更弱。原局还有一个信息就是甲己合，因火土旺，甲己合成功，而至日主更弱，所以此甲己合对日主不利。

1994年甲戌6岁关，未上运。原局身弱，本喜水木，然流年甲戌与年柱戊辰天克地冲，土重木折，流年帮身的甲木有损，为喜用受伤必见灾。什么灾呢？

天克地冲，冲者易为意外之伤，易为伤灾。甲木受损，易为头为肢（幼儿肝胆见灾的几率少）。再查神煞，正是金舆逢冲，金舆逢冲也主血光之灾。实际此年从楼上摔下来头部受伤。

坤造：壬子 丁未 丁巳 丙午

一看到此命，我们就应该发现命局的特点：原局巳午未三会火局，透比劫，火过旺，虽年柱有水，然水火相战，火旺克水，四柱较旺。当喜金水，最忌火土。

对于病伤不利的信息，一是会羊刃局为忌，二是水火相战，五行不流通。接下来，就将这些信息代入大运。

乙巳大运，木火为忌，当然有不吉，容易见灾。且大运透枭、行羊刃之地，也是血光不利的信息。

壬申流年，表现一看金水到位，是喜用神到位，初学者肯定断吉。可是我们再细看一下，天干之壬水，与原局丁壬相合，此处当然不可能合成木，自然是当火旺克水，此为喜用神壬水受伤。地支之申金，又与原局、大运之巳火相合，此处也不可能是巳申合水成功，因为四柱本来就火旺水弱，所以应为火旺克金，此也为喜用申金受伤。

流年之喜用神虽然出现了，然喜用神受伤，之前讲过"用神受伤必见灾"，实为此年被铁器砸伤了脚。大运上血光的信息上面讲了，流年中血光的信息，则为巳申合刑羊刃之故。

坤造：丁卯　己酉　己巳　丁卯

此柱一看，特点就是木火土相生，虽然年时支有卯木克身，但卯木上面都是丁火化之，火更旺来生土。所以此柱当为身旺，最忌火土。

命透双枭，自坐羊刃，以上都为忌，年时支杀又生枭，这些都是伤病血光的信息。"病为命中"，故为先天之疾，实为先天心脏病。为什么是心脏病？此命火土为忌，火更是助纣为虐的东西，也即仇神。原局一是丁火，丁为心；二是巳火，巳也为心，所以病在心脏。

第二节　官非牢狱

很多人一见到预测中写或讲到"官非"就非常紧张，其实也没有那么可怕，现在是和谐社会、法制社会、文明社会，公民的整体素质都有了很大提升，违法乱纪的人毕竟是极少数的。所以说现在的人，四柱中有官非的信息，如果不是太凶的话，一般多是打官司，有做生意打官司的，有离婚打官司的。就命理上的官非而言，"不做原告做被告"，这都算官非。当然了，四柱中官非的信息特别明显，特别凶，又遇到忌神过旺、用神受伤、五行极不平衡等情况，那就有可能由"官非"上升到"牢狱"了。

官非的信息，除了前一节中伤病的信息标志以外，以下的信息再集中出现就容易应事了。

官杀重又带刑冲。

羊刃逢岁君，勃然祸至。

柱中枭夺食，岁运又见。

枭食夹日，必有凶。

伤官见官，为祸百端。

犯天罗地网者，有牢狱。

相刑羊刃并杀伤，必主上法场。

身弱伤官临墓，七杀带羊刃。

身弱财运逢杀，日主受克入墓。

身旺无制，灾祸必来。

总结起来，官杀太旺不吉，官杀为官府或黑道，违法犯罪就会受到法律的制裁，得罪了黑道或被坏人伤害都会与己不利。财旺不吉，财太旺，若是身弱则会因财犯罪，财可生官杀，官杀又克身。伤官太旺不吉，伤官旺必官星衰，又伤官旺不服政府管制，伤官人言行过于偏激，易犯事。身旺无制不吉，身过旺，官必弱，老子天下第一，谁也管不了，最后当然只有政府来管，可那时恐怕已经进班房了。刑冲不吉，刑冲者易受突发事件影响，易冲动行事。

乾造：戊申　丁巳　戊寅　丙辰

大运：庚申

流年：甲申

原局寅巳申三刑，干透全是忌神。大运庚申，五行为喜用神，无大的不利，但此运与原局又构成寅巳申三刑，且申金冲入妻宫，家运婚姻有不稳之象。

流年甲申，一是本命年；二是与大运、原局寅巳申三刑；三是三申冲一寅，日支寅木受伤严重，日支为妻宫为配偶，实则此年提出离婚，进入法律程序，此也为官非。因为就日主而言，并不是过旺或过弱，所以不是本人的牢狱官司之事。

乾造：丙午　癸巳　丁亥　辛亥

大运：丙申

流年：辛未

此造原局有巳亥相冲、亥亥自刑、羊刃逢冲，透出劫财旺，这都是官非或疾病不利的信息。

四柱身旺无疑，大运丙申，透出丙火为忌，虽地支有申金，仍然是火更胜一筹，金水喜用的力量不够。

流年辛未，虽透出辛金喜用神，但是与原局、大运丙辛相合，火旺克金，用神受伤。更为要命的是流年地支与原局构成巳午未三会火局，为羊刃比劫局，忌神更旺，如此一来结果是火旺克金，火旺克水，破财官非难免。实为此年因财务问题入狱，退款数万。

乾造：壬戌　戊申　乙酉　戊寅

几年前，一客户让我看看这个四柱，说是他的同学的。我看了一眼，便说这人"不搞偏门走私就是命中官非不断"，反馈说正是。

此柱若是一般人看了肯定说好，原局正财、正印透出啊！哪里看得出偏门、官非的信息呢？

我当时是这么分析的，原局虽透正神，但地支申酉戌三会官杀局克身，又时支羊刃，这种情况下易为警或为匪，也许是政法系统的公务员啊！所以看到四柱还不能下定论，我们将大运一排，便知了，其大运一路己酉、庚戌、辛亥大运，特别是青年辛亥，正是官杀混杂之运，故而易干偏门犯官非。

原局大运都是金旺为忌，流年中自然也找金旺之年，甲申年正是又会金局，且与原局寅申相冲，用神受冲、羊刃逢冲，故此年犯官非。

乾造：壬寅　戊申　乙巳　辛巳

此柱原局官非的信息如下：一是官杀混杂（时干透杀、月令为官）；二是命带三刑（地支占全寅巳申三刑）；三是羊刃逢冲逢刑（年支寅为羊刃）；四是用神受伤（寅木为喜用神）。

1993~2002年间行壬子大运，此运喜用神同体得力，事业当有发展，可胜命中官杀。但原局中五行不平衡，有官非的信息，其遇到伤官或官旺之年仍会有事情的，于是我按照这个思路断其2000年庚辰官杀透出且流年官杀较旺之年有官非，果然此年犯事，被双规一年多。

我见2002、2003年壬午、癸未，流年壬癸水出干，为喜用神，故断这两年没事，果然又被放出来了。

但我接着下看，一是2003年交入癸丑大运，枭神透出，主要是地支丑为金库，为官杀旺地，且癸丑之水比壬子之水力量差多了，二是接下来的2004年甲申、2005年乙酉都是地支官杀旺地之年，必然有事。特别是2004年甲申，与原局三刑，又与年柱相冲，冲太岁、羊刃逢冲、喜用神受伤，故断此人2004年又犯官非，果然此年又因前事被正式判刑入狱。

第三节　死亡之灾

在很多人的印象中，好像预测师能预测到一个人什么时候死是最神奇的，其实我们也研究了一些死亡的四柱，对于死亡之灾，命理上虽然有一些规律性，但是确实也有些四柱的死亡难以定性。也就是说我们在预测中断一个四柱有灾是比较容易的，但是这个灾是死还是不死，单从四柱来讲是有难度的。因为死亡之灾是命理上最大的灾，但应了这个灾的，四柱命理的因素不完全是全部的，还可能有风水、相学、因果等其他因素的影响。

我经常与学员讲，命理上最难预测的就是人的生和死，死亡之灾难断，优生择吉同样充满技巧，不能随便为之。下面将古人对于死亡之灾的有关论述整理了一下，供大家了解。

《周易》系辞讲："原始反终，故知死生之说。"《黄帝内经》指出："重阳则死，重阴则亡。"《命理大全》载："身旺逢印者绝。"《滴天髓》则有"性定元气厚者寿，气索神枯者夭"的论断，而《评注渊海子平》有诗云："寿算幽玄识者稀，识者须是泄天机；六格内有憎嫌者，岁运逢之总不宜"，并提出了所谓六格看死亡之法：

印绶见财，行财运又兼死绝，必入黄泉。如有比肩，庶几有解。

正官见杀，及伤官刑冲破害，岁运并临，必死。

正财偏财，见比肩分夺，劫财羊刃，又见岁运冲合，必死。

伤官之格，财旺身弱，官杀重见，混杂冲刃，岁运又见，必死，活则残伤。

拱禄、拱贵、填实，又见官、空亡、冲刃，岁运重见即死。

日禄归时，刑冲破害，见七杀，官星空亡冲刃，必死。

杀官大忌，岁运并临，必死。

其余诸格，并忌杀及填实，岁运并临，必死。会诸凶神恶杀，勾绞、空亡、吊客、墓病死宫诸杀，十死九生。官星太岁，财多身弱，元犯七杀，身轻，有救则吉，无救则凶。

其实总结一句最简单的话，命理上出现死亡之灾的基本原则就是：日主旺极或弱极，其次就是原局用神受克严重。

而对于数年前有的人内部资料中所讲什么民间秘诀可断人生死的论述，基本都是无用的，毫无学术价值，只是为了吸引易学爱好者的眼球。

还有所谓民间断人生死的"马倒禄斜"方法也载于一些古籍之中，并不是秘不可宣，当然用法也不是别人说的那样。我们只要想想"马倒禄斜"四个字就应该有所悟了，原来此法是按规定的口诀来数各种排列不同的马、禄二字，当然可能这个"马"字是倒的，而"禄"字是斜的，各种写法，或吉或凶也。

关于预测生死，我看最绝的要算清末民国间的命理大师徐乐吾对自己寿元的准确预测了。

乾造：丙戌　壬辰　丙申　丙申

大运：戊戌

流年：戊子

其自断寿数云"戊运，燥土晦火，寿元至此已终，如六十一不死，当到六十三、四。"

果然是戊戌大运中戊子流年六十三岁时因心脏病死亡。

我们再来仔细从头分析大师的四柱，看为什么大师能预测得这么准。

丙火日元生于辰月，虽木有余气，然年月辰戌相冲，日时财星，幸有年时比肩帮身，仍为身弱用印之命，故从事学术工作、以文印得名得财。

戊戌大运，诚如大师所言，重土晦火，泄身太过，又与月柱天克地冲，地支戌土正为丙火入墓也！

戊子、己丑流年，都是忌神当旺之年，故有关口。为何死于戊子？戊子流年透戊土泄身，更有主要的是构成申子辰三合水局，杀旺克身，此时此地丙火日元既有土重泄身，又有水旺克身，实乃克泄交加至日元弱极，一命鸣呼！

至于死于心脏病，因丙火被克泄，火为心也！

我们一代命理大师用事实打破了外人关于"算命的算不准自己的命"的结论，也用事实告诫那些一天到晚鼓吹什么灾都能解的所谓大师们，不要以为自己有多大的本事，人类自身的能力相对于自然、宇宙其实是很渺小的！

所以我说，解灾是有积极作用的，但是不可能什么灾都能解得了的，那些天天吹嘘什么灾都能解，能包治百病的"大师"若不是骗子，也是狂徒！试想，现在的大师学问有多少，自己有几斤几两，能超过前辈先贤吗？前辈穷一生研易才著一书，一生学问也解决不了自己的生死，我们又能有多高的水平呢？

乾造：壬午　壬寅　壬辰　癸卯

据说这是清末民初著名的"讨袁护国军"司令蔡锷将军的四柱，他英年早逝，只活了35岁。

其原局，虽干有比劫一片，然地支寅卯辰三会木局，年支午火为财，实为身弱之命也。

中年34岁一交丙午大运，即于35岁丙辰之年夭命短寿。

丙午大运，干支火旺反克水，更主要的是旺火引烧原局一片木局，木火相生，壬水更枯伤。

丙辰流年，仍是丙火忌神透干，流年太岁辰土一与原局构成寅卯辰三会木局泄身，二是辰为水库，此为壬水入墓，日主弱极而亡。

若是按所谓从格观点，水木火相生，水弱从强，定要断其丙午运为人生最吉之运了。

而台湾某大师著书对此命夭亡的解释竟然是"由于原局天干比劫夺岁运之财，若原局天干有食神或伤官转化则不至于死亡"，对此种理论解释，本人断不敢从！

民国林庚白所著《命理存验》中收录了其当时为一些名人所批的四柱，文字间大多"铁口直断"命主死亡寿元，可惜我们现在根据事实来看多有不验(根据书中对流年的描述，应为1924年成书所下断言)，当然他当时这种直断人生死的精神和勇气还是值得嘉奖的。这些实例也告诉我们，断人死亡之灾并不是我们想像中的那么简单！现举其书中一例来品味一下。

乾造：甲午　甲戌　丁酉　癸卯

大运：乙亥　丙子　丁丑　戊寅　己卯　庚辰　辛巳　壬午

据说这是我国著名京剧表演艺术家、"梅派"开山大师梅兰芳先生的四柱。

且看林先生对大运及寿元关口的原述："现在丁运，有癸水七杀制之，仍属佳境。……戊癸化火，合去七杀，甲戌四十一岁，大有玉树徂春之感。盖此造纳音，二火三金（注：算上胎元乙丑海中金），而金质殊脆，以山头山下之火，克海中砂中金箔之金，化为灰烬矣，何能永年？惜哉！"

林先生为什么断梅兰芳41岁有寿元关口呢？当然其书中所论竟以纳音之说来论生克，完全不讲原局五行，这样的批命之法我们当然不能苟同！但其当时有没有五行生克上的考虑，我们不得而知。我们且按正常的五行生克理论来分析一下吧。

四柱原局身旺无疑，当喜金水，忌木火。戊寅大运，戊癸相克，克原局癸水之喜用，又寅午戌三合火局，日主过旺不吉。

甲戌流年，干透木为忌，地支构成寅午戌合火、卯戌合火，火旺克酉金，日主旺极无泄无克，应是如此的理论来支撑有寿元关口的。

我查了有关资料得知，此1934年之甲戌梅兰芳的主要事件是，生了一个儿子，也就是现任梅兰芳京剧团团长的梅葆玖。还有就是此年在河南举行了一次赈灾义演。同年还收到苏联对外文化协会的演出邀请，于 1935 年成行，此外并无有记载其有什么大的灾难。

当然，从命理上讲，添丁也是可以解灾的，是喜事冲灾。做善事当然更能解灾积德。

我们老百姓对梅兰芳的人生阻碍或灾难，印象最深的当然是"蓄须明志"的故事了。梅兰芳于 1941 年"蓄须明志"，开始息影舞台，直至 1945 年抗战胜利才又登台。

查其四柱，1940 年交入己卯大运，此运与原局卯酉相冲，原局财星本弱，又遇大运相冲而更弱。1941 年辛巳，流年太岁羊刃，火旺劫财，故而息影无收入。1942 年壬午，本命年，丁壬相合至火旺克官，故而闭口谢客。对于当时流传的梅兰芳的时辰为寅时，林先生当时写道："畹华四柱原作寅时，余以寅时推勘前运，完全不符，盖官印双显，出身必不至寒微，且不至作梨园弟子也。"

现在我们来看，林先生对时辰的修正也不一定有道理。首先，所谓"前运"只不过是梅兰芳辉煌人生的开端而已，后面的事情如何发展，人生能到什么等级，按"前运"怎能断定呢？所谓"盖棺定论"，一个人的等级档次到什么地步，有的人真的是到死那天才能说清楚的！第二，以当时的社会环境而言，梅兰芳也不能说是"出身寒微"，他出生于梨园世家，祖父和父亲都是京剧名角，他五岁上私塾，八岁拜师，十岁登台献艺。第三，以后来梅兰芳的社会地位和艺术地位，也是符合"官印双显"，得名得贵的！

我们看梅兰芳的一生，不言而喻，最好的运气当然是在新中国成立后。观其大运，1950 年起庚辰大运，喜用神得力，当为最吉之运！

1960 年交辛巳大运，虽透辛金喜用神，然地支巳火羊刃忌神，故而有灾。君不见之前"蓄须明志"之年干支正是辛巳，一运一年，一年则影响一年，一运则影响十年。

1961 年辛丑，流年与大运、四柱构成巳酉丑三合金局，合羊刃，火金相战而亡。命书有云"火金相战，心肺之疾"，而梅兰芳四柱原局中日主火旺，火也为心脏，老年因为心脏病去世。

第十七章　预测的流程步骤

中国的四柱预测术，民间称批八字，是中国传统的预测术中流传最广，理论体系最全，实践检验最准确的一门预测学科，正因为如此，它也是最复杂的。就拿排四柱的格式来说，有竖排、横排之分，横排中还有左起和右起之分，排大运也不规范，想排几步运就排几步运，对于时间的标示也很随意，这样各行其是，不利于本门学科的健康发展。

我们现在比较规范的排四柱格式为：一是公历用阿拉伯数字标示，农历用汉字标示；二是男命写乾造，女命写坤造；三是不管男女命，不管什么年龄，一律排八步大运；四是四柱和大运中都标示十神；五是四柱地支标示藏干，大运地支不标示藏干；六是大运下第一排数字为起运岁数，第二排数字为交运年份。

我们现在为人批命，如果是做函测的，都要给一个命书，就是把一个人一生命运包括基本流年的吉凶祸福写成书面文字的东西，交给命主本人保存。虽然命书写的都是命运吉凶，但格式、大项重点、语言风格等千差万别，有的通篇全是命理专业术语，故弄玄虚；有的全是一些打油诗，顺口溜，江湖味道甚浓；有的文字干涩，让人不快，有的文绉绉，都是空话；有的洋洋洒洒，千言万语，有的廖廖数语，不知所云。真可谓八仙过海，各显神通！

很多人的预测命稿基本都是没有什么格式的，像记流水账一样，从一条一直写到三四十条，想到哪一条写到哪一条，觉得写得差不多就完了。其实预测应该是有一个提纲要点的，要有一个基本的行文框架，我现在运用的是按以下八大步骤进行的。

一、命局用神；二、性格；三、祖业六亲；四、婚姻子女；五、事业财运；六、身体疾病；七、后天补救；八、流年运程。虽然我们形成了八大步骤，但因为各人的语言习惯、文化水平不同，每个老师写出来的命稿也不是千篇一律，也是因人而异，各有风格，略有不同的。

在具体的批断流年运程中我们怎样来综合分析，这是许多初学者难以下手的地方。以前许多的命理书上和江湖上许多批命者的步骤方法都不尽相同，而随着命理理论水平的发展和预测学术的规范，有些东西也就改变了。

十年前的命理书上批命的元素过多且复杂，除了基本的四柱、大运、流年外，还有命宫、胎元、小运、关煞、大限、小限，加上种类繁多的神煞，五花八门的断语，再用上生克制化，一般的人就会头昏眼花，不知所从了。而我们现在批命，基本上传承的是邵氏风格，即以四柱、大运、流年六柱为主，运用生克制化规律，抓住命理喜忌，再结合主要神煞和断语就行了。其他的信息如命宫、胎元、小运现在一般都不用看了，这些对命主影响不大的信息以前主要是盲派运用较多，比如现在还有的盲派大师仍然在使用小运。当然邵伟华老师多年以前写的书中有使用小运等信息的痕迹，但是他老人家也是早已不用了。

根据经验及习惯，一般的说，我们预测四柱的流程大概如下：

一、问清楚男命（乾造）、女命（坤造）的准确出生之年月日时，及出生地或籍贯地。

二、参阅《万年历》排出四柱、大运。

三、取配十神、查出主要神煞。

四、依四柱天干、地支之阴阳、五行，找出干合、干生、干克，及支三会、三合、六合、六冲、相刑、相害、自刑等生克关系，判断日主强弱旺衰，取好喜用神。

五、面测则观其手、面相的信息，做为同步预测或参考。

六、根据喜用神分析各大运的吉凶走势。

七、根据大运的吉凶走势，判定四柱的命运档次高低。

八、依预测八大内容进行详细预测，特别是流年运程的具体信息，这部分是四柱预测的重点和难点，当然花费的时间及精力也最多。

九、询问客户还有什么疑问，耐心解答。

十、记录好客户的资料存档研究。

下面我们来简要分析一个四柱，将以上的思路理顺一下。

男命，公历 1945 年 9 月 13 日 15 时后出生（农历一九四五年八月八日申时）

	比	比	日	劫
乾造：	乙酉	乙酉	乙酉	甲申
	辛	辛	辛	壬庚戊
	杀	杀	杀	印官才

	劫	枭	印	杀	官	财	才	食
大运：	甲申	癸未	壬午	辛巳	庚辰	己卯	戊寅	丁丑
	2	12	22	32	42	52	62	72
	1947	1957	1967	1977	1987	1997	2007	2017

四柱第一个特点是金木相战。这个四柱五行的主要信息是天干四个木，地支四个金，当然是金旺克木，木虽透干而多，但都是死木，无根之木，四柱偏弱，还要取水木为喜用神。

四柱第二个特点是官杀混杂。此命可惜早生了一个时辰，若是晚生一个时辰，就了四个乙酉的干支一字造了。别小看这一早一晚，差别太大了，此柱地支三杀一官，成了官杀混杂，且四柱偏弱者更忌官杀混杂，不是伤残就是牢狱官非。

此命的十神信息一是比劫一片，二是地支杀旺，找出这些主要的十神信息后，我们在预测中便可依据"十神心性"中比劫和七杀的特点进行陈述了。

此命的神煞信息是将星多，刑冲合害的主要信息就是酉酉自刑。

总结了以上原局的信息以后，我们便可抓住其五行喜忌这个中心，来进一步的分析大运的吉凶了。

此命金旺为忌，当然也忌土，日元为木，木弱喜水木，水为用神，以取杀印相生，用印化杀得权见名，木为喜神。

第一步大运甲申，干支一金一木，大运代入原局，当然也是金旺木弱，为平中略差之运。幼年运气大多代表家境条件及出身，故易为贫寒出身，难享余荫。

第二步大运癸未，有癸水用神出干，当为好运，此时正好青少年，为好运又为偏印，当然有利学业文途了。

第三步大运壬午，用神之运，又是正印，地支午火还可以制一下酉金，为人生好运。大运与四柱构成杀印相生之格，当然有利工作事业，且有扬名之喜，易求取功名。

第四步大运辛巳，第五步大运庚辰，命中忌神金透干当道横行之时，又是身弱官杀克身，当为命主倒霉之际。此两步大运，刚好是人生中年事业发展的黄金时期，可惜此命却正行大败之运，定是一事无成，有志难伸，自命难保。

第六步大运己卯，第七步大运戊寅，天干有财为忌，但地支寅卯木地，刚好使四柱原局之无根之木有根了，虽年事已高，但也为枯木逢春，老有所为，相对于中年也不失为好运。

第八步大运丁丑，天干火焚枯木，地支丑为金库，又酉丑合金，当为败运。老年行败运，恐有归山之忧了。

通过以上的思路分析，我们可以将这个四柱的人生吉凶分为以下几个阶段：第一个阶段甲申运（12岁前），贫苦的童年，难得家运。

第二个阶段癸未、壬午运（12~31岁间），为人生最辉煌的时光，学业有利，金榜题名，扬名见喜。

第三个阶段辛巳、庚辰运（32~51岁间），为人生最倒霉的大运，兵败如山倒，不死也要脱层皮。

第四个阶段己卯、戊寅，夕阳现余辉，老年可有作为，略得享受。

第五个阶段丁丑运（72岁后），为不吉之运，因已是老年，不能说是倒霉运，争取延年益寿。

至于流年的预测，也是按以上的思路继续进行下去，只不过又多了一个大运，并且不只像大运一样分析八次，那就是几十个流年干支分析，这个工作量就翻了多少倍，所以批流年的工作量和技术含量是很大的。大家学到这里就会明白预测四柱也是一个相当复杂、相当费神的工作，不是一般人做得了的。

实际上此例四柱，家境不好，农村出生。行人生好运癸未、壬午时，先是鲤鱼跳龙门，晋级名校之列，成为那时代真正的"天之骄子"，后又投入社会运动中，名扬全国。人生霉运辛巳、庚辰，却由时代先锋变成阶下之囚。己卯、戊寅之老年好运，出狱经商求财，自由生活。看此君一生人鬼经历，起伏跌宕，真是命运弄人，也是命运不由人啊！

我们再来看一例某预测师的四柱函测，分析一下预测思路中存在哪些问题。

```
          印    印    日    官
乾造：甲寅  甲戌  丁酉  壬寅
```

```
大运：乙亥  丙子  丁丑  戊寅  己卯  庚辰  辛巳  壬午
      05    15    25    35    45    55    65    75
```

客户反馈该预测师只有"性格"和"疾病"不提异议，其他确有不符，要求重新预测。

首先，对于第一关的四柱用神，预测师写道"虽木来生身，又恐太过，身弱之命，五行喜补火"，不知预测师是否将此命当做木多火塞而用火了。显然这取用神上面就有不妥，此命旺衰从专业上来讲是比较简单的，一般的入门者都应该知道。

这是一个明显的印旺帮身，日元较旺的四柱，当然是身旺喜土金啊。

在"祖业六亲"方面，预测师写道"没什么祖业产业"，而事实是命主

"祖上是大户人家，非常富裕"。为什么又错了呢？

预测师断没有祖业，也许是认为年柱甲寅为忌吧。但是我们要知道，断祖业光看年月喜忌是不对的，太片面了，还要结合年柱的十神、神煞信息。此柱年月正印当头，吉神占临，所以虽然为忌，但也应断为"祖上应为大户人家，在当地有声誉有名气有地位，但后来家业易败落"。

在"婚姻子女"方面，预测师写到"婚姻稳定，没什么大问题"，可惜又不幸未言中，命主抗议"婚姻状况极差，正在协商离婚"。预测师为什么这么断，若按他自己的理论与思路就有点自相矛盾了。若按他"身弱用火"，妻宫为忌，财星为忌，应断婚姻不好才是，他之所以那样预测，肯定又是在预测中推翻了自己取的用神，按身旺财星为喜用，丁酉日柱又日支坐喜用神来断婚姻稳定的。

我们来分析一下为什么婚姻不好。其实是原局身旺克财，青年行比劫忌神大运造成的。我们在前面已经学习过了，四柱过旺者克财星，不利婚姻。而在大运中也有不利婚姻的信息，就是青中年大运干透火为忌，印比伤财也！

在流年中为什么是2004、2005年见婚灾呢？其实很简单，大运丁丑，流年甲申、乙酉，虽地支有土金，然大运流年透出见木火忌神，身旺劫财，不利婚姻或财运。甲申年流年还与原局一申冲二寅，虽有申酉戌三会金局，也是金木相战、火金相战；乙酉年流年透枭代表是非口舌，地支与原局妻宫酉酉自刑也是不利婚姻的信息。由此，我们也可以通过事实来核对、检验取用神谁对谁错！在平时学习中，在很多网站上大家总喜欢对有些用神纸上谈兵，争来争去，其实没什么好说的，用事实一对就知谁对谁错，若是讲起理论来，大家都头头是道。

在"事业财运"中，预测师断"文运不利，学历不高"，可惜是写哪错哪，一写就错，命主反馈"正牌本科毕业（不算自费和函授）"。若按预测师取火为用神，命主15岁行丙子大运，正有火透出，应断吉啊，可他又断不吉。

对于学历，在四柱中有时确实不大好断，有时我们也是容易断错的，但此命也有一些信息可查。此命一是原局正官正印，自坐财星，也是小有贵气之格，这是那时候能上本科的原因之一。第二就是神煞的原因，原局三个国印、还有文昌，这些与十神中的正印、正官结合起来也是可以预测高学历的。第三就是流年的关系，从1988年起流年一路土金水透出，都是日主喜用。第四，还有一条断语前半句是"丁壬化木在寅时"（后半句很多人知道，不知道的自己查一下印象深刻一些），也是可以有条件的参考一下。

关于流年的预测，为什么大都不对，随便举几条我们就会发现预测师的思路从取用神到判断流年都是很混乱的，身旺身弱、喜忌吉凶不辨。比如写"2001、2002年运气较好，财运收入有增加，求谋做事较顺"，又写道"2006年、2007年丙丁火帮身之年，这两年会顺一些，有小财，利求财"。我们看看，庚辰、辛巳金出干，特别是庚辰年金旺说吉，丙戌、丁亥火出干也说吉，真是不知谁敌谁友了！

由此案例来看，有时候预测师失误的四柱，还真不能总是怪客户要求太高、太挑剔，或者都是很难测的四柱啊！有时候，还真是预测师"看走了眼"啊！所以我们不论是专业预测师，还是普通易学爱好者在分析四柱时，一定要有清晰的思路，从一开始就牢牢抓住命局的五行喜忌，结合大运流年代入生克制化，按照预测几大步骤来逐步分解吉凶。只要我们抓住命局的主线，就没有什么可怕的了，可怕的就是如这位预测师那样思路混杂，自我矛盾，这样下去自然是一测就错，最后不敢预测了。

本人多年在邵伟华老师身边，故而得以接触到许多真正的内部资料，深得邵氏绝学真传。下面本人独家第一次公开邵伟华老师亲自函测的四柱实例，这是邵老师九十年代初期预测的。当然九十年代中期以后邵老师就只进行面测，不再函测了，所以这些函测的资料是相当珍贵的。

	枭	杀	日	枭
坤造：	庚寅	戊子	壬辰	庚戌

大运：	丁亥	丙戌	乙酉	甲申	癸未	壬午	辛巳	庚辰
	05	15	25	35	45	55	65	75

壬生冬月，水冷金寒，木土皆冻，故取丙火为用神，以解冬天寒气之危，因此，有火生土，土生金，金生水，水生木，木生火，全盘活跃。

壬生冬月，水旺又得印生，实为太过，但戊土有根，水有库，可蓄旺水而有用不至泛滥，因柱中印星重叠，终生从文，坐办公室。一生虽奔波劳苦，老来安居，但仍得享儿孙孝敬之福。

为人仁慈，心地善良，心怀宽广，气量大，不计较朋友间的小是小非。（木命主仁慈，日临月德，日旺得偏印生之），一生多忧少乐（日临墓）

性傲高强，严而操（魁罡）；好斗（偏官、劫刃）；胆大（羊刃）；小时缺奶吃（双枭）。

一生好动，走动多，难以安静，就是工作也是走动性的工作（日、时两相冲，七杀生枭，马无缰）。

脑子聪明好学，有自治能力，是大学生之命，即使没有考上大学，运未行到生不逢时而已。（水主智，柱中有两个偏印，水主智，水被土混杂，枭印始勤终惰，好学艺多学少成，15-24岁行财运克印）。

祖上漂零，家境贫寒，居无住屋（水多木漂，年上逢枭）。

祖上有出远门，或经营或从军（年支马星，父从马来西亚回国后当兵），先丧父（财弱）。

两个母亲（柱偏印双透）。

兄弟姐妹8个左右，本人排行不是老大（实有9个，双母加倍又印多，旺，壬临辰库不是老大）。

兄弟姐妹无靠，靠自己奋斗，白手起家（旺而比劫）。

婚姻不顺，老来孤独（日时辰戌相冲），结婚早在1971年（丙辛合）。爱人有官，有名气，在军队，或从事公检法工作，能干、有魄力（杀为夫星，杀为武人，杀印相生；爱人是军官转业）。

第一胎生女儿好，比生男儿好；有流产（第一胎流产，第二胎男孩；时逢枭易流产）；孩子聪明好学（子位偏印）。

命中有财，财不多不旺；有库，终生不缺吃穿，有钱能存。

祖上有人信宗教或烧香磕头；本人也信宗教，喜占卜（有华盖）。

事业上能干，宜从事文字工作。一生从文，文章写得可以（柱中杀印相生，即印多）。

官运不利（杀弱杀多），在业务上有权有势（杀印）。

一生中小人多，工作调动多（柱中杀多、日、时、辰戌相冲）。

如要做生意，利从事与火有关的生意，发南方财，如煤碳、气、燃料、电、电厂、灯具、图书、报刊、纸张、文化、文教及其用品……（壬日以火为财）。

利南方，东方（火为用神，木为喜神，木可制官杀）。

宜穿红、绿色衣服（红为火、绿为木）。

宜在外乡创业（七杀枭重）。

身体方面总的情况可以，但身体属于偏寒、胃、食道、腹有病；痛筋骨、腰痛胃风湿病。有个伤灾，小时身体不好（壬水冬月寒，寒风湿；金生冬月筋骨、腰痛；土为胃，枭神好伤）。

一生中遇到困难有贵人帮助，遇危难之事能逢凶化吉（天乙、月德贵人）。

一生要遵纪守法（壬临墓库，又有辰戌）。

运程：

从运程上看，24岁以前不顺，特别小时候病多，还有伤灾之事；如1954年，伤头和跌断手。（1954年是甲午年，柱中庚克甲，甲午与月令戊子天克地冲）。

5~14岁，本人身体不好有病，而且家境也不好，1956年不是本人有病痛之灾，就是父母有灾或者不顺，实际是本人肾病差一点丧命（应1956年是丙申年与庚寅天克地冲，家境不是好，1960年父有病，因枭见枭）。

14~15岁走动多，实际上是因父在部队，随军到处走动（走动多，运冲日支，应1971年结婚，辛亥年之辛与运上丙合）。

15~24岁虽走财运，但因年龄小，又与国运有关，故走财运，不能发财，只能有温饱。

25~34岁走乙酉伤官运；但因柱中有庚，运是酉制伤，故此运中不但无灾，而且各方面较稳定，1975年如不调动、走动、搬家或喜事，当年有灾或不顺；实际上1975卯年大搬家免了灾。（1975年搬家，应运酉金冲太岁之卯）

35~44岁走食神运，此运中，本人工作上较好，有实权，1986、1987年经济条件开始好转，1986年、1988年、1990年、1992年、1994年，不是本人有灾，病痛之灾，就是小孩和父、祖上有灾。实际上，1986年调到深圳在重要部门工作，1988年丧父，1990年丧外婆，1992年丧公公，1994年吃错药抢救、住院（指出1986年一是本命年，二是申运冲刑太岁；1988年杀旺逢墓地，丧父亲；土金火晦气；1990年者枭重见枭年，丧外婆为枭神夺食，食为祖父母、外婆、外公，1992年者，丧公公，年支寅冲克太岁和运之申，又是比肩年，1994年住院，甲为食，柱中有枭，故有枭神夺食之灾1994年因本人有病孩子无事，这步运我指出长辈有灾，是甲申大运与年柱庚寅天克地冲）；1996、1997年财运好。1998年不顺，要防母有病或者防官灾（1998年戊寅与大运天克地冲，冲克太岁是本命年）。

45~55岁，身体较好，但小人多，有耗财之事，这步运中，不顺和有灾之年；2003年岁运并临，防疾病伤灾，2004年自己防病，防伤灾，还要注意孩子有灾。（2000年枭重见枭，2004年甲申年，有枭神夺食之灾；2003年岁运并临，可在2002年十二月时进行化解；2009年戊子与大运、壬年天克地冲，除本人有灾之外，兄弟姐妹中有人有灾，丈夫有灾）。

55~56岁走比肩运，一不利婚；二不利兄弟姐妹，他的家人当中有人有灾甚至去逝，三不利本人，提纲逢冲十有九凶；四是走动多；五财气好，子午相冲，冲出对宫之财。其时间2010年，庚寅年60岁，2014年，甲午年。

65~74年走印运，身旺逢印不吉，故老来多病，其时间是2016年，丙申年，2019年，即己亥年，2020年，庚子年，2012年，壬寅年为本命。但老来财源不断，又是印地，仍为有福之人。

第十八章　命理常见关口

一个人的命中有没有灾，什么时候有灾，灾大还是灾小，必须要通过专业的预测师来判定，而我们一般的老百姓，怎样来预防自己命中的灾难呢？其实我们可以掌握一些基本的命理常识，了解命理上的常见关口和容易应灾的年份，提前进行自我简单的预防。下面对这个问题专门进行介绍。

命理上常见有灾之年和关口如下：

6岁、36岁、54岁、59岁、60岁、66岁、73岁、84岁都可能有灾，都是常见见灾之年。

本命年、冲太岁也是有灾之年。

天克地冲、日柱伏吟、岁运并临也是有灾之年。

6周岁是人生的第一个关口，此为四柱中年柱与流年天克地冲，小孩没有自主能力，自身的抵抗力不强，年命逢冲为冲年命太岁，弱者不受冲，故而有灾。轻者不利老人长辈，重者本人有灾。很多小孩子就是6岁时有伤灾或大病灾，甚至夭折。当然现在的生活条件好了，都是独生子女，夭折的很少了，但意外之灾是谁也想不到的。

大家可以去了解调查一下你们周围的人，就会知道六岁关的存在了。有的小孩子这年得病了，有的摔伤了，有的爷爷奶奶去世了，有的父母离婚了，有的家中破财了，总之很多都是不顺的，应灾重的就是自己夭折了。

36岁是人生中年鼎盛时期，又是本命年，所谓"刚过易折"、"物极必反"、"盛极易衰"，所以也有些人中年折载，壮士早逝。

54岁是太岁流年与年柱天克地冲，是人生进入老年段后第一个容易见不顺的年份。特别是夫妻年命天克地冲，或男女命硬，有克夫克妻信息的更不利。

59 岁是即将进入下一轮甲子的最后一年，尤如一支即将熄灭的蜡烛，奄奄一息，古语云"人逢五十九，神仙也难走"。

60 岁是又一轮甲子的开始，所谓运之始末都会是气场变化较大的时候，这种情况下更容易应灾，又 60 岁是本命年。此时尤如一支刚刚点燃的蜡烛，弱不禁风，古语云"人逢六十花甲子，不死也要脱层皮"。

66 岁又与年柱天克地冲，重复 6 岁关口，古语云"人逢六十六，不死也要掉块肉"。

73 岁其实也可指 72 周岁，老年的本命年，84 岁也是本命年。古语云"七十三、八十四，阎王不请自己去"。

当然以上只是一种基本规律，不是绝对的，都要结合具体的四柱，结合五行生克制化来做精确的判断。

岁运并临。古代命书云："岁运并临，不死自己死他人"，邵伟华老师也在《四柱基因学》一书中对岁运并临之灾做了重要的论述，邵老师本人也是非常重视岁运并临之灾的，从邵老师出山至今唯一亲自解灾的项目就是岁运并临之灾，可见此灾一定要引起我们的注意。其实岁运并临之灾也不是都是有大灾或会死人，也是有吉有凶的，为喜用神者则升官发财，有喜庆之事，为忌神仇神者，凶祸立至。有人一听岁运并临之灾不完全都有灾，是不是就可以说岁运并临不重要了呢，非也！

正确的学术观点是：第一，岁运并临之灾并不是遇到都有大灾，也要分五行旺衰和喜忌，若大运流年为喜用神者喜上加喜，若为忌神仇神者，凶祸立至，凶上加凶。也就是说，一般的四柱大运流年中为忌神到位，当然会有灾不吉，但是如果又是岁运并临，则灾更大，这就是有岁运并临和没有岁运并临的区别。第二，岁运并临就算为忌也不一定都会死人，它是泛指灾性大，重则死人，所以我在具体运用中有时也会写"岁运并临，不伤自己伤他人"，这其中的差别就是我们判断忌神力量的大小而定。第三，岁运并临原文是"不死自己死他人"，老祖宗早就告诉我们了，有可能自己见灾，有可能是家中其他亲人见灾，并没说命主一定死啊！可是现在有些人写的书不知是看不懂、领悟不了这么简单的一句话，还是别有用意，找出一大堆命主无灾的例子证明岁运并临是"命理谬说"，我看他们自己写的那些东西才是命理谬说，不可信也！比如有的例子中，岁运并临之灾，自己没灾，父亲死了，难道不是"不死自己死他人"吗？难道不对吗？谁让你只盯着命主本人看啦？若按有些人的方法，上例只写自己平安没灾，只字不提父亲死了，一是又可以当"实例"误导易友一次了；二是若看不到父亲应灾的事实，对命主本人无灾百思不解之际又可以恍然大悟，套用上"从旺格"的理论好好演绎一番了。

有人一听岁运并临之灾不完全都有灾，是不是就可以说岁运并临不重要了呢，非也！因为经过大量的实例研究表明，岁运并临在大部分情况下还是有灾的，所以我们还是不能掉以轻心，还是要重视对岁运并临之灾的预防化解，俗话说"小心无大错"，再说了还要留意后半句的"死他人"啊！

岁运并临，四柱组合较平衡者多灾应六亲，组合不平衡者多灾应自己。岁运并临，临羊刃七杀，或与柱中见天克地冲者最为凶。

本命年。本命年即遇到与本人属相相同的年份，如属虎之人再遇到虎年，它以 12 年一轮，即 12、24、36、48、60、72、84 周岁等。俗话说"太岁当头坐，无喜必有祸"，这个俗语说的是本命年可能有喜事，也可能有灾，但是民间一般都将它当做有灾不顺来对待，很多地方在本命年都要"带红"来避灾。其实从专业角度来讲，本命年并不是都有灾，可能有灾不顺的占一半多一点吧，也有见名见喜的。至于本命年到底是吉是凶，当然要经过专业的四柱预测才能确定。

而我经过多年的研究总结，发现本命年不论吉凶，起码是人生当中比较重要的年份，容易发生比较大的、标志性的事情，且多易环境变化。比如升学（小升初）、工作、结婚、添丁、搬家、买房买车、工作变动（运气好则升职，运气不好则降职；运气好则换好单位，运气不好则下岗）、住院、手术、带孝等。

冲太岁。即年命属相与流年属相六冲，如属兔之人遇鸡年。为什么冲太岁也容易有灾呢？冲太岁，表面上看是一个太岁受冲故见灾，其实是两个太岁互冲互伤。四柱原局年支的称为年命太岁，流年地支出现的称为流年太岁，流年与年支相冲，等于年命太岁与流年太岁互冲，太岁为皇帝，不可冒犯，不可欺负，所以冲太岁的灾性也比较大。

伏吟。即流年的干支与四柱中某柱干支完全相同。在具体运用中一般以流年与日柱伏吟灾性比较明显，比较大，所以古语有云"日柱伏吟，家事不宁"、"伏吟伏吟，泪哭淋淋"。大家要区别的是，流年干支与大运干支完全相同叫岁运并临。

下面摘取几个媒体公开的名人事例，以证明各种关口的存在和影响。

二十世纪著名影星，玛丽莲·梦露，出生于1926年，于1962年离奇死亡，至今她的死仍是一个谜。梦露英年早逝，一代名星陨落，此为36岁关口及本命年见灾。

土库曼斯坦"终身总统"萨帕尔穆拉特·尼亚佐夫2006年因心脏骤停去世，终年66岁，其出生于1940年。出生年份为庚辰，去世年份为丙戌，天克地冲，此为66岁关口和天克地冲见灾。

伊拉克前总统萨达姆生于1937年，其统治政权于2003年被西方多国推翻，本人被捕。其出生年份为丁丑，见灾之年为癸未，时年刚好66岁，此为年柱与流年天克地冲之66岁关口应灾。

"恐怖大亨"本·拉登出生于1957年，于2011年5月被美军击毙。其出生为丁酉年，死于辛卯年，年命与流年干支天克地冲，正为54岁，此为54岁关口应灾。

坤造：癸卯　庚申　甲申　辛未

1981年辛酉岁运并临之灾，骑自行车出车祸死亡。

此造日元甲木生于申月处绝地，虽有年上印星癸水生身及年支卯木为根，但申月官杀太旺，枯木难支，仍为较弱之命，取印星化官杀为用神。

1981年辛酉岁运，干支官杀旺地，原局、大运和流年共有八金克木，又大运、流年卯酉相冲，甲木之根被拨去，身弱无依，有克无生，一命鸣呼。

坤造：戊申　乙卯　乙亥　己卯

1974年甲寅岁运并临之灾，此年父亲去世，应"不死自己死他人"。

此造原局日元较旺，身旺克财。虽透双财，然财星无根又无源，原局已然克父，只待岁运引发。

1974年甲寅岁运，劫财羊刃旺地，又与年柱天克地冲，木旺克土，父亡。此为岁运并临，不死自己死他人。当然同时，命主也是6岁关口、冲太岁、天克地冲的灾年。

坤造：丙辰　壬辰　辛丑　庚寅

此命2000年母亲故亡，此为本命年应灾。

此造地支三土生金，干透劫财，遇2000年庚辰土金旺之流年，又透劫财，日主较旺，易克父母。且此年交脱运，上运庚寅透劫财，下运己丑枭旺，都是帮身过旺不利父母之时。而流年庚辰正是本命年，又与原局构成三辰自刑，土旺生金，身旺克父母，印旺为忌也是不利母亲，故而有灾。

坤造：戊午　甲寅　戊午　己未

此命2002年壬午，本命年父亲死亡。

原局虽然杀旺当令，然柱中比劫一片也是同体，羊刃叠叠，原局已有克父母的信息。

2002年壬午，虽行壬子同体财旺之运，然柱中比劫众多，又遇流年壬午，三午冲大运一子，火旺克水，故父亲应灾。

此年还是本命年，三午自刑，火旺克水，三午为羊刃会聚，故克力更大，应灾更大。

坤造：戊寅　辛酉　丁卯　戊申

2004年甲申（大运庚申），腿部摔伤后发展成骨头坏死，竟要截肢。

此命丁火不得令，财旺耗身，又年时二个戊土泄身，幸有年日支寅卯木来护身。然此木生于秋天金旺之地，也是枯木自身难保。

更为不幸的是，初行大运就是庚申，大运金旺且原局当令，忌神强势，为败运。此庚申与原局构成二申冲年支太岁寅木，寅木为用神，此为用神受伤，不吉也。

流年甲申，虽干透甲木印星为用，然在原局与大运中并不是甲木当旺，而是申金当旺，金旺克甲木，用神受伤。又原局、大运、流年构成三申冲一寅，此为太岁逢冲、六岁关口（天克地冲）、喜用神受伤，故见灾。木为头、为肢，故腿部见灾。

坤造：庚辰　癸未　癸未　癸亥

此女孩 2003 年癸未，头部开刀。流年癸未，与原局日柱癸未干支相同，此为伏吟见灾（当然与月柱也是伏吟）。

第十九章
命理后天补救和化解方法

我们提前预测出一个人有灾难不顺之事，除了让求测者做到心中有数，还有一个就是做到提前及时进行补救化解，化解是根据其命理上的不足或缺陷，按照一定的方法进行后天的补救和调理，达到化解命运不吉的目的。但是，严格意义上说，不能说是改运改命，命和运是改不了的，只能是有效的、局部的、有限的调整！假如你是老百姓的命，通过补救，可能让你生活好过一点，收入多一点，但是谁也没有办法让你成亿万富翁！

化解的大前提是一定要超前化解，即在灾难没有发生之前进行，而不是"临时 (死) 抱佛脚"，很多人等到出事了再来找老师要求化解，这是没有用的，我们也没这个本事。进行化解，可以使人渡过关口，避免不必要的一些损失，但也不是什么灾都可以化解的。如果什么灾都可以化解，世上就没有灾难了，人也不用死了。有些所谓的命理书和一些大师对别人吹嘘说什么灾都可以解，只要给多少钱就可以办到，这种人千万不要相信。有个学员就跟我说过他曾经找一个香港的大师预测，这位大师告诉他，只要给他 3 万元钱就可以帮他化解，助他的财运，这个学员见他预测都不准，就没有相信。大家想一想，其实很简单，如果这位"大师"有这点石成金，旺财发财之绝技，那他自己早就成了富贵之人，可惜大部分流窜江湖的"大师"都是面黄肌瘦、度日艰难之人。

所以我强调关于化解和补救的重要的原则是：大灾化小，小灾化了；预防为主，提前办理。

我们不要想着大灾能化了，不要认为什么灾都可以化。这点大家要认识到，否则就会走到化解的歧途，因为人的力量对于宇宙运动而言是微不足道的，要想彻底改变自然发展的规律不是那么容易的。认识到了这一点，我们就会更理智的看待预测和化解的关系，必须是以预防为主，化解为辅，不要什么都寄希望于化解，这也是不现实的。

我们也不要想着，就算有灾反正已经做了化解工作，就什么都不怕，什么都不管，仍然做与命理相违背的事，这种心理也是不对的。比如有的人某年要破财，你按老师说的做了很多化解工作，可是仍然天天去赌博，大家说这样有用吗？这样他仍然要破财啊！知道要破财，就要从主观上、从日常生活工作中积极预防可能破财的途经，再加上各种化解方法，这才是正道！

后天补救和化解主要是根据四柱上的喜用神来进行的，通过方向、职业、颜色、用具、名字、饮食、地理环境、选择配偶、交友等方面综合补救，尽量多与命理相符才好。

一、名字补救法

名字虽然不是决定命运吉凶的关键因素，但是名字的好坏确实是对命运有影响作用，特别是如果一个人的命运不好时，名字的影响就更重要了（因为你的出生时间改不了，命运已定，但是名字可以改啊）。可以根据四柱的喜用神，结合姓名学之三才、五格，选取特定的汉字及笔划进行搭配，而不是随便找几个字。

当然，这其中也包括开公司、做企业的老板，其企业名称也要与命主的命理五行相配。

有的小朋友幼年身体不太好，经常小病小灾，或是学习不稳定，成绩老是上不去，虽然这主要是命理的原因，可是也有名字的原因。有些小朋友就是名字也是不吉的，或笔划不吉，或汉字的偏旁刚好有忌神五行，这些情况经过我结合四柱取了名字以后，几个月后都有不同程度的改观，虽然不能从根本上改变命运，但这也是后天补救或调整的有效方法之一。

二、颜色补救法

根据四柱喜用神五行所属之颜色，选用与喜用神五行颜色一致的衣服、日常用品，还有司标、员工工作服、汽车、家具、床单被褥等。总之，在不影响正常工作和生活的前提下，能多用就尽量多用这些主色调。

命局喜火，宜多用红色、紫色。

命局喜土，宜多黄色。

命局喜金，宜多用白色。

命局喜水，宜多用黑、兰色。

命局喜木，宜多用绿色。

比如近年有几个特大型企业都花了很大的精力来更换了公司标志的主色调，到底是什么原因，只有他们老总自己心知肚明。

三、方位补救法

四柱喜木，宜往出生地之东方求谋发展，办公桌宜坐东向西，宜头朝东方脚朝西方睡。

四柱喜火，宜往出生地之南方求谋发展，办公桌宜坐南向北，宜头朝南方脚朝北方睡。

四柱喜土，宜在出生地、本地求谋发展，办公桌宜坐南向北，宜头朝南方脚朝北方而睡。

四柱喜金，宜往出生地的西方求谋发展，办公桌宜坐西向东，宜头朝西方脚朝东方而睡。

四柱喜水，宜往出生地的北方求谋发展，办公桌宜坐北向南，宜头朝北方脚朝南方而睡。

关于方位要注意的是，是以出生地为中心，结合籍贯地、成长地。而办公桌或床头的朝向，从方位上讲是按以上原则，但要与具体的风水吉凶信息结合起来运用。

有一位客户，他告诉我以前在广州发展，2003 年回到了武汉。我从四柱中看到他喜火忌水，便对他讲"你在南方发展好，你忌北方，不应该回武汉！"果然他讲，回来过做了一两次投资都失败了，财运很差，与广州不可同日而语。

但我又看到他四柱中 2003 年刚好有灾，便又讲道，"虽然你回来的方位不对，但是你那年有灾，你不动的话不光是破财，还有牢狱之灾！"他很吃惊，原来回来正是为了避免官非。

人生有时就是这样，其实很多时候都是命运推着我们走。你行运不好，就会走到不好的方位，从事不对的行业。如果行运好的话，就会行到喜用神方位，从事有利的行业。

四、地理环境补救法

四柱以木为喜用神者，宜选择温带区域，公园附近、多树木花草之地居住。

四柱以火为喜用神者，宜选择热带，大陆性区域、中心区、闹市区居住。

四柱以土为喜用神者，宜选择温寒适中之地及高山、平原、丘陵之地居住。

四柱以金为喜用神者，宜选择凉性区域及多金属、矿产之地居住。

四柱以水为喜用神者，宜选择寒冷之地及江河湖泊海洋之地居住，一句话，近水而居。

五、数字补救法

五行之数字以河洛之数为准，而不是以姓名学之数为准，学术界多有谬误，切不可错。

木为 3、8；火为 2、7；金为 4、9，水为 1、6；土为 5、0。

根据四柱喜用神五行所属之数字，选择对应的数字进行补救，如门牌号、车牌号、电话号码、手机号码、楼层、工作号等，一般用尾数。

六、行业补救法（自我创业尤为重要）

根据四柱喜用神五行所属之行业及十神寓意的行业，选择适合自己且对自己有益的职业。若符合命理，则事半功倍，喜上加喜，谋事多顺，若不符合命理，则档次降低，谋事有成有败，行运不好则破财官非。

木有关的行业：木材、木器、家具、园林、花木、菜园、森林、竹子、竹器、植物等行业和经营等。

火有关的行业：煤炭、石油、燃气、各种燃料、光电、电力、通信、电子、电器、计算机、图书报刊、印刷、文教、记者、律师、科研、行政、书画艺术、塑料、纸业、影视娱乐业、布匹、服装纺织。

土有关的行业：土建、房地产、装饰、工程设施、石材、玉石、农作物、山货、粮食、土特产等。

金有关的行业：金属材料、金属器械、金银器皿、银行、财务、（以下指工作而非投资）金融、股票、证券等。

水有关的行业：水产、酒类、饮食、酒店宾馆、美容美发、化妆品、旅游、航空、交通、运输、物流、医药、体育运动、中介咨询、宗教、周易等传统文化和服务娱乐业及流动性行业。

七、配偶补救法

根据四柱喜用神五行旺衰及有无，选择对方的四柱中有有利于自己信息的人作为自己的命局所喜之配偶对象，可以达到提升自己命运档次的作用。这一条，即合婚，在还没有结婚前，选一个对自己命理有帮助的配偶，以便旺财旺家。男命找一个旺夫的妻子，女命找一个旺财、事业发达的老公，这样夫贵妻荣，生活幸福。

比如我有一位朋友，她老公是一个大型集团的董事长，是所在行业的龙头地位，还有一些会长、委员的头衔。可是我看她老公的四柱，还有很多人预测看她老公的四柱，都一致说她老公还未上好运，以其大运不可能有现在这么大的成就。那么这是什么原因呢？原来就是他找了一位旺夫助夫的妻子，我这位朋友的四柱一看就是可以帮助老公的人，且现行都是好运。也就是说她老公虽然没有走到好运，可她走的是好运，夫贵妻荣，妻好旺夫，也是可以影响老公的运气的。

八、积德补救法

所谓"一善解百灾"，我们按能力及现有条件尽量多办多做一些善事，可逢凶化吉，大灾化小，小灾化了，甚至无灾，同时也能起到增福延寿，荫及子孙的作用。当然做好事、做善事，是不拘一格的，各种有益活动大家都可以参与，主要有以下内容。

可以皈依佛道，拜和尚、道长为师，家中敬供神佛，或经常烧香拜佛，多看多念、助印经书，捐款修建庙观。亦可结缘其他合法宗教。

不生恶念，不杀生，不吃龟、蛇、牛、狗肉等。在不顺之年多放生（买龟、蛇等生灵放入江河或寺庙放生池中，在正月十五前或十月初八日较好）。

积极参与捐助希望工程等社会公益活动，扶危济困，助残助老助孤，多行善义之举，为修桥补路出钱出力。

有灾之年的年初外出旅游走动、搬家迁居、建房装修、买物置业。

大灾不利之年，也可以做法事、道场化解，大灾特别是血光之灾的年分也可以提前义务献血来破解。

当然调整阴阳宅风水，摆放吉祥物也可起到一定的解灾助运的作用。

下面引用一个石油大王洛克菲勒积德延寿的故事。

人们都知道石油大王洛克菲勒是个著名的慈善家，但少有人知道洛克菲勒也曾被薄薄的一层银子蒙住了双眼。

洛克菲勒出身贫寒，创业初期勤劳肯干，人们都夸他是个好青年。可是他富甲一方之后，便变得贪婪冷酷了。宾夕法尼亚州油田地带的居民做成他的木偶像，然后将那木偶像模拟处以绞刑，以解心头之恨。无数充满憎恨和诅咒的威胁信被送进他的办公室，连他的兄弟也不齿他的行径，而将儿子的坟墓从洛克菲勒家族的墓园中迁出，说："在洛克菲勒支配的土地上，我的儿子无法安眠！"

　　洛克菲勒的前半生就在众叛亲离中度过。结果洛克菲勒在53岁时已是疾病缠身，瘦得像个木乃伊。医生们向他宣告了一个残酷的事实：他必须在金钱、烦恼、生命三者中选择一个。这时他才开始领悟到，是贪婪的恶魔控制了他的身心。他听从了医生的劝告，退休回家，开始学打高尔夫球，去剧院看喜剧，还常常跟邻居闲聊。他开始过一种与世无争的平淡生活。

　　后来，洛克菲勒开始考虑如何把巨额财产捐给别人。起初人们并不接受，说那是肮脏的金钱。可是通过他的努力，人们慢慢地相信了他的诚意。密歇根湖畔一家学校因资不抵债即将倒闭，他马上捐出数百万美元，从而促成了如今的芝加哥大学的诞生；北京著名的协和医院也是洛克菲勒基金会赞助而建成的；1932年的中国发生了霍乱，幸亏洛克菲勒基金会资助，才有足够的疫苗预防而不致成灾；此外，洛克菲勒还创办了不少福利事业帮助黑人。从这以后，人们开始以另一种眼光来看他。

　　洛克菲勒的前半生为金钱迷失了方向，后半生千金散尽，才重返生命的正道。他一生至少赚进了十亿美元，捐出的就有七亿五千万。他用一生的时间才找回曾经丢失的世界，那里有用金钱买不到的平静、快乐、健康和长寿，以及别人的尊敬和爱戴。做到这些，享年98岁的洛克菲勒死而无憾了。

　　其实关于积德延寿、积德改运的故事，我国自古就有很多传说，特别是一些佛家和道家的经典中更多类似的故事。现在广为流传的《了凡四训》中的主人翁袁了凡行善积德而改运的故事更是让人津津乐道。洛克菲勒的故事无疑是现代版的"袁了凡"，如果说袁了凡过于遥远，让人将信将疑，但洛克菲勒的故事则是活生生的，让人不得不信行善积德可以有延寿改运的神奇作用。

　　还有我们大家都很熟悉的香港富豪曾宪梓先生，他十多年前就已经得癌症了，但是他发财不忘祖国，多年一直坚持行善积德，为各种公益事业捐款数亿元，所以也能延寿。所以我们平时多做点善事总是有好处的，"不报自己报儿孙，不报今生报来生"，当然做善事不求回报才是最高境界啊。

　　有的读者看了以上有关的化解预防的内容，可能觉着不过瘾，也可能觉得不如有的"大师"说的神秘，可是我要重申的是，对于解灾，我们要相信是有作用的。我们推广的都是现实中容易操作的、比较实用的、不带什么迷信色彩的方式方法，但是我们不能过度的大解灾的作用。现在有些人为了赚钱和出名，吹嘘什么灾都解，简直像江湖游医一样包治百病，大家想一想，若是真能这样神奇，地球上早就人满为患了。

虽然解灾的作用不能夸大，但是我们也不要怀疑解灾的作用，肯定是有作用的，只是有大小之分，下面看几个解灾的实例。

乾造：乙未　戊子　乙卯　丁亥

2003年岁运并临之灾，命书云，"岁运并临，不死自己死他人"。

下面我们从原局到大运、流年来分析一下命主的吉凶情况。

日元乙木生于子月得令，时支亥水相生，自坐卯木为根，年透乙木帮身，又亥卯未三合木局帮身，虽有月时食神及财星泄耗，仍为较旺之命，命喜火、土无疑。

癸未大运，干透癸水旺而为忌，地支与原局仍是亥卯未三合木局帮身，原局木旺，大运更旺为忌。且大运与原局构成枭神夺食，忌神伤克用神，见灾不利也！流年又见癸未，五行生克理论同上。

流年中更有本命年，流年太岁未为木库，旺木见库为忌等不利信息。

此命命理上本来是有灾的，但是经邵伟华老师提前解灾，却平安无事，这就是预测四柱后知道有灾提前化解平安渡过的实例。

坤造：丁酉　己酉　丙戌　丙申

大运：庚戌　辛亥　壬子　癸丑　甲寅　乙卯　丙辰　丁巳

这是我在广州教学的2005年四柱面授班上的一位学员，当时我观其面相应有婚姻不顺的信息，便主动要来她的四柱进行研究。

排出四柱一看，命中不利婚姻的信息果然存在：一是比劫一片；二是透伤官；三是夫星不明。

我一看，当时正行癸丑大运，正是大运与原局构成伤官见官，应为应事之运。

再来看什么流年容易应灾呢？首先仍找官星或伤官之年；其次因原局有一个金局，找冲金局的卯、寅之年（冲三会局打破原来五行平衡，同时卯酉

219

冲、寅申冲为金旺克木，用神受伤），这其中的流年中正好1999年己卯年构成这些要素。于是我断她此年有灾，不利夫妻家运，结果她说无事平安，我不得其解，问她这年做了些什么事，一说出来原来真是内有乾坤。

实情是这年她去上海同学家中住了四个月，在此期间家中装修，回来后老公已装修好房子，设计了一人一间卧室，夫妻分床。

这就是一个无意识下刚好自行解灾的事例。通过事例我们得知，她一是夫妻分居走动；二是家中装修变动破费；三是夫妻分床，这三件事正好都是解灾的方法，她这是无意识间解了灾。我们在预测中偶尔也会遇到这种刚好做了些事，采取些行动而自行解灾的事例，所以我又要说一下，不要把四柱预测想得太简单，不要以为能学会命理预测就什么都能算准，有些时候客观情况会流年影响吉凶的，追求和宣扬所谓"铁口直断"只能说是比较局限的想法。

还是这步运，我再看2005年乙酉也应是有灾的年份。一是本命年；二是伤官见官；三是申酉戌会金局忌神旺；四是酉酉自刑，忌神旺；五是金旺克木，流年乙木用神受伤。

结果她这一年就没有1999年那么幸运了，一是破财，二是脖子开刀。破财自然是流年更是财多身弱，用神无力。脖子开刀，正是乙木用神受伤，酉酉自刑金旺为忌，故应金器血光之灾。

第二十章　命理杂谈

大家在接触四柱预测和命理学的过程中，不免会看到各种门派的书籍，或各地的预测方法，这些门派、方法或理论有些是有可取之处，可是也有很多是错误、谬误的观点，也有一些陈旧、落后的模式，我们必须加以辨别，不能一错再错。下面就一些有代表性的问题进行探讨。

第一节　关于时辰的误区

现在一些网络上，大家经常可以看到有关用"真太阳"、"地方时"来排四柱的论调（不能称为算命，因为只是排的四柱时柱不同，算命用的理论还是我们老祖宗的五行生克制化那一套），并且他们还摆出一大堆收集来的真太阳时、地方时与北京时间的误差表，好像我们用了千年的按官方时间排四柱预测的方法错了，不科学了。其实这些人根本就是外行，是典型的闭门造车，他们既没有多少实践经验，也没有动脑筋想一想他们的观点符不符合逻辑，更没有考虑到玄学的特性。

关于真太阳时

我国的命理学理论体系是依据我国的传统历法——农历为基础进行发明、研究、完善的。而现在流行通用的阳历又称为太阳历，是以地球绕太阳公转的运动周期为基础而制定的历法，是目前通行世界的公历，是古罗马人向埃及人学得，而传播于世界各地的。但农历与阳历是有相对应的转换关系的，所以我们现在预测四柱时报阳历和阴历都是可以的，排出来的四柱都一样。

现行阳历用的时间是平太阳时，而所谓真太阳时就是在平太阳时的基础上略有修改，最多的时间差异其实也不大。

大家有没有想过，我们的命理学发明是基于农历的（对应阳历、平太阳时），并不是基于真太阳时，且所谓真太阳时的发现远远在农历纪年纪时之后。我们能把后世的数据通过时光隧道套在前世的理论上吗？这相当于用现在的导弹去和古代的皇帝打仗，那不成了关公战秦琼的笑话了吗？

地方时与北京时

至于有些人提倡地方时，他们的观点就是说我国幅员辽阔，各地时间与北京时间有差异，应该考虑使用地方时以减少这种差异。这种观点好像也有道理，但是我们翻开老祖宗的命理书看一看，却没有一处四柱提到用地方时排的，原来是地方时的历史更短啊！

甚至有的人还在网站上或"内部资料"上言之凿凿的举一些例子说，某个四柱因为是按北京时间排的就算不准，再换了地方时就可以算准了，就可以将他所掌握的事实情况用地方时排的四柱套上去了。他们好像是在做更精细的学问，可是他们有没有想过一个很简单的问题，一二千年了，我们的先人都是用农历，用国家法定时间来排预测四柱的，人家好好的用了一二千年，怎么到了现在这些人就说算不准了。如果这些人说不用真太阳时，不用地方时预测不科学，那请问我们老祖宗是怎样算了一二千年的，请问我们古代的命理学家是怎样著书立说，怎样从事命理发明、研究的？我们的老祖宗传承下来的命理学，可没有一处四柱注明是用真太阳时和地方时排出来的啊！

退一万步说，就算这些"真太阳时"、"地方时"有道理，也是对命理学作用不大，没有多大的实际意义，为什么这样说呢？

有的人举例说，新疆地方时与北京时相差二三小时，排的四柱时柱便不同了，这里天已大亮，那里还是黎明，听起来好像地方时更符合季节气候。

可是大家想一想，用了地方时就科学了，就精确了？仍然不行。就拿新疆地方时来说，一个新疆顶上别的地方几个省，同样是新疆，新疆的东南西北仍有时差，新疆东西两边也相差那么多经度啊。那我们要不要更"精确"一点，再来分一个"石河子时间"、"依犁时间"、"库尔勒时间"啊？所以如果有人要用真正的"地方时"，就应该用GPS卫星定位系统放在求测人出生的那一个点上，求得精确的经纬度数据，再将这数据送到中科院有关部门去计算出真正精确的地方时或真太阳时，再来按这个时间排出四柱，是吧！

如果现在有些人认为命理上使用的历法不合理，那么请重新从头来发明一套新的命理学理论吧，因为传统的命理学是基于传统的历法时间。如果这些人认为北京时不够"精准"，那么干脆去研究五柱、六柱预测法吧，把分钟、秒钟也各排一柱不是更准确吗？

上面我提到的玄学的特性，就是有关气场的问题。气场就是信息场，玄学的很多理论都建立在气场学说中。我们全中国人都在用阳历和农历，都在用北京时间，而世界上大多数国家都在用公历，这里面就有一个气场的问题，它们用的人多，气场信息场就大。在我们的日常生活中，国际上根本没有人用真太阳时，在国内也没有人用地方时，它们的气场信息场就很小，甚至没有，它们没有信息场，我们又如何去通过算四柱等手段去提取其中的一些信息呢？就像我们算卦一样，为什么算卦时要当事人自己亲自摇卦啊？就是通过铜钱与当事人身体的接触，通过当事人握住铜钱时发出的意念来提取一些信息。为什么我们不让张三去为李四摇卦啊，就是因为他们的气场不同，信息场不同。

第二节　关于早晚子时的误区

分早晚子时排四柱之法，清代也有这种观点，但是学术上的东西谁都可以思考，谁都可以发明研究，关键是看它合不合理，科不科学，实不实用。应该说分早晚子时来排四柱的方法本身就不是主流，只是一小部分人的想法，主要是民间的瞎子一派运用较多，这几年又因为某大师本身是师承盲派，故而将有些瞎子的用法"发扬光大"了，推崇、教授早晚子时就是其"功劳"之一。

我国自古就将一天分为十二个时辰，命理上也清清楚楚的规定一天的界限是子时，一月的界限是十二节气。我在这里请问大家，一天的第一个时辰是什么？大家肯定说当然是子时了。那既然一天的第一个时辰是子时，凭什么把这一天的第一个时辰要分半个时辰给前一天呢？有道理吗？

如果按这种理论，一月的第一天要不要分半天给上一月啊，一年的第一个月要不要分半个月给上一年啊？不过说到这里的笑话让我想起来还真有这种事，台湾现还有极少数人宣扬按"冬至"来划分一年的界限，以过了"冬至"来排下一年的年柱。至于那个推崇早晚子时的大师也说不出早晚子时的所以然，只是将清代命理学家袁树珊《命理探源》中的一段论述引用，以为论点，而其书中举例论证更是空洞乏力，错误百出，且看此例。

男命，生于农历一九七〇年六月三十晚上 23 时至次日凌晨 1 时之间（子时），举例事实为其 1989 年考上中专。

原书按夜子时排出四柱：

庚戌　癸未　癸丑　甲子

原书的观点认为其身弱，喜金水，行乙酉大运，己巳流年，因巳酉丑三合金局，金为印，印利文途，故考上中专。

书中只讲巳酉丑三合金局，可是原局中丑未戌三刑土旺，流年己巳也是同体的土克制癸水就不提，己巳流年是他所讲的忌神也是只字不提。

如按正常排法（他也知道这是"常规法则"），四柱如下：

庚戌　癸未　甲寅　甲子

书中定身偏强，说行乙酉运身偏弱，还说己巳流年"岁运与原局巳酉丑三合金局，日干更弱"，哈，真可笑啊！大家看看，编书编得太过瘾了吧，结果得意忘形的将上个四柱中的"丑"也借到此四柱中组成巳酉丑三合金局了！接着大师又说"忌神之年命主就不应有文途之喜"，真是怪啊，同样是己巳流年，同样是大师认为土是忌神，却在上例中不提，而在此例中提，是何道理啊？

同是以上夜子时的四柱，再看此大师同一本书中"土多金埋"一节中的论述。

庚戌 癸未 癸丑 甲子

原局土旺，庚金只在丑戌中有一点弱根，但丑未戌其根受损。戊辰年，土众埋金，用神受制，故得肾病。

看看，在这里要说明他1988年戊辰得了肾病，就抛出"土多金埋"之说，说用神金受制。在上面为了说明他1989年己巳考上中专就说"巳酉丑三合金局"，用神旺。相同的四柱，相同的大运，差不多的流年，一个戊辰，一个己巳，都是土旺，己巳有巳酉丑合金，可戊辰也有辰酉合金啊！为什么这里提金局，那里不提金局？戊辰是众土埋金，己巳就不埋金啦？己巳太岁还是火呢？

我们退一万步说，19岁的人考上中专，也不是什么很大的喜事，也不能说明什么大的问题。考上大学才是叫"有利文途"，可能我们的大师根本就没想过或不知道，这19岁考中专是上了高中再考的，同龄人都上大学了，这人才考上中专，根本不算什么好的运气！

第三节　关于大运干支分吉凶的误区

大运在四柱预测中的运用问题，有几种不同的观点，一种是天干、地支各管五年吉凶，天干管前五年，地支管后五年。第二种观点是天干管前三年，地支管后七年。第三种是干支同看，都起作用，不分前后。

以上几种都有人用，但是我们说最科学最合理的还是第三种观点，即干支同看，不分前后。因为一步大运的吉凶构成，是由天干和地支共同组成的，天干和地支之间也有必然的联系。如果我们将大运的干支分开来论吉凶，那么古人的"盖头"、"截脚"之说又从何来？

如果将大运的干支分开论，那么我们想一想，同样是"甲"运，"甲申"和"甲寅"之甲的旺衰一样吗？能是一样的吉凶吗？显然干支分论吉凶的观点是站不住脚的，是错误的！

还有，如果在大运中与原局构成三合、三会局，难道在此运中前五年便置此局不理，非要等到后五年再看会合局对原局的影响吗？

坤造：丙子　辛丑　壬寅　庚戌

大运：甲午

此命 2000 年交入甲午大运。若按干支分论，2005 年之前只看甲木，不看午火。可我们按干支同看法，就会发现，此甲午大运与原局的关系主要是地支。一是一入甲午大运，子午相冲，冲年柱，为羊刃逢冲，老年人是忌冲年柱的，因为年柱为根，为命之基石；二是与原局构成寅午戌三合火局，这便有了火局冲子水，水火相战。

实为 2001 年辛巳病逝。若按前五年后五年的说法，就不论地支的三合局、冲羊刃、冲太岁了。如果没有这么多生克制化、刑冲，哪来这么大的灾呢？

第四节　关于命算多了不好，算多了才准的误区

有些人来预测，完了问我："谢老师，听人家说算命算多了不好，命算多了就不值钱了，是这么回事吗？"关于这个疑问，其实是多余的，就像看一个人一样，多看两眼难道就会把人看丑吗？当然不会啊。你去预测，算一百次，你的命还是那个命，出生时间是不会变的，那么排出的四柱也是不会变的。只是我们在这里提醒大家，不要以为你的命找越多的人算就算得越准！预测不是因为算的人多才准，关键是为你预测的人的水平。如果你在街边一共算了几十次，可能一次只要十元钱，一共花了几百元，但是那些人的总体水平比较差，你算多少次都是白算的。

再者，我们很多人的心态都还摆得不正，在内心里还去不了一个"贪"字。今天找了甲老师算，准确率达到了 90%，但是你却看不到这 90%，心

里老想着如何得到另外的 10%，于是又去找乙老师算，结果乙老师算对了那 10%，却没有算对那 90%，于是心里还有心结，还想再找一位老师预测，希望出现 90%+10% 的结果，结果丙老师预测准确率达到了 95%。于是你的一生都在想着那 5% 的事，可你不知道一个很简单的道理，任何事物都难以达到百分之百，你所想的那 5% 也许只有神仙才能完成。

第五节　关于用农历来预测的误区

在多年的预测中，经常会有客户问到是不是用农历来预测才准，是不是一定要报农历才能排四柱，其实这也是一种误解。

其实略有一点常识的人都知道，公历和农历有一个转换关系，一个公历的日子会对应一个农历的日子，但是这个日子的干支是不变的，也就是我们不管是用公历还是用农历来查四柱，查出来的干支都是一样的。

那为什么还会有以上的误解呢？一是我国以前的老百姓多用农历来记出生时间，他们不习惯用公历记出生时间。相反，现在我们一些年轻人就只会记公历的出生时间，当然不知道他们的农历出生时间了。二是以前算命的多为瞎子，瞎子传承下来的背万年历的口诀（名曰"流年赶"或"流星赶月"）都是按农历来编写的，所以瞎子算命是只会用农历排四柱的，而我们明眼人查万年历是不受此限制的。

第六节　关于四柱格局的误区

关于四柱的格局，一般意义上指的是四柱的组合形式，古人将一些四柱的组合形式归纳为各种称谓，叫成各种格局，以方便记忆和区别。这种格局只是一种称谓，与我们探讨的"格局高低"是两码事，所以我们对此内容只用了解一下就可以了。它在实际预测中的作用并不是很大，也就是说假如是

"正官格"，也不能说这个命就一定有官。

定格之法，首看提纲，所谓提纲，即四柱之月支，依月支与日干之生克关系而取格。传统上有所谓八格之分：

1. **正官格**：月支本气为日干之正官，即合此格。

癸未　乙卯　戊寅　壬子

此造月柱乙卯，卯中乙木为日元戊之正官，且乙木又出现在月干，属明显的正官格局。

2. **偏官格**：月支本气为日干之七杀，为偏官格，又称七杀格。

丙寅　戊戌　壬戌　辛丑

月支戌中所藏戊土为日干壬之七杀，且戊土又明现月干，属七杀格。

3. **正印格**：月支本气为日干之正印，为正印格。

甲戌　丙寅　丁亥　庚子

月支寅中所藏本气甲木为日元丁火之正印，且甲木又明现年干，故为正印格。

4. **偏印格**：月支本气为日干之偏印，为偏印格。

甲戌　丙寅　丙子　辛卯

月支寅为日元丙之偏印，故为偏印格。

5. **食神格**：月支本气为日干之食神，为食神格。

癸丑　甲子　辛丑　己丑

月支子为日元辛之食神，故为食神格。

6. **伤官格**：月支为日干之伤官，称伤官格。

癸丑　甲子　庚子　庚辰

月支子为日元庚之伤官，为伤官格。

7. **正财格**：月支为日干之正财，称正财格。

癸酉　辛酉　丙午　甲午

月支酉为丙之正财，故为正财格。

8. **偏财格**：月支为日干之偏财，称偏财格。

甲寅　丙寅　庚申　丙子

月支寅为日元庚之偏财，故为偏财格。

以上八格传统上称为八正格，除了正格之外，还有所谓奇格，也叫从格。

1. 专旺格：四柱中日元之五行太旺时入格，亦称从旺格。

而古人又依日元五行不同细分为以下五种：日元木过旺为"曲直格"，日元火过旺为"炎上格"，日元土过旺为"稼穑格"，日元金过旺为"从革格"，日元水过旺为"润下格"。

癸未　甲寅　乙亥　己卯

以上为李鸿章命造，四柱一片木气，属标准的专旺格，也称"曲直格"。

2. 从强格：四柱中财官食某一行太旺，形成气势，日元虚弱，为从强格，名为从其强势，亦称从弱格。

而古人又依日元所从十神不同细分为以下三种：从儿格（食伤）、从财格、从杀格。

癸未　乙卯　癸未　甲寅

以上为台湾著名女作家三毛女士命造，局中食伤太旺，日元癸水虚弱，属从儿格（儿者我生，即食伤）。同理若命局官杀太旺或财星太旺，则成从杀、从财的格局。

3. 化气格：日干虚弱，又合月干或时干而化，称为化气格。

壬辰　辛亥　丙申　癸酉

此为清太宗努尔哈赤之造，日元丙火虚弱，合月干之辛而化水，为化水格。同理化气格尚有化木、化火、化土、化金等几种。

我们有时会听到较高水平的预测老师点评某个四柱，说一个四柱"格局高"、"格局纯"、"层次高"，这与以上所列之"格局"是无关的，前面讲过，以上各称谓只是代称而已，与真正的命运层次的高低是没有关系的。

较高命理层次所讲的"格局高"简单来讲有以下几点：一是四柱要清；二是四柱要纯；三是四柱要流通；四是四柱要有气势；五是四柱组合有特点，如两柱不杂。当然这些内容要到了有了一定的命理基础后参加更高级的面授班才比较合适。

第七节　关于校对时辰的误区

我们大家要知道，作为四柱预测法，也就是民间说的算四柱，是要提供人的出生信息的，即出生的年、月、日、时。关于这个"时"，不是精确的几点几分，而只要时辰就行了。"时辰"，简单的说只要是单数（奇数）之间的两个小时以内都可以，如上午 7~9 时，下午 3~5 时，等等。

但是，我们一些年纪比较大的人，由于历史的原因对时间把握不准确，有些人出生的时辰都不太清楚，比如"下午三点左右"就有可能是未时和申时，是两个时辰了。有的人则是"天刚亮"、"吃中饭"、"天快黑"等等，这些因各地风俗习惯、当时历史条件、当地地理特点、出生季节等都会有差异，可能二、三个时辰之间了。以上等等时辰不准，就必须要先确定时辰，再行预测。

那么如何确定时辰呢？专业术语叫"校对时辰"。科学有效的校对时辰的方法，是在可能的二三个时辰以内（一般超过三个时辰不予预测），由求测人提供已经发生过的几件大事（如工作、结婚、添丁、大走动变迁、大伤病）的年份，预测师根据这些标志性事件来分析确定正确的时辰。

这里要说明的是，民间的所谓"父母谁不全"、"兄妹几个"、"头顶旋键左右"等校对时辰的方法都是不全面、不科学的，不可尽信。因为我们的四柱首先是反映我们个人自己的信息的，而一些传统的方法不来校对当事人的信息，却对六亲的信息进行一番考证，这是典型的本末倒置！

一般情况下，时辰不确定，超过了三个时辰的可能，我们就不接受四柱预测业务了，只能就某些事进行八卦预测。但是我们有的客人会问，为什么你不能测，而民间有人可以测？其实事实是这样的：从学术角度来讲，一个四柱时辰不同，有的时候差别不是很大，有时很难区别，如果时辰跨度太大，仅凭提供的几件事，难以区分几个四柱组合的不同，很难得出真正的时辰，所以我们认为在技术上难把握，就不接受这笔业务，以免收人钱财却害人害己。而为什么别人可以测，其实很简单，他说可以测就有这笔业务，他不测就失去一笔业务，到时随便安一个时辰给你就是。这随便安一个时辰，有的流年测得对，有些流年就不对的，客户将来就会发现预测的事越来越不对了。

还有，时辰不准的客户，不要因为某一次在张三那里预测校对好了时辰，找我们预测时也报张三校对好的时辰，应该还要我们再校对一次，因为各位老师的见解不尽相同，水平功底不同。校对时辰，看起来简单，其实不是一般术士所能为之的，要求预测师有较高的技术水平。

第八节　关于预测学是特异功能的误区

有些人在民间见到或听说过有关特异功能的故事，有些事还传得神乎其神，以至大家半信半疑，不知真假。其实我们在民间最常见的"巫婆"、"神汉"、"仙姑"都属于浅显的特异功能的一部分，当然我这里说的是确实有能力的，并不是那些没有本事专门行骗的人。

他们一般具有以下几个特点：一是脸色气色与常人不同，或是灰色暗色，或是腊黄色，或是青色黑色，有的是"阴阳眼"。二是其"功力"一般是在一场要死不死的大病后才具备的。三是他们的"功力"发挥不稳定，有时说得很准，有时一点也不准。四是大部分人是农村的农民，没有什么文化，很少听说城市里也有这些人。

"巫婆"、"神汉"、"仙姑"的预知能力与我们易经预测学的最大区别在于，他们的预知能力没有理论体系及理论基础，易经预测学有传承了几千年的理论及运用方法；他们的预知能力没有办法教授，只能自己使用，而易经预测学可以按一套严谨的学说进行传授，大家都可以使用。易经预测学是古老科学里的一门学科，而"巫婆"、"神汉"、"仙姑"的预知能力只能说是人体科学里的一种现象，所以大家不要把易经预测与"巫婆"的预知能力去对比，更不要把易经预测当做特异功能来看待，易经预测也没有那么神秘，也不是百分之百的。就我个人的观点，有些"巫婆"、"神汉"、"仙姑"的表现应该是一种轻微的精神疾病，或是间歇性的精神疾病，他们在某些时候还是可以控制自己的精神意识，当他们的这种预知能力过度开发、过度使用的时候，可能就会"出偏"，就是真的疯了。

至于道教中的"法术"，与"巫婆"、"神汉"、"仙姑"的预知能力是截然不同的，道教的"法术"则是一门学科，是有理论体系的，是可传授学习的，但是道教的"法术"也不能称为预测学。而民间有些传说的"养小鬼"、"下蛊"等就应该为歪门邪道了，亦真亦假。

至于真正意义上的特异功能，一般人是见不到的，大多数人只是听说的，当然这其中水分也很多，许多特异功能大师后来都被揭露是假的，但是特异功能应该还是客观存在的事实，如张宝胜、侯希贵等应是有真功力的人。

当然，我们易经预测也不是像很多人以为的那样是什么宗教，预测学是一门传统学科，不是佛教，也不是道教，只是我们也喜欢与佛道结缘而已，也用佛道的有些理论思想来帮助一些有各种困难的人。

附录：文章选登

鼻梁一痣破财千万；黑色大奔保命一条

2006 年的一天，我的一位学生专程从中山开车来广州见我，同行带来了一位他的朋友，约我出来吃饭。

我们由于职业的习惯，见到什么人的第一眼就是看他的面相，他的五官长得还是比较好，一看就不是一般人，但是在鼻梁上有一个明显的黑痣。

我根据面相流年部位，推断出了大约的年份，告诉这个朋友，"你面相其他方面都很好，但就是鼻子上的这个痣不好，虽然已经应过灾了，但是还是要去除掉！"

他疑惑的问："怎么不好，什么时候不好啊？"

我不慌不忙的说，"鼻子代表财运，鼻子上长痣是要破大财的，根据你这个痣长的部位来算，大约在 36、37 岁时会破大财。"

他惊奇的回话道："大师就是大师啊！我就是 36 岁那年破了大财，破了一千多万啊！"

他马上又问："大师，帮我看看我还能不能再发达？"

我抓过他的双手，看了看他的手相，只见双手圆润丰厚，四条主线清晰可见，尤其是中间那条玉柱线直冲中指，已经接上中指，我笑着对他说："你怎么做都没有关系啊，因为你本来就是个亿万富翁！"

他微微一笑，谦虚的说："曾经是亿万富翁"。

我说："命中有你就有，不管怎样，你还是个亿万富翁！就算你有些起落，没关系，好运还有的是！"

他听了这些话，高兴地说："好！好！承大师吉言，我发达了一定来感谢大师……"

后来，我为了收集研究资料，主动询问了他的出生时间，用随身带的掌上电脑排出其四柱，果然信息同步，四柱中显示他破大财的那年正是忌神当旺之年。

我又看到他的四柱中有明显的血光之灾的信息，就提醒他，"你的命中容易出车祸啊，开车要小心啊，应该也应过灾了吧？××年就不好，但是你现在开的红色宝马车不适合你啊，最好换掉。"

这位老板感慨的回答说："大师这也知道？是的，我正是××年出了次大车祸，当时是一辆大奔，黑色的。自从那次出事后，我就不敢开大奔了，也换了颜色。"

我笑着说："不对不对！这不光是车的问题，而是你四柱中那年有灾。幸好你当时开的是黑色大奔，那你自己肯定没什么事，对吧！"

他忙答道："对啊！你怎么知道的。那辆大奔都撞报废了，我却是一点事也没有，也真是奇迹了。"

我给他道出了原委，"你命中应该开大车，所以大奔比你现在的小马适合，你命中喜欢黑色，所以这辆黑奔为你挡了灾，破财免灾嘛，再说有保险公司，人没事就好啊！"

他忙说："对！对！是的，人没事就好。"

他又自言道："原来是这样啊！我还以为是我不适合开大奔呢。"

我接着点道："现在的红马才不适合你呢！你现在开它照样容易出事！要是你当年出车祸时开的是红马，那最少也得缺胳膊断腿了啊！"

"是啊！我那次车祸交警都说按常理缺胳膊断腿是少不了的，运气不好的就小命不保啦！"

"难怪我这两年开宝马也老是出事，连借给人家也要出事，原来是我不适合啊！办事也不顺，又是破财又是官司。"

我一字一句道："你的命中火旺，流年也是火旺，名字也有火，现在车也是红色的，什么都不符命理，当然不顺破财啦！"

他这才恍然大悟，最后我又给他分析了现存的各种不利，告诉了他后天补救和化解的方法。他当然是千恩万谢，十分满意的离开。

（2007 年 6 月 3 日）

你的命中不利子息

2007 年夏天，来了一位年轻的女客户，其丈夫同行，排出四柱准备预测时，她想让丈夫一同进办公室听。我们预测一般情况下不让别人在场，夫妻也不例外，但看她四柱中没有什么不利婚姻的信息，也是比较善良的人，就让她们夫妻一起进来了。

她在办公桌对面坐下，首先观其面相，再看了看左右的手纹，结合四柱开始预测。

见其面相，脸形圆润，五官均匀；查其手相，手掌丰软，事业线直立；四柱中财官明现，断定她是工薪之人，且有从公职（公务员）之信息，她反馈果然是公务员。

接下去就谈她四柱中的主要问题了，我根据其命略旺，羊刃当令，暗藏枭神一片的信息，说："你这个四柱最大的不利就是伤亲人，特别是不利子息！因为你的命中贵人多，且手面相较好，走运较为平顺，所以你自己一般没什么灾。"她回答说："没错，我还是比较顺的，从小到大没什么灾难。但是你说我伤亲人，不利子息是怎么讲啊？"

我说："伤子息，是指有流产、不顺产啊，还有如果在 2006 年怀孕生孩子就更不利了，因为 2006 年丙戌是你命中有灾的年份。"

她说："我没有流产（其实 2006 年初药流了，她以为药流不算），也没有不顺产啊，我是顺产的，是 2006 年怀孕，2007 年初生的儿子。"

我心想，按命中的信息你就有这些不利，怎么可能不应验呢？我接着说，"那你 2006 年怀孕，2007 年初生孩子，当然有不利，又是顺产又生的儿子，就对孩子更不利，孩子不好养，容易有病伤。"

她不解的问："为什么？"

我告诉她道："你命中本来有不利子息的信息，可又是顺产生的儿子，这些之前没克，那肯定之后就克（即生下小孩之后克小孩），且命中不利子息的人更克男孩啊！刚好你又是命中不利的年份怀胎成形，虽然在 2007 年出生，但是大局已定，当然有克啦。"

她与丈夫四目一对，叹了口气，道出了原委，"我们今天就是为了小孩的事来的。确实像您说的那样，我们的小孩子身体现在是有问题了，有病。"我说，你小孩什么出生时间？报出时间我一排，越看越皱眉头，沉默半天后对她说："按命理上来讲这是个夭折命，容易带伤残啊，不好养啊！"

说到这里，这位年轻的母亲眼里含着眼泪，向我吐出了心事，"您说的没错，这孩子已经脑瘫了，有人说他的命硬，今年有关口，我们也不知道如何，听说您这比较权威，所以就过来了。真不知他能不能过这关啊，其实他现在这种情况，走了对他也是一种解脱……"

我审查四柱，告诉她："你这小孩根本不是命硬，反而是命弱啊，并且是特别弱，命太弱从某种意义上可以说生命力也比较弱。但今年还确实是一关，夏天这两个月和年底某月尤为不利。"

她说道："你们就是权威，这两月治疗花了不少钱，没有办法，医生也建议我们放弃，现在带回老家养了，只能是听天由命了。"

我接着说，"你们出这样的事，从命上是有信息，但是你们住的房子风水肯定也有问题，你们房子后面肯定是空的！"

他们惊奇的说："是啊！你怎么知道的？"

我说，"这叫信息同步，现实中出现灾祸，四柱、风水等一般都会有反映的。"

看来他们是有备而来，为了搞清楚为什么出这个灾难，我说话之间她丈夫就拿出房子的图纸和拍摄的房子内外的录相。

他们的房子为长方形，一进门是厕所，当然不吉。主卧室在最里面，通过主卧室的窗户，就看到这幢楼（30 多层）的后面正好是一片空地，挖了一个大坑，两台吊机一左一右像螃蟹一样张牙舞爪。

他们说，后面这个地方本来是有房子的，结果 2006 年转做他用，在原地挖了一个大坑，建地下停车场，将来也不会建高楼，而是做公园。我说"你看，说你房子后面空吧！当然紧临你的房子后面大动土也不吉啊。"

他们又问，"那将来再要孩子这个房子还是不好吗？"

我说，"是啊！因为你的房屋结构不会变，已知这个地方不会盖房子，还是空的，当然大象不吉，将来最好是搬走才能生孩子。不过还要结合四柱来看，找有利的年份生孩子才会平安啊！"

最后，我告诉了他们四柱中有利添丁的年份，风水上应该注意的大方向，还有在怀孕期间应该忌讳的事情（他们此次在怀孕期间还犯了一些其他的禁忌）。

送走这对年轻的夫妻、年轻的父母，我并没有因为预测准确而欣喜，反而因为他们没有预测决策而导致这么严重的后果而心情沉重。如果他们提前一年来预测四柱，如果他们提前进行优生择吉，如果他们在怀孕期间不做不该做的事，如果……可惜没有如果。在他们那多灾多难的儿子迎来人生的第一个"六一儿童节"之际，想必他们的心情一定是特别的沉重，希望各位读者不要步他们的后尘，希望人生的悲剧不再重演！

俗话说"外行看热闹，内行看门道"。这篇文章看似没有什么学术内容，表面上是讲了一个故事，虽然没有列出当事人的四柱，但是却包含了命理、手面相、风水等易经知识，将我的预测经验在无形中告诉了易友。这篇文章主要教给大家以下几招：一是哪些信息不利子息；二是不利子息表现在哪些方面；三是哪些四柱容易夭折、不好养；四是哪些信息易工薪从公职；五是哪些手面相比较好；六是不利的风水表现。"师傅引进门，修行靠各人"，希望大家在看文章时多开动脑筋，可以从上面六方面去总结学习提高，只要你有悟性，就能学到东西。当然更多的知识，请见本人的专业命理著作。

（2007年6月2日）

补记： 我与这家人后来成了朋友，我回武汉后也一直保持来往，我去广州出差时也经常与他们夫妻见面聊天。在我的建议下，他们于2010年由我优生择吉生了一个大贵的儿子，目前孩子很好带养，气质不凡。

同名的有趣信息

姓名学也是一门预测学，有时候通过姓名的五行、笔划、字意等信息也可以做出一些简单的预测。姓名预测不能代表所有的预测，也不能预测所有的东西，从理论上讲有以下几点原因：一是同名不同命，相同的姓名，但其四柱不同；二是同名不同性，名字相同可能性别不同；三是手面相不同，名字相同不可能长相一样，当然还有其他原因就不一一列举了。比如叫"王涛"的人很多，但是乒乓球冠军也就一个。

但是有时候，光是名字的一些信息也还是很有趣的，如果我们能灵活运用起来，那也能起到事半功倍的作用，当然运用也是要有悟性和灵感的。

我有一个学生，男性，是一家企业的老总，我知道他的一些经历。有一天，我一位朋友的朋友想见我（经常是朋友介绍朋友给我认识），一坐下介绍，结果名字和我那位老总学生的名字一模一样，不同的是这位新朋友是位女士，学生是老总，这位是校长。

我心想竟有这么巧的事，名字一模一样，那命运中的某些信息肯定也有相同之处。我心中想到，那位学生老总××年有大变动，由广州去北方发展事业，这位说不定也有大的变动。为了收集学术研究资料，于是我就忍不住问这位初次见面的女士，"您××年是不是有大的变动啊？如变动工作、变迁等。"她惊奇的答到："是啊！你怎么就知道的？真是大师啊！"

我笑着说，"我也不是有什么神奇之处，刚好碰巧，碰巧。"接着我就讲了她与我学生同名的事。

她听了连连称奇，感慨的说，"真是奇了。"

她接着说，"我这一年户口从内地迁到广州，分居多年的老公也调入广州工作，儿子也考上中山大学，这一年真是人生中的大变动、大变迁啊！没想到预测真的有些道理，我们从小长大，对《易经》根本是不信的，现在看来的确是有科学依据的啊！我们做学问的更应该相信事实，实践是检验真理的唯一标准。"

经过这第一次的见面，这位校长以后也经常向我请教一些命理、风水上的问题，家里的装修、办公室的摆设都要征求我的意见。

我们很多人都是无神论者，他们对《易经》预测等方面的认识都是人云亦云，人家说是封建迷信他就跟着说，可是到头来谁也不知道这里面到底是怎么回事，一旦他们接触了解后就会发现它是一个神秘的世界，但是绝对是科学的。这种人以后就是易经预测的坚定支持者了。

（2007 年 6 月 3 日）

从易必正——纠正姓名学之谬

从事姓名学工作或爱好姓名学的人都应该知道，现在流行的姓名学五格剖象法到底是怎么回事，不然只知其用，不知其所以然，岂不让人笑话？对于任何一门学问，我们都要有所研究，要有自己的见解，不能人云亦云。

其实五格剖象法是 1918 年初由日本人熊崎健翁开创的，因此五格剖象法也称作"熊崎氏姓名学"，其核心就是将人的姓名按五格剖象法来解释。五格数理是依据姓名的笔画数和一定规则建立起天格、地格、人格、总格、外格等五格数理关系，并以其所谓的 81 灵动数，来推算人的各方面运势。

虽然五格剖象法也称是根据《易经》的"象"、"数"理论，依据姓名的笔画数和一定的规律建立起的五格数理关系，但是问题是，五格剖象法之五行是按数字笔划来分的，其将 1、2 定为木，3、4 定为火，5、6 定为土，7、8 定为金，9、0 定为水。而我们略懂一点易经的人都知道，我国老祖宗的易经八卦中并没有这种数字对应五行的分法，此种方法在现在各种门派的预测中只有所谓"五格剖象法"的姓名学在使用。这就是"五格剖象法"姓名学与我国传统预测学中的差距之一，也可以说是谬误之一。

我们知道，在八卦预测中现在都一直有用到老祖宗的先天八卦数、后天八卦数、河图数，在四柱预测中，现在也都以河图数（一、六为水；二、七为火；三、八为木；四、九为金，五、十为土）来进行命理后天的数字补救。所以说，如果"五格剖象法"姓名学一定要用数字来划分五行，也不能是它那套自创的方法，那种方法与易经一点点关系也没有。

"五格剖象法"姓名学谬误之二是，其将汉字的五行也按笔划来分，这更是错上加错，本身其数字分五行法已无易理，如今用无易理的五行法来分汉字的五行更说明不懂中国的汉字文化，不懂中国的五行之术！而中国人都是运用《易经》，运用汉字来取名字的，对这些传统文化知识都不懂，一味的照抄全搬五格剖象法是很可悲的！

既然我们是用汉字来取名字，就不能不知汉字的造字原理。六书是汉字组字的基本原理，在周礼中就有提到，只是没有说明具体内容。到了东汉，许慎在《说文解字》中，详细阐述了"六书"这个汉字构造原理：象形、指事、会意、形声、转注、假借。

象形：这种造字法是依照物体的外貌特征描绘出来，所谓画成其物，随体诘诎是也。如日、月、山、水等四个字，最早就是描绘日、月、山、水之图案，后来逐渐演化变成现在的造型。

指事：这是指表现抽象事情的方法，所谓"各指其事以为之"是也。如卜在其上写作"上"，人在其下写作"下"。

形声：此乃文字内以特定形状（字根）表特有的音。例如：胡，这个字也可为一个字根，结合不同的属性字根，可合成为：蝴、蝴、湖、葫、瑚、醐等等，而以同样的发音（也有的只有声母一样)，表达不同的事物。但形声字，也因古今语言音韵变迁，不少古代同类形声字在今天的官话已无共同音素了。

会意：这个造字法，是将两个字根组合起来，使衍生出新的含意。如"日"和"月"组起来，就是日光加月光变成"明"。"人"字和"言"字合成"信"字，意思就是人过去所言；有信，就是这个人都很遵守自己说过的话。

转注：这是用于两个字互为注释，彼此同义而不同形，汉代许慎解释道："建类一首，同意相受，考、老是也。"，这怎么说呢？此二字，古时"考"可作"长寿"讲，"老"、"考"相通，意义一致，即所谓老者考也，考者老也。诗经的《大雅·棫朴》亦云："周王寿考。"苏轼的《屈原塔诗》也有"古人谁不死，何必较考折"一语。其中的"考"皆"老"意。应特别注意的是，后代的文字学家针对许慎的前述的定义也作了大量的解释。其中包括"形转说、声转说、义转说"三类，只是这三种说法有人认为不够全面，当代古文字家林沄先生也有解释说"转注"就是一个形体（字根）记录两个读音和意义完全不同的两个词。例如"帚和妇"与甲骨文中的"母和女"等等。

假借：这法简言之，借用一字，去表达别的事物。一般来说，是有一个无法描述的新事物，就借用一个发音接近或是属性近似的字根，来表达这个新事物。例如："又"，本来是指右手（最早可见于甲骨文），但后来被假借当作"也是"的意思。闻，本意是用耳朵听东西的意思。例如《大学·第七章》中有"视而不见，听而不闻，食而不知其味"，但后来被假借成嗅觉的动词(不过也有人认为这是错用)。

总结以上六书，前两项为"造字法""也；中两项为"组字法"也；后两项为"用字法"也。这六个原理，是古代文字学学者归纳出来的字学理论。其所含汉字构成法则，是长期演化而成的，不是任何一个人独创的。

我们知道了汉字的造字原理，就明白汉字的五行并不是由"五格剖象法"姓名学来决定的（汉字产生五六千年，五格剖象法不到百年），如此，用不到百年的五格法来划分五六千年前的汉字五行，岂不笑话！

比如"林"字本意为木，却划为金；"水"字本属水，却划为火；"鑫"字24画，本属金，却划为火；"垠"字本属土，却划为水；"土"字本属土，却划为火。还有，森、焱、晶、淼，都是12划，但按五格法12划就都属木了，大家说这些字难道都是木意吗？显然不是的。我国古人造字时就考虑到了自然规律，某些字就储存了五行的信息。如植物属木，所以植物的名字都有木字旁或草字头，森、林、树、枝、杨、柳、柑、柚、桐、橘、桃、柏、松、杉、榕、梅……，跟植物有关的物件，也有木字旁，如标、杆、杖、枢、杵、板、栎、栅、栏、桥、楼、札、模……，如按传统姓名学的方法只用笔划去划分五行，就把它们分成金木水火土，什么都有了，这样显然是不对的，不科学的。

可是我们现在仍有一些"姓名学大师"不学无术，不动脑筋，只抱着预测学中没有太多技术含量的"取名"项目来赚钱，而他们不懂命理五行，不懂中国传统文化，只按笔划去补所谓五行的作法更是害人害己！他们虽然有的开着公司，坐在写字楼里，但他们的行为、品德与在寺庙门中拉人算命的"江湖骗子"没有什么两样！

有一个四柱：**甲戌　癸酉　壬子　庚子**

略懂一点点命理的人都知道，这个四柱日元水旺为忌，命中喜木火，结果一个"取名大师"按传统五格剖象法给取名"李雨泽"，这个名字按笔划来算都是吉数，可是他们只按笔划分五行，根本不结合汉字五行属性，此四柱水旺最为忌，而此名汉字刚好都是水，这样取名不但没有用，反而害人。而此女命第一步青少年大运又行壬申金水旺运为忌，命旺运更旺，名字又是水旺，结果水旺克父母，父母离婚了。

大家想过没有，按传统五格剖象法来取名，"李雨泽"与"李炎阳"的笔划、五行是一模一样的，可是我们看看这两组名字的汉字字意是一样的吗？明显的一个是水多，一个是火旺啊！这就是不按汉字五行，不结合四柱命理，乱取名字带来的后果。

对于取名改名，其实在预测学项目中是最简单的，技术含量是比较低的，如果大家懂四柱命理，只要十分钟就可以教会其原理，这也是为什么现在网上出现这么多的"姓名学大师"啊！大家想想，我的师父邵伟华为什么取名收费比较少，这也充分印证了取名的技术地位一般。

我们说，名字对命运当然有作用，但是也不是有特别神奇的作用，要客观的对待这个问题。影响人的命运的因素，从玄学上讲，风水、四柱、手面相的影响要远远大于名字，道理很简单，名字相同要大大多于其他几项相同的。

如果我们相信、运用姓名学，就要用正确的方法，即五格吉数+四柱喜用+汉字偏旁五行，这才是真正的"现代姓名学"。

（2009 年 5 月 12 日）

从格大师败走麦城

关于从格，可以说是命理学上比较复杂的学术问题，但是我们的许多学员基本功都没有打好，便急不可待的天天找从格，最后到了他们的眼里，什么四柱都成了从格，结果连很多简单的四柱也算不好。

其实，某些鼓吹从格的高手、大师对于所谓从格的预测很多时候都是错得不沾边，只是当事人当时不愿意讲而已。下面这例，就是某从格大师面测的四柱，过后当事人又写信反映其预测大事都不准，几乎都不对。这个事例绝对真实，因为当事人写的信件原信现在还在我的手上保存着。

男命，农历六三年十二月十六日子时。

这位从格大师按子时"日柱按今日排，时柱按明日起"的正统命学界少用而有些盲派混乱的理论，起出了以下畸形四柱：

乾造：癸卯　乙丑　丁丑　壬子

此命一排出，当然符合这位从格大师的从格标准，于是大师便按从格以水为用神。

大师告诉当事人，要往北方走，从事水的行业会大发，等等。而当事人在信中讲，本人九十年代恰恰都在从事水产养殖行业，却是逆多顺少，其中几次因为长江流域发大水而破大财。

从格大师对于当事人 1991、1996、1998 年破大财这些人生的大事件都未测出，且父亲早亡也未提及，根本不像其后来宣传的如何如何神断，当事人讲此次预测准确率真是不如路边摆摊的，结果一点也不沾边。我们有理由相信当事人反映的这几件事是真实的，因为当事人所处的长江流域正是 1991、1996、1998 年都发了大洪水，特别是 1991、1998 年影响比较大。那几年，从事水产养殖业的人，很多都因为大洪水而倾家荡产，一夜之间破产负债不堪而自杀的人不在少数。

如果按从格大师的观点，1991 年辛未、1996 年丙子，他肯定还要预测人家发大财的。我们也研究不了从格大师的理论体系，就不去管他了。下面按正统命理理论来研究一下吧：

乾造：癸卯　乙丑　戊寅　壬子

四柱一看，财多身弱，命透双财，财星为忌，青年又行财旺为忌运，此父先亡的信息倒是有的。

此命日主戊土太弱，金水为忌，大喜火土。此戊土当强的关键就是火，而水是克制用神火的，所以命中最忌水。如此，命主当然不宜从事水的行业，难怪逆多顺少，且破财都是因为九十年代长江流域的水灾。

1991年交脱运之间，流年辛未，与上运构成亥卯未官杀克身，下运有丑未戌三刑助土，但流年与原局伤官见官是不变的。且虽就算丑未戌助土，然大运透壬水，流年辛金，金水木仍是相生，原局大运流年仍无点火生日制金水，仍然是湿土虚土，仍然是财多身弱。

1996年丙子，虽然是丙火用神透出，然坐下子水旺，且大运原局三个壬水直克丙火，用神不得力，用神被破，也是有灾不利之年。

1998年戊寅，日柱伏吟，虽透戊土，岁运命中，戊土力量大，还是寅木力量大，大家一比便知。

这个四柱，这种大运，我们懂一点格局的人都知道这四柱好不到哪里去，上不了什么档次。

但是我们想一下，如果按从格大师的理论，按从格大师的子时排四柱法，那种四柱身弱杀旺，中年又行财旺运，应该是大富大贵之人啊！按从格理论，从杀有权，从格有财，又一路行他们讲的所谓用神大运，应该富贵啊！可惜不是啊！对于这类四柱，最简单的方法是用事实来检验！

此例，按从格、按子时畸形排法，得出的结论是富贵之人，按正统命学理论，此例就是一个不走运的人，难有作为。事实胜于雄辩，此当事人就是小县城下面乡镇一个搞养殖业的农民！

（2009年9月26日）

过路阴阳风水的前世今生

现在社会上各地开班讲授风水可谓五花八门，各显神通，都说自己讲授的是"正宗"、"秘传"的风水，令许多求学者无法辨别，不知所从。一些易友也经常给我来电话，询问我对风水门派、风水名师的看法，让我给一个意见，我回答得多了，今天干脆写一篇小文章，以后大家自己来看，也免得我多次费口舌解释了。

不可否认，现在在易学界占主流的风水门派还是"玄空风水"，当然，所谓"玄空风水"、"杨公风水"、"九宫飞星风水"等其基础内容都是一样的，至于很多人都宣称自己是"杨公多少代传人"、"杨公风水正宗传人"等等，我认为这些很难去考证。

杨公也好，沈氏也罢，第一，他们的书不可能只刊印一二本，定有多人研习，既有多有研习，何来你正宗，他不正宗；第二，他们不可能只带一二个弟子，多有研习，何来你是秘技，他就不是。我们想一想，事过千百年，历经各朝各代，现今各位"大师"如何能考证出自己便是"正宗"呢？至于"秘传"就更难了！起码来说，一个"文化大革命"就让许多传统文化书籍成了真正的"秘密"了，那些"秘技"的传承人也没有多少活到八九十年代。

当然，不管以上那么多因素，"玄空风水"仍是在我国历史上、在风水界影响较大的一个门派，连邵伟华老师也说"玄空风水是风水大宗之法"。不过，在最近二三年里，杨公风水有与玄空风水划清界限的意思了，各说各有理。

现在，还有另一个风水门派——"过路阴阳"或叫"金锁玉关"也在风水界占有一席之地。虽然各地的大师办过路阴阳培训班的很多，学习的也很多，甚至"著书立说"的也很多，可是许多人，包括一些"著书"的大师都不知道过路阴阳风水的来龙去脉，前世今生。而我因为1997年起便在邵伟华老师身边工作，得知此事的一些原因，就讲给大家听一下。

关于过路阴阳的"前世"，只能据此术发扬者的讲述为史，约百年前江苏淮安某人传出，始在当地小范围传习。所以说如果玄空风水是如"京剧"般的国戏，那么过路阴阳就如"黄梅戏"般是地方剧种，且在九十年代以前其影响力甚小，可以说易界几无人知晓，是什么原因让过路阴阳风水如今在中华大地上遍地开花呢？

我说过，当今大陆易学界大部分的"大师"都与邵伟华老师有渊源，而过路阴阳的"今生"更是与邵伟华老师关系紧密！

1997年，过路阴阳风水传承者张××，有缘与邵伟华老师结识，邵认为此术简单易学，理论有一定的合理性，也有一些准确度，遂邀请其在邵伟华中心讲授此风水术（注：不是中心工作人员，只是在开课时间来讲课）。当时1997、1998年两年间开过路阴阳风水数期，培训了数百名学员，而随着1998年底邵伟华中心（总部）由湖北咸宁迁往广州，邵与张的合作关系停止。我刚好是1997年初进入邵伟华中心工作，那时过几个月张才来中心讲课。以上这些邵伟华中心招生办班的通知信息等，大家可以找到当年中心发行的《周易与应用》杂志上去验证了解。

通过邵伟华老师这个当今易学界的"金字招牌"，借助邵伟华中心这个发展平台，过路阴阳风水、风水师张××始在易学界有了一定的知名度，其自己之后也在各地亲自举办了多期风水培训班，也收了一些徒弟。

当然，过路阴阳风水及张老师出名后，过路阴阳风水"发祥地"也有另一个风水师成××称自己才是"正宗"的过路阴阳风水传人，他们也有过一些口舌，当然对于这其中争执，公婆各说有理，我们外人更不知谁对谁错。在1999年成××来亲自写信给邵老师，请求合作办班，以发扬其"正宗"，但邵老师考虑到团结易学界的因素，没有同意。后来成××也在社会上办过一些培训班，也有一些知名度。

看到这里，大家应该知道了吧！邵伟华老师是过路阴阳风水的大贵人；邵伟华老师是过路阴阳风水的推动者；可以说，没有邵伟华老师，就没有过路阴阳风水今天的繁荣局面！

看到这里，大家应该明白了吧！现在的过路阴阳大师，只有以下几条来历：一是1997、1998年在邵伟华中心（咸宁）参加风水学习班的学员，由张××和其子主讲（可称为邵系）；二是张××自己（包括其子）招生培训的学员（可称为张系）；三是成××招生培训的学员（可称为成系）；四是以上三处之学员"学成"后自己再开班教学的学生（可称为徒孙系）。除此以上，应别无出处。

大家再去统计一下,网上现在有多少家在传授过路阴阳风水,又有多少"大师"说清楚了他的"师承",又有多少"大师"承认了师父。学艺者、学术者,切不可欺师灭祖!

这就是过路阴阳风水的"今生"!

附:邵伟华老师引荐风水门派,当然也是有一定道理的。现在许多学员学习了风水术之后,对"过路阴阳"和"玄空风水"的理论矛盾之处不知谁对谁错,就连有些老师也讲不清楚。当然教"玄空风水"的老师肯定说"玄空风水"是对的,教"过路阴阳"的老师肯定说"过路阴阳"是对的,就像"一坟二房三八字"和"一命二运三风水"的争论一样可笑。而邵老师谈这两者的关系有一个论述是比较合理的,即"过路阴阳看大象"。

我以为,在具体运用过程中,过路阴阳可以看面,玄空风水可以看点,过路阴阳和玄空可各人总结出综合运用的方法,单独运用时大家可以各显神通,各用其法。

毫无疑问的是,这两种风水理论在具体运用中,一定会有相互矛盾之处,至于出现的矛盾,从某些角度来讲,也是学术"新课题",希望有志研究者在实践中总结经验,祛旧出新,千万不能自相矛盾啊!

(2009 年 6 月 16 日)

择日生子不可随意

现在,越来越多的父母已经意识到优生择日生孩子的重大意义了,参与的人也慢慢多了起来。于是,在各种网站上,各种大师也都开办了这项预测业务。

其实,从专业的角度来讲,择日生子是一项比预测四柱更复杂、更有学问的工作,我们一些人开办公司、开办网站,只会取几个名字,根本就算不了四柱,现在也为人家择日生子,这样长期下去只能是害人害己!

预测四柱,有水平高低之分,在于你算得准还是不准,但是谁来算,这个四柱、出生时间是变不了的，出生时间变不了，他的命是变不了的。但是我们给人家造命就不一样了，你选好时间，给人择吉生子，人家按你的时间剖腹出生，此时命就定了，再也改变不了了，不像预测四柱，测错了还可以找人再算。所以大家四柱都没有学好的，千万不要急着去给人择吉，否则好像看着好挣钱，小心给子孙后代带来报应！我们学易经、学佛之人不能不相信因果的！

为什么说择日生子是很复杂的工作呢？

择日生子，我们要在一定的时间内选择出最好的一二个四柱方案，而这些方案中，可能在某一天中，早一个时辰和晚一个时辰之间又有玄机，你没有扎实的预测功底是分不清的。

第二点是，择日生子并不是选一个四柱就完了，还要看这个四柱的人生行运，如果四柱较好，而行运组合配合不好，也不能用。现在我们很多人择日就没有看到这一点。

第三点是，女命与男命是有区别的，我们也要依据性别来选择四柱。如果这个日子时辰组合很好，但是只适合男命，而你选给了女命，这也是失败的。

第四点是，有功底的老师必须参看父母的四柱，从他们的四柱信息中对胎儿出生把握更准。而现在一般的老师择日不看父母的四柱，这样就出现了一些意想不到的情况，对胎儿出生也不利。

今年年初，一位广州的朋友找我，让我帮他的姐姐要出生的孩子选一个时间。我看了父母的四柱说："母亲身体太弱，不利保胎，父亲的四柱有点克小孩，必须比预产期要提前更多，否则容易有意外（其实怕伤残、早夭，但又不能直说）……"

结果这个朋友说："我姐现在已经在医院保胎了，上一个小孩也是不顺产，是剖腹产的。"

我说那更要注意了，于是根据父母四柱，结合那段时间的四柱组合不好的多的实际情况，权衡利弊，只能选了比预产期提前 40 多天的四柱。

结果孩子父母说这时间太早了，对小孩发育不好，医院的医生也死活不同意这时间剖，说太早了不利胎儿发育，而我也是死活不给选后面的时间，最后在他们的强求下我又多选了一个提前30天的时间。我当时的想法就是，通过父母的四柱、通过那段时间的特点，拖下去选后面的时间可能小孩子会有意外，所以我不给选。

而实际情况是，胎儿还是提前40多天早产了，也没有用上我选的最早的四柱，比我选的最早的时间还提前了。当时四柱报给我，我一看说不好养，今年有关口，防头肢和心脏先天之疾，结果告诉我说小孩是先天心脏病，一生下就在温箱里，现在等医生会诊，今年就要做一次手术………

大家看，我根据多种信息，采取了超常规的办法，给他们选了提前预产期40多天的日子，而父母和医生都是抓住正常规律，特别是医生，一定要说什么不到33、34周就不剖，结果还是早产了！这些信息，别人是无法知道的。

五月份，上海一位客户要生孩子了，别人介绍她找到了我，我只给她选了二个时间，并告诉她第一个最好。结果没过几天，她打电话给我，问我认不认识什么易经学会会长，说他给选了六七个时间，只有一个时间和我的有一点接近。

我对她说："你说的这个人，我不认识。好命不是天天有的，哪有那么多好命，你十天左右预产期内哪能有那多的好命，再说了这一段时间好命根本就不多！所以我只给你提供两个时间。那个会长的水平我不知道，但是选的这些日子，真是没有什么好命！"

结果是，这位客户按我选的时间生了孩子，孩子出生没多久就发生了"5·12"大地震，大家想想，大地震一下死了数万人，那么多孤魂野鬼，并且全国人民都在悼念，沉浸在巨大的悲痛之中，这样大凶不吉的气场下能有什么很好的命吗？

还有一位北京的朋友，要帮他的亲戚择个日子。结果按我选的时间进行剖腹产打开肚子时，发现脐带都缠到小孩的脖子两圈了，医生说如果再晚两个小时生孩子都危险了！而开始生之前，小孩子的爷爷奶奶根本不信易经，都特别反对人为的择日剖腹产，后来听医生那么一说，都开心得不得了。而小孩出生没多久，他们就发现我择日出生的命果然有点与众不同：一生下来自己就会翻身，出生两天就会自己拿着奶瓶喝奶，会自己抱着游泳圈游泳，而且不怎么哭闹，除非饿了才哭。

当然这个也许是有些巧合啦，但是我自己的儿子已经快三岁了，我们发现还是很好带养的。首先，作为男孩子，他有阳刚之气，不像有的小孩动不动就哭哭啼啼。其次，他精力充沛，每天不知疲劳，自己摔跤了马上就爬起来了，从来不要父母拉他。其三，一般不缠着父母，自己玩自己的，不吵也不闹，当然在家就会把家里翻得乱七八糟的，自己找乐。

通过这几年的实践，我认为择日生子还有很有积极意义的，有些小孩子是能让父母省去不少心的，只是希望大家不要去找不会算命的师傅择日生子，否则会害了小孩一辈子的。另外，大家也不要自己去查黄历看吉日生子，那更是错误的，黄历的吉日与生孩子的日子完全是两码事！

（2008 年 6 月 22 日）

南方雪灾阻人行　八卦指明返乡路

谁也没有想到，临近 2008 年春节之际，一场多年少见的雨雪天气阻断了我国的交通大动脉——京广线，结果打乱了几百万南下外出务工者返乡过年的计划。而广州火车站更是人满为患，因为湖南断电数天内只能停开列车，地上结冰封路，机场跑道结冰或天气恶劣也是经常关闭，这让归心似箭的人们真是"走投无路"了，大家天天盼着有好消息能回家。但是天气时而变化，让人捉摸不透，天气预报也只能提供大概信息。

我本人因为今年提前辞职回家了，刚好不用受这份罪了。而困在南方的朋友们，则是天天五心不定，眼看年关已近，却动身不得。这不，前几天有一位学员在无奈的等待中摇了一卦，让我给帮忙断一下。

公历 2008 年 1 月 27 日（农历二零零七年十二月二十日）

癸丑月　丙寅日　（空亡：戌亥）

250

雷泽归妹 (兑宫)	风火家人 (巽宫)	
父母戌土 × 应	妻财卯木 、	青龙
兄弟申金 ×	官鬼巳火 、 应	玄武
亥水官鬼午火○	父母未土 、、	白虎
父母丑土 × 世	子孙亥水 、、	螣蛇
妻财卯木○	父母丑土 、、 世	勾陈
官鬼巳火 、	妻财卯木 、	朱雀

大家看到了吧，六个爻，竟有五个动爻，这充分说明了当事人心神不定，就想着回家的事，从动爻可知其"动"心之切啊！

我的断卦风格是先看大象，看简单的信息，简单信息看着不明显再找细微一点的信息，不能一开始就把一个卦搞得太复杂了。

首先，出行是走动，动爻多是好事，是容易动的信息。如果要出行，摇个静卦总是难走一点的。

第二，主卦《归妹》，卦名之原意就是婚嫁，婚嫁就是离家，用在此处就是可以离家，当然是离开广州。变卦《家人》，也指一家团圆，"序卦传"有云"伤于外者，必返其家"，在外打工辛苦拼搏了一年，必定要回到家中，这里当然指回到老家了。

其实，我只根据这两条就断定可以回家。

接下来思考的是应期了，关于定应期，是八卦预测中较难的，我们在实际预测中主要应根据预测的具体事项来确定大约的应期长短。比如这个卦的情况，就是过年前那不到十天里面了。

当然这里先有一个取用神的问题，我师父邵伟华《周易预测学讲义》中讲"测出行，世爻为自己，应爻为他乡"。

世应都动，容易动身成行，这也是大象。

世应比和，无碍。

世应相刑，刑为刑动，有利动身，且丑戌刑为土旺，刑则世应都旺。

虽然书上讲应爻为他乡，但是我的想法是，世爻为自己，自己走不了，哪里来他乡，所以我当时的观点就是重点看世爻。

寅日摇的卦，还没有准备，当然不可能走，也不用去算，卯日克世爻也不行，走不了。辰日虽冲应爻，土日旺世应，可以考虑，但是现实情况是一天到不了家，所以这天操作有难度。

接下去巳午日都是生世应，可以准备动身，关键是后面一天是未日，是容易到家的日子，所以机会来了。

其实让我断何时回家，思路很简单，辰戌丑未日，看看日子，就辰未戌，戌日太晚，一般人到了那时候就懒得回去了，且戌日之前为申酉日，为泄世应之日，难动。

未日与世爻相冲，与世应爻刚好丑未戌三刑，前面讲过了，此刑为土刑旺，相冲也是土旺，也就是用神刑旺，这天的力量最大，应期多为这一天。结果是这位学员打电话给我说准备午日动身，我说没问题。最后他们一行十余人驾车于午日巳时出发，于未日巳时平安到家。

这里大家要注意几个问题，书中也有"世爻属土，遇四库，千万莫轻移"的断语，这一卦也有一点象，但是我们要活学活用，书中的断语不要当死教条。

应爻戌土本为空，但为动爻，此处不论空。

还有一点，有的学员取用神说"五爻为道路"，跑去看五爻，说可能回不了。在这里要告诉他，他取错用神了。"五爻为道路"，是指我们在用八卦断房屋风水或房屋环境时运用的，而不是说断出行看五爻之道路，二者不可混淆啊！

(2008 年 2 月 2 日)

无言的结局——由命理看一段苦涩恋情

春天，是充满生机与活力的，是充满诗情画意的，是充满希望与憧憬的……然而，一位求测者的来信却告诉我，春天也有风雨潇潇的时候。她，一位年轻的求测者此刻却被感情的风波颠簸得身心憔悴、痛苦万分。手中拿着这封极需安慰的信件，令我想起她第一次写信给公司的情景，那还是 1998 年底的事了。

那是一封长达四页，千余字的求测信，当从头到尾看完信时，我再一次感到预测师工作职责的神圣和肩上的重担。而这一次，一位热恋多年的姑娘将她的终身大事交给我们定夺，当我接到预测任务时，手中的笔也变得沉重了，久久没有下笔，脑中闪现着她信上的一字一句。

"我快到 25 岁了，也就是说，我应该到了适婚年龄，事实上我也有一位恋爱几年、感情非常稳定的男友，双方家长也希望我们尽快成婚，男友也多次向我求婚，但，直到现在，我都没有答应，因为我的恐惧！因为我相信预测比什么都准，我自知自己懂得太少，所以才向你们求教，希望帮我赶走不该有的沉重的思想包袱！我觉得男友 1999 年二月或三月会有很大的灾祸，又觉得自己到 2000 年会大难临头，所以我不敢结婚，不敢面对男友、双方家长热切的目光！我不想年纪轻轻就成为'寡妇'，也不想男友成为'孤男'，我殷切盼望老师们给予我们各方面的指引！"这是她信中的原话。

看来这是一位易学爱好者，难道四柱真的有她想象的那么严重吗？当然，她汇款来预测，就是希望我们对其四柱的"病情""确诊"，我带着种种疑问排出了四柱：

```
          食      印      日      比
坤造：甲寅    辛未    壬戌    壬寅


          枭      官      杀      才      财      伤      食      劫
大运：庚午    己巳    戊辰    丁卯    丙寅    乙丑    甲子    癸亥
      04      14      24      34      44      54      64      74
```

此造日元壬水生未月失令，月日支乃燥土生金乏力，又食神泄身，虽印比帮身，仍为身弱，取印比为喜用。

1999 年己卯在戊辰七杀大运，流年与四柱、大运寅卯辰三会食神局，天干官杀混杂，日元克泄交加，此年当然有些不顺，但如真要结婚也勉强可以。再推 2000 年庚辰，二辰冲一戌，身更弱，日支夫星动，不利婚姻，不

253

妙啊!

又排出其男友四柱,1999 年合正财,2000 年却是月日流年三会羊刃比肩局,日主旺极,七杀制不住,有妻难留,信息同步。原来是这样,我心中有数了,如果 1999 年结婚,2000 年肯定离婚!就是不结婚 2000 年也要分手!

然而怎么写命稿呢?别人是一对相恋几年的伴侣,已经在谈婚论嫁了,你能说"今年结,明年离"的话吗?他们能接受吗?他们能相信吗?不结婚吧,男友热切期望,双方家长等着报喜,还有,双方感情很好,为什么拒绝成婚,什么理由?男友又是那种不信命,相信"命运掌握在自己手"中的人,真是左右为难。

思来想去,这对情侣的命稿终于批出来了,此时已将近 1999 年春节,为了不影响她过年,我在春节后才将这份意味着"婚姻不顺"的"诊断书"寄出去。同时还给她写了一封信,信中告诫她:

"1999 年结婚并不好,最好能错开此年,因为如 1999 年结婚,恐日后不顺(实则暗示离婚)。1999 年如果不结婚,一定要处理好关系向男友解释好(千万不要用这个理由),要讲究方法,找个使他容易接受的方式。从男友四柱看,身旺带比劫羊刃,是一个什么都做得出来的人(后反馈对极了)如果处理不好,他接受不了迟婚的事实,也许会发生不利的事,千万注意。"在随后的书信来往中还告诉了她一些化解的方法,她也都虔诚地照办了,男友也接受了她 1999 年不嫁的意见,结果 1999 年除了工作不顺外没有其他大灾不顺之事。他们九九年平安度过我也松了一口气,随着时光流逝,我也淡忘了这件事。

可前不久她的来信告诉我,她和他分手了!她信中说:"我和未婚夫解除婚约了,双方经济上还有一些纠纷,我要还钱给他。很可笑,去年我还在问你我和他什么时候正式结婚好,现在却劳燕分飞……在家人、在同事的眼里我们这次分手就像离婚一样轰动,刚回来那段时间我几近崩溃,差点想自杀。如果不是学过预测学,如果不是经过谢沪老师您精准、用心的提前预测,让我早有心理准备,我真怀疑自己还能不能坐在这里给您写信……"

拿着信，看着字句，我的心情十分复杂。他们分手了，这是早就预料（预测）的结果，我测对了，应该为此准确的预测而高兴，可我高兴不起来。他们没有结婚后再离婚，如果这样岂不是更痛苦，应该为此而庆幸，可我庆幸不起来。

对悲剧，我希望预测不准确，我希望它永不应验，可是，命理学太神奇了，周易太神奇了，它永远是个谜！

在文章结束之时，衷心祝愿天下有情人终成眷属！虽然这是一句很老套的祝词，然而许多人为此付出了很多，很多……

（2000 年 4 月 12 日）

要重视生活中的异常现象

今天又在新闻上看到天灾了。

一架从泰国曼谷飞往旅游胜地普吉岛的航班 2007 年 9 月 16 日下午在从普吉机场着陆时坠毁，断为两截，并发生爆炸。这是泰国 1998 年 10 月以来最严重的空难。1998 年 10 月 11 日，泰国一架航班在曼谷南部着陆时在暴雨中坠毁，导致 101 人遇难，45 人逃生。

唉！都说天灾难测，只能是听天由命啊！

看到这条新闻，我马上想到了三天前的另一条新闻，虽然没有这条影响大。

据报道，2007 年 14 日下午 4 时许，一架由广州飞往曼谷的航班在准备起飞滑行时，可能"爆胎"，返回机场更换轮胎，让乘客们虚惊了一场。我们且不管是否真的"爆胎"，但是飞机已准备起飞了却停下来"换胎"也不是一件小事吧，并且是"8 个轮胎中有 7 个已经全部瘪了"，假如这架飞机起飞了会不会在降落时出事呢？

当时我看到这条新闻就想，肯定会有事的。这是一架泰国的飞机，那泰国就还会有事。果然三天之后泰国飞机还是出事了，并且仍然是降落时造成了较大的空难事故。

其实，在我们易经预测工作者的眼里，这两件事绝对不是偶然的，而是有关联的。在我们的日常生活中，一些比较反常的社会现象、生活现象、自然现象都会对应将来发生的某些事。而当一些事应证之后，现在的一些学者对这些现象总是不能正确的理解、研究，又用现有的科学理论解释不了，于是经常用一个词——"巧合"来敷衍。

我们的老祖宗则是非常重视对这些规律的研究、总结，并取得了较大的成果，其中的许多成果都为历代易学家所重视和运用至今，还有一些则以民谚、俗语等形式被广大老百姓所采纳。可惜的是，这些宝贵的精神财富正渐渐被现代人所遗忘，也被一些所谓的"唯物主义者"批判为"封建迷信"。

我国古代的天文学家和易学家们通过天体的不正常运动轨迹，总结出一些与我们人类生活中的吉凶对应关系，很多史书对这些应验的事例都有记载。这些天体的异常有"九星连珠"、"双星伴月"、"日月同辉"、"天狗吃月"、"流星坠落"等等，而民间流传最广的莫过于天上坠落一颗星星，地上必将死一位大人物。这一点，很多大人物也是深信不疑的！

现在很多老百姓或老板都喜欢养鱼，或放置"发财树"等一些树木花草，特别是珠三角等南方城市。这里要告诉大家的是，有些时候，大家养的鱼无缘无故的就死了；或是鱼缸突然自然破裂了；或是养得好好的树木突然死了，叶子黄了；或是家里天花板、墙壁脱落了；或是家中暗管渗水漏水等等，都是不吉之兆，都是老天爷在提示我们有事情要发生。一般来说，鱼死了，就是最近要破财；树死了，就是家里最近有人身体不好；天花板、墙壁脱落容易出凶事或意外；而渗水漏水又查不出原因，则更不好，有的应官非，有的应破财，有的应病伤入院。以上这些种种情况，相信很多老百姓都是有切身体验。

有一位朋友，住的是高楼的单元，结果家里被水淹。原来是楼上水管暴了，大水从楼梯流下来淹进了他家，这种异常情况出现后，那年他的家运就很不好，当然也破了很多财。

还有一位客户，给我讲了她一年中亲身经历的一些异常事件。这一年，她家里养了十多年的一米多长的鱼跳出鱼缸死了，以前这条鱼也跳出来过，但是都被人发现而有惊无险，这一次是鱼缸盖了却忘了上锁，又长时间没人在家。接着没多久，家中的一条母狗无故暴死，过了几天，陪伴它的那条公狗也忧郁死去。

这些一连串的异常现象发生后没多久，她的丈夫及两个儿子就在一次车祸中命赴黄泉，真是痛心疾首啊！并且没过多久，她好好的工作也出现了问题，面临官非牢狱。

有一个家庭，有一天正在吃饭，家里供的观音菩萨好好的突然间破成碎片，一家人不知所措，但也不知道会有什么事情发生。结果过了没多久，其父母就双双去世。接着过了没一个月，哥嫂也离婚了。哥离婚后，又谈一个女朋友，结果那女朋友告他强奸。自己与妻子则在一次争吵中被一巴掌打成脑震荡。这些想都没想到的事竟然接二连三的出现了，一个好端端的大家庭就这样四分五裂了！

某市一警察某天上班，刚一出门，结果头上被滴了一些鸟屎，这种现象在民间来说是倒霉的，是不吉之兆，这警察也知道不吉，于是心想这天要特别小心，还关掉了手机。结果人算不如天算，躲来躲去，那天还是有案情要出警，一出警就被罪犯捅了数刀，幸好抢救及时，留了一条命。如果他不是提前重视生活中的某些反常现象，如果对老天爷的一些暗示无动于衷的话，说不定就没有命了。当然，也应了那句俗语"大难不死，必有后福"，后来当然立功受奖了。如果连命都没有了，有再多的荣誉又有什么用呢？

还有很多的事例不胜枚举，教训是深刻的，是很值得我们去反思的，我们不要什么事都不以为然，不要将什么事都用"巧合"来搪塞，否则只能是害人又害己。很多事情的发生都是有预兆的，这些有意无意的预兆就是老天爷给我们的暗示，就是"天机"，就是在"点化"我们这些当事人，只是看谁能有缘悟出这一切！

希望我们大家都来重视这些异常现象，希望我们加强自身的品行修行，多行善广积德，不断提升自己的悟性，愿我们都能成为有缘人，为人为己趋吉避凶、逢凶化吉！

（2007 年 12 月 1 日）

戏说"闲神"

我们有些易学爱好者知道，命理上有用神、喜神、忌神、仇神和闲神之说，喜神、用神和忌神是预测中经常提到的，为大家所熟知，而闲神往往是被忽略的对象。其实，笔者认为闲神不闲，它能在关键时刻发挥极其重要的作用。

通常四柱一排，我们便直奔主题，找出喜用神，将忌神打入"黑名单"，如此一番"分派"之后就开始推算命运，可怜的闲神真的成了无人理会的闲人，其实我们细细一想，深入一分析，闲神还真的不可小视。

喜用神为一派，忌仇神为另一派，两军对垒，好像闲神成了局外人，殊不知此时闲神的作用却越发重要了。如果喜用神胜过忌仇神，或是忌仇神胜了喜用神，闲神此时必然服从于一方，为其服务，别无选择。但是如果喜用神和忌仇神势均立敌之时，两方青睐的便是闲神的方向了，此时闲神被谁争取，服从于谁便成了决定因素，局外人也难逃干系，更没有完全的中立。

所以，在取用神之初，划分正邪两派之时，必须有预见性地看到闲神在生克中的发展趋势，掌握利用好这一股不可轻视的关系微妙的中间力量。但这也是很难把握和控制的，需要有相当的技巧，近不得，远不得。

放眼于人事、社会，莫过于此五神。世上最难扮演的角色也便是闲神，特别是在忌神、仇神当道的氛围下，能保持闲神的本性更是不易。

闲神是在各方眼里不被重视的角色，同时又是各方极力争取的角色，在是非林里，荣辱圈中何去何从，对闲神无疑是莫大的考验。此时，闲神自身的修养、定力便是决定因素。

闲神是很让人羡慕的，因为它不图名不图利，不冒进而不会被忌神眼红暗害，它不惹是非，不入邪道而不会被用神讨伐、唾骂；闲神也是很孤单的，用神正义的凯歌声中没有它，忌神阴谋得逞的窃喜阴影下没有它。然而闲神那超然物外的风度还是很多人苦苦追求的。

闲神纵然有消极的一面，但我还是喜欢它，因为它可以牵制忌神，甚至可以感化忌神，让忌神变为闲神。试想，忌神变成闲神，不再克害日元，邪恶得到制止，就会出现较为平和的局面，一个和谐的社会生活环境就会展现在我们的身边。

最后我要说，用神功载千秋，忌神遗臭万年，闲神自修功德，希望大家能从闲神的品质中得到更多的启发！

（2000 年秋月）

后 记

其实早在约十年前，我在邵伟华老师身边主讲面授班时就有想总结一些经验，写几本书的想法。同时我也认为，写书，特别是写易经预测方面的专业书籍是一件很严肃的事情，不能操之过急，不能为求名求利而胡编。于是我从 2005 年起在预测、讲课之余抽出时间将多年预测的实例分类提炼，总结到一部部书稿之中。

几年下来，虽然完成了好几部书稿，但是也没有太多心思去精雕细刻，也就都放在抽屉里了。可近年很多朋友都希望我能出版一本书以便他们能系统的学习命理，更希望我能公开弘扬邵氏周易理论体系，又因北京朋友张先生积极推动，最终经梁奕明先生支持公开出版了本书。在此向众多支持本书出版的朋友表示衷心的感谢！当然也要特别感谢我的师父——易坛泰斗邵伟华老师对本人出书的鼓励！

说实话，现在出书早已过了出名得利的时代了，而我出书也只是想弘扬正宗的、传统的命理学说，弘扬邵氏风格，将自己多年预测的实践经验总结出来，与广大易学朋友进行交流。当然，本书是我第一次公开自己的学术观点和风格，还希望得到大家真诚的建议，以便本书再版和以后出版其他书籍时进行修正和补充。同时也欢迎广大易友和爱好者沟通其他的学术问题和预测咨询，本人网站 www.xiewh.cn，工作手机为 15827276788。

如果阅读了本书能对易友们有一点点的帮助，本人将十分荣幸，也将会有信心编写更多的易经预测书籍。

最后，祝所有的朋友、朋友的朋友们好人好命，好运一生！

谢沪，辛卯年春于武汉